中国经济史

钱穆 口述

叶龙 整理
林毅夫 作序

北京联合出版公司
Beijing United Publishing Co.,Ltd.

序 一

中国正在重新崛起为经济大国，而此前在世界经济版图中，中国长期占据着重要地位。钱穆先生的历史著作流芳已久，但这本专门从经济角度梳理王朝兴衰的讲义，却是靠着弟子的发掘整理才得以重见天日的。

中国下一步的挑战，或许在于重构与自身传统与世界的联系。在对西方学说理论的引进介绍之外，还需要重新理解自身的历史演进。本书重视政治、社会、文化与思潮之间的相互联系，涵盖了历朝历代的土地制度、基础设施投资（主要是水利及漕运）、货币制度与税收政策、还包括政府还是市场主导的经济思想争论。

钱穆先生一生耕耘讲坛，北大的未名湖就是他所命名。治学中，特别强调对本土文化同情的理解。近代以来西风东渐，其间对历史的反思却有一个重要的背景，即那时的中国大都处于低谷期；而用现在的心态去回顾，应该与之前的理解有很大的不同。

林毅夫
北京大学国家发展研究院名誉院长
世界银行前首席经济学家

序 二

吾友叶龙兄既刊行其《历代人物经济故事》（第一集），复出其所编著之《中国经济史》付梓。是篇原为钱宾四先生50年代于桂林街新亚书院讲授"中国经济史"与"中国社会经济史"之笔记。宾四先生著作等身，其史学造诣，早蜚声海内。方民初更始，西学横流，先生讲学上庠，传统是扬，挽狂澜于既倒，意量亦伟矣。独惜于中国经济史尚付阙如，使向慕先生之史学者，不无怏怏。今叶子汇集所记，编整成书，诚快事也。而先生之讲授该两科也，又不限于经济一隅，触类旁通，实可沟贯先生史学之全体大用焉。愿兹篇传之海内，为先生增一专著也。

胡咏超
1996年夏岁次丙子于香港屯门岭南学院

胡咏超先生于新亚文史系与新亚研究所毕业，获中大硕士学位。曾任教于岭南书院直至岭南大学文史系，自讲师至副教授前后逾30年。

序 三

中国历代从政者，"皆据古鉴今，以立时治"。盖以史为鉴，可以明得失。自古圣贤孜孜不倦，终身治经史者，欲其学有成，致用于当世也。先师钱宾四（穆），终身钻研国学。其门下弟子或时人，得其一言一语，或一字一词者，世世享用不尽。1933年，先师于北大任"中国通史"讲席；1954年及1955年，于香港新亚书院先后开授"中国经济史"及"中国社会经济史"两课程。余生也晚，皆无缘承训。幸其通史有《国史大纲》传世，其经济史则自来未见刊行。叶龙学兄早余从侍先师数载，遂有幸并聆两载之经济社会史课程，并详为笔录。叶兄欲先师之学得以传世，自1991年8月，迄1993年1月，两年半间，精心整理、补释两科经济史讲稿，以流畅易读之文笔书之，逐日刊于《信报》。兹为广流传，汇为一集，名曰《中国经济史》。

是书循中国朝代先后论述。汉迄唐一段，最为详尽，特重吾国财经制度之得失。中国以农立国，故述秦以前经济，标榜周祖后稷，教民耕种；介绍黍、稷、稻、麦、菽、粟诸农作物。继载井田制之争议、兴起、变迁与破坏，与夫税法、工商业、货币、私产及水利。

"中国自秦以来2000年之政治、学术，莫不与其社会形态相协应"。"自秦而下经济地域逐次扩大"。秦汉社会经济，重视土地、农业与农民。至若户口之管理、手工业及水陆交通之发展，亦颇著成效。秦代开国，经济已具规模：建立土地私有制，并重视农业。城市涌现，度量衡统一。货币流通，"工商发展，已有可观"。惜苛捐重役，秦遂以亡。

汉初屡改币制，高祖轻商重农，"轻徭薄赋"。制定役法、算赋、田赋、田租、租税、封君诸制，"有司以农为务，民遂乐业"，政经稳定。汉武以后，经济思想发达，晁错、贾谊、董仲舒主张统制经济、限田政策，与司马迁自由个人主义经济思想争议不息。古者煮海为盐，冶铁致富。武帝以盐、铁、酒专卖。行均输、平准之制，富国而不利民。又行鬻爵、告缗、屯田之制，广增国用。币制自乱反正，以"节制资本"。皇室与政府，财政分治。惜用度过大，后宫妃嫔，高俸厚给，又大兴礼乐，营造升平，滥用国库。王莽篡汉，"大事改革，田亩尽归国有"，禁买卖田宅，复井田，更币制。以六筦法制工商；行五均法增赋税。然行之太骤，遂促其亡。光武中兴，土地兼并之风盛，颁度田制以抑豪民，惜不果行，庄园制遂兴，豪户多畜奴婢。仍行田租、鬻爵及盐铁专卖之制。虽军费、官俸、交通、赈灾、水利、教育之费颇巨，然屯田之制，亦著成效，故盐铁专卖，至和帝而止。东汉手工业兴盛，辽东、河西畜牧业亦盛。光武初复五铢钱制，至献帝时更为小钱。此外，两汉黄金存量极丰，植林、丝织、冶铁、造船、陶瓷、酿酒、制糖诸业并盛，其轻徭薄赋，节制资本之功欤？

三国魏晋南北朝为中国经济社会转化期。土地制之转变尤甚。屯田自东汉末发展至晋，变成占田与课田。北朝则全力推行屯田与均田。土地而外，庄园、矿冶、铸钱及工商业亦渐上轨道。曹魏屯田，强兵足食；邓艾攻蜀，先灌良田；蜀汉屯田，以攻为守；孙吴屯田，民无饥岁。本书详释晋之户调、品官占田、军屯、赋役、杂税、工业、商业、币制、商税及寺院经济诸项目。南北朝之工业，采矿、铸造、制瓷、纺织，以至盐法亦在讨论之列。又分述宋、齐、梁之赋役，陈之屯田，北齐、北魏、西魏及北周之租调、赋役及均田制，与夫五胡十六国之赋役、冶铁工业；并总论北朝经济制度，优于南朝。

综上所述，为余所理解叶兄编撰、补充先师"中国经济史"等之内容。经济史非余所长，苟有未当，是读之未审，思之不精，非原录之失也。1964年3月、4月及6月，先师先后于香港新亚书院三度演讲"论语新解"，其认同及重视语录式《论语》传世价值可见也。时余虽有幸恭聆"新解"，愧未笔录。叶兄独能笔录、补充并出版先师之"中国经济史"等讲稿。是篇以流畅之语体文写成，深入浅出，士庶可读。若人手执一册，则可明了中国历代经济制度之得失，择其善者应用于今日之工商社会、金融中心矣。妄申是序，敬祈赐谅。

梁天锡
1996年4月于香港能仁研究所

梁天锡博士于香港珠海书院历史系毕业，新亚研究所获硕士后，返珠海研究所深造，考获台北"教育部"颁授博士学位。曾任珠海书院教授、能仁书院教授兼教务长、文史系主任、文史研究所所长。著述宋史多种，逾200万字。

自　序

我在20世纪50年代中期就读于新亚书院时，业师钱穆宾四先生掌管校务之余，每年总会开两三门课。当年我同黄开华兄、张乘风兄、颜锡恭兄等四五位同学来到在九龙桂林街设校的新亚书院就读，就是仰慕这位国学大师的学问。我是浙江人，能完全听懂宾四师的无锡国语。宾四师讲的课程，我都用心地作了笔记。其中"中国经济史"、"中国社会经济史"、"中国文学史"及"中国通史"等，30多年来，由于宝爱这些学术性的笔记，所以一直还保留着。闲时常有翻阅。

宾四师82岁前视力尚佳的时候，我曾先后从宾四师讲的课程笔记中，前后分十多次将其中摘录出的100多条笔记用航空信寄给宾四师批改，集成相当数量的"讲学粹语"，希望可以出单行本。宾四师总是很热心地将我所整理的改正后寄还。宾四师逝世后，遂把这《讲学粹语》寄给梅新先生在《中央日报·长河》刊出，作为对宾四师的纪念。这一条条的粹语是宾四师平时上课或讲演时偶发的，是他心中所蓄积的，在他的著作中也没有提及过。

钱师母胡美琦女士在《钱穆先生最后的心声》一文中的"后记"中引述宾四师的话说："学术思想岂能以文字长短来评价，又岂可求得人人能懂、个个赞成？不懂的人，就是你写一本书来说明，他还是不会明白。能懂的人，只要一句话，也可启发他的新知。我老矣，有此发明，已属不易。再要作深究，已非我力能所及，只有待后来者之继续努力。我自信将来必有知我者，待他来再为我阐发吧！"（见1990年9月26日台北《联合报·联副》"送别一代大师纪念专辑"。）

台北《中央日报》副刊按日刊出宾四师的"讲学粹语"后，读到的友人见面谈及，反应颇佳。这对好学的后辈们可以增长见识，有所启发。因此引起我整理宾四师所讲的"中国经济史"及"中国社会经济史"的念头。宾四师开这门课，上讲堂时携带了笔记卡片，是作了有系统的备课的，有他不少新意在其中的。因此我整理了上古之部的六七篇，每篇1000字左右，寄给《信报》社长林山木先生。林先生除了精研当代中西经济外，对于中国古代经济也是极为重视。我们只要看他在《信报》写的《政经短评》（编者按：该专栏刊至1996年底），常见他引用中国古代典籍中论及经济的警句，来阐述或印证当前的经济现象。林先生很快回信，认为有意在《信报》发表，只要尚未在其他报刊发表过的话。于是在1991年8月14日开始，这个《中国经济史》专栏排日在《信报》经评版刊出。当时《信报》经评版逢星期二至六，每周刊出五天。

刊出最先几篇后，我因在台北度假，断了稿，回港后见到《信报》编辑张曼丽姑娘的来信，谈到"此稿刊出后，各界反应颇佳（按：由于断稿的几天里，有读者催稿)，希望陆续赐稿，保持联系"等语。刊出期间，有中学教师的读者来信要求我补寄他漏买的其中某一段《中国经济史》；很多老朋友老同学见面时，其中不少是在中学担任行政或执教文史的，他们提议我将来最好出专书；有一次我去港大冯平山图书馆看书，复印机旁看见一位同学正在影印《信报》的经评版文章，我问他比较喜欢哪些文章，他说，凡是有关中西古今的经济文章，他都收集，心想：这篇中国古典经济史还有青年人青睐，心中颇觉安慰。有一次在台北遇见正在台北政大经研所工作的老校友邓辛未兄，他说他的学术单位中，个人或团体订阅的《信报》就有20多份，也很注意我的专栏。最近自温哥华回港的黎国豪兄，他说温市也出版《信报》，很高兴读到我的专栏。有一次遇见饶师宗颐选堂先生，他也看到我在《信报》的这个专栏，要我结集出版时送他一本。饶师曾考评我的香港大学博士论文《桐城派文学史》，评道："论方苞、姚鼐文论要点出于戴名世，具见读戴氏书，用心细而能深入。纠正时贤浅稚之论，尤有裨于学术界。"选堂师对我的鼓励，使我衷心感激。

还有一位香港企业家维多利亚洋行东主徐家裳先生，曾多次来信询问我何时出版专书，亟欲斥资购买。直至刊完全文后的一年多后，徐先生又来信索书，函中对此文稿多有好评，可说是文教界以外工商企业界的一位知音，我只好影印所剪存的文稿奉赠，作为对知音的答谢。（按：《中国经济史》最后一篇《中国的水利问题》则早于1991年刊登于《信报月刊》8月号。）

值得欣慰的，借着《信报》刊登这个专栏，使我多年未见的老友由《信报》的转信恢复了联系，也因此结织了爱护这个专栏的读者朋友们。

记得在50年代末和60年代初的时期，我曾做过几件为宾四师整理讲演稿的事。一件是当时"孟氏教育基金会"（按：此会为今日九龙界限街中山图书馆的创办者）请宾四师主讲"中国历史研究法"，共分八讲，每次两小时。当时新亚书院的秘书徐福均先生要我担任记录。我整理好记录稿誊正后，经宾四师修改润饰，此书出版后，宾四师在该书序中还提及我做记录的事。

另一件是60年代初，我把宾四师从50年代至60年代初历年所作的讲演，包括校庆、毕业典礼、孔圣诞、元旦及国庆等庆典会上所作的讲演，包括由我记录及当时亦常作记录的杨远、宋叙五、王兆麟诸兄所笔录的，刊载在校方刊物上的，有几十篇是我投寄到《华侨日报》教育版或《星岛日报》上刊出的，当时我只作新闻稿报道，并没有具名，也无领取稿费。我搜集了这些宾四师的讲演稿后，请字写得比较端正的多位中学同学誊抄，共有三百多张原稿纸，装订成厚厚的两大本，我自己题了封面写了序，记得宾四师那时住在钻石山的西南台，我将这册唯一的誊正讲演抄本送给宾四师看时，他翻阅目录后，也看了那篇序，然后说："你这篇序倒写得比前好。"接着他捧着这稿本进他的书房中去了，宾四师那喜悦的神色，似乎肯定了我的这一整理工作，心中颇为高兴。

大概在70年代或稍后，宾四师定居台北素书楼时期出版了一本新亚书院时期的演讲集，书名是《新亚遗铎》，我早年送给宾四师那本手抄讲演集，其中有几篇宾四师的讲演稿都是我自发自动作了笔记投寄到报社发表的，并无其他的校方记录。现在想起来，我那时也真太鲁莽，那些发出去的讲演稿事先竟没有让宾四师过目，不然，他一定乐意为我修改才寄出的，幸而当时没有出什么乱子，但总是一个过失。

宾四师还有多次为香港大学校外课程部主办的学术讲座作专题讲演。一次是1961年10月7日讲"中国儒学与文化传统"。另一回是1961年11月8日起，每周一次，宾四师主讲四次，共计五讲，（第四、五讲一次讲完），讲题为"魏晋南北朝文化讲座"。

以上讲座，均由我随往记录。我将记录稿誊正后呈师改削增删，最后一讲宾四师另行加写五页原稿纸加入，其中一页一字不改外，其他四页亦多增添改削，此稿我仍保留，弥足珍贵。但不知讲稿有否出版，实乃值得出一专书。宾四师撰著发表他的学术思想向来是极为谨慎的。这从我替他老人家记录"中国历史研究法"和其他的多次讲演，整理誊正后请他修改时，他总是极为仔细地作了修改，甚至我寄给他的"讲学粹语"，他也仔细地改正，有时甚至整条删去，一字不改整条保留的亦只有25条，只增减一二字的亦有多条。

整理学者的讲稿，其困难处比翻译他人著作有过之而无不及，要笔记得完全正确固然难，要做到信、达、雅这三个标准则难上加难了。

此书之能结集出版，首先要感谢《信报》社长林山木先生，能让我在1991年的8月直至1993年的1月，接近两年在《信报》的经济评论版上刊载完毕，也感谢《信报》总编辑沈鉴治先生及经评版的编辑先生与排印校对诸同寅；也感谢壹出版的周淑屏小姐及该社诸同寅，使此书得以顺利出版，尚祈读者诸君惠赐宝贵意见，不吝指正。

叶龙

新版自序

人生的际遇十分奇妙。都是新亚毕业逾40年素未谋面的老校友,本来肯定是我有生之年也没机会相识的了。有历史系的,有英文系或其他系。我是哲教系又是研究所毕业的,1967年在历史系重读学位。夏仁山学长是重读中文系学位的。自1961年起我与王兆麟兄同时在中文系任教大一国文的兼任讲师,不料在1968年遭遇被裁员的噩运。此后兆麟兄得到钱师母胡美琦女士的推荐去了圣保罗中学,我则在新亚附近的圣母院书院任教。每天下午四时放学,便匆忙赶到新亚上课,选修了全汉升、李定一、陈荆和、刘伟民等名师的课程。由于时间紧迫,根本没法与同学们倾谈。所以当时同读历史系的陆、黄诸兄,压根儿无法认识。

直到41年后的2010年,意想不到的奇遇发生了。接到我曾担任文学审评员多年的艺术发展局邀请参加酒会,并允许可偕同一位亲友参加。仁山兄欣然同往。在酒会中他认识的新朋旧友极多,因此使我认识了历史系的黄浩潮学兄。次年艺发局又来函邀请,仁山兄亦有同往,因此又认识了叶永生和陆国燊学兄。黄、叶两兄多年前已从政府教育、司法机构高职退休,至今仍为香港社会作着贡献;陆兄则自中大出版社退任后,复受陈万雄先生礼聘担任商务印书馆董事总经理。说实在的,如果不是在酒会中有仁山兄介绍相识,即使在酒会中与上述诸学兄擦身而过,还是不会相识的。

这个世界上,老师中有良师,朋友中有益友,任何人必定在一生中可以遇到几位良师益友的。60年来,自我完成新亚哲学教育系学业以来,不包括中大、港大,我在新亚已遇到很多良师益友。良师中使我最钦佩最敬仰的其中一位,便是钱穆宾四师。当年(1953年)我与李杜、张乘风、颜锡恭、吴业昭等毕业于协同圣经学院后，为了要亲炙这位大师而来报考新亚的。同学也有多位益友，可惜多位已经作古，而仁山兄可说直到如今仍是我最相知的益友。新亚四年大专生活，他带我去涂公遂教授家中玩，一同称呼涂伯伯涂伯母，因他们的长女是我们学姊。涂伯母十分好客，假期常去涂府吃喝玩乐，使我这位独在异乡的异客得到了家庭般的温暖。

20世纪70年代，仁山兄把我这位连考两年中大教育学院的备取生变成正取入读（因有一正取生弃读让我补上）。近年，仁山兄又使我结识了多位老校友，我曾多次对仁山兄说："你退休后还这么忙，真是'谈笑有鸿儒，往来无白丁'了。"现在仁山兄又使我认识了多位鸿儒，当中包括丁新豹教授，真使我有高攀不起之感。

说真的，我们这班老校友都很怀念艰苦创办新亚的钱穆老师，我们在多次茶聚中常常谈起这位终身为中华学术不懈钻研而卓有贡献的一代大儒。可惜在1962年时，在钱师担任院长兼所长及教授达12年后，他老人家竟突然宣布要辞职。后来幸得经济系主任张丕介师的坚决挽留作罢。但到翌年（1963年）时，他坚持辞职，而且不愿以退休名义离校。如果当时有校友们同学们群起挽留他老人家，可能会有转圜余地也说不定。（按：10月5日见到雷竞璇校友在《信报》专栏写的《钱穆在新亚》一文中说："钱穆信函说'在新亚真如一大噩梦'，此话极重，也极堪玩味，他说的噩梦是'新亚'，不是中文大学。……人性中有共患难易共富贵难的弱点，钱穆辞职时，和他一起创立新亚以及共事多年的同人没有谁离去。未知是否反映内部不一致……"）

宾四师辞职后，仍居港一段时间，我去拜访他几次，他从不向后辈诉说心事或闲谈他人。某次谈及我本身时，他才讲了几句。后来在台北，何佑森兄向我谈起过。宾四师的好友罗忼烈师在其《缅怀钱穆先生》一文中，也曾谈到一些。但不论如何，中国历史上大多数的名人学者，其生前的遭遇，多有不如意的。但他们对发扬中国学术文化的卓越贡献，却是不可磨灭的。宾四师亦然。宾四师爱护新亚的心也是永恒不变的。宾四师辞职后，南洋各大学争相礼聘他，有聘他任教授或做校长的，他选了一间任教授的,可惜水土不服,最后于1967年赴台北定居。老友张晓峰先生请他担任文化大学研究所的教授,直至92岁退休,屈指一算,他在文化大学教了25年之久。

如果,钱师留在新亚教下去,一直教到92岁,那我们新亚数以千计的同学都可亲近这位不世出的大师,岂不是新亚校友之福?可能有人会说,钱师在新亚辞职那年已是69岁高龄了,怎么还可以教到92岁?普通一位教授当然年届60或65岁已是退休之年,但大师级的教授是在全世界都备受尊重的。例如我们新亚首届校友余英时教授年逾八旬,至今美国知名大学还仍争相聘请他为讲座教授;又如多间知名大学争着礼聘他担任客座荣誉教授的饶宗颐选堂师,今岁年届95高寿,杭州西泠印社还礼聘他为社长。名师是不受年龄限制的,如果钱师80、90岁时还在新亚的话,也可以像台北文大般每周只请他讲学一次也做得到。这对我们新亚今后得以亲近名师的数以千计学弟学妹们,真是何等大的福气。

钱师从来不为自己的名利着想,他曾亲口对我说:"两万港元与一万港元的月薪是没有分别的。"他也从来没有为自己置产,直到他病逝那年,现在仍在台北监狱服刑的陈水扁,当年要钱师迁出素书楼,钱师母为了争口气,在市区买下一间屋,房钱付不起,还是一位书商讲义气,多付出一笔版税才能成交。这是一位出版家告诉我的。

钱师主持新亚校政的十几年里,先是住在九龙桂林街和嘉林边道的学校宿舍,后来租住钻石山的西南台和沙田的和风台,生活的清苦可想而知。即使他定居台北以后,文大与故宫博物院给他的研究费每个月都是一万元台币而已。可是钱师牵挂着新亚的心却是永远的。记得钱师自台北来新亚参加35周年校庆,筵席上林院长诚邀他40周年庆时再来。我有幸坐近钱师旁(只隔两个座位),只听钱师低声回应着:"那时我可能不能来了,如果人死后有灵魂的话,我是会回来的。"听了使人心感凄酸,但老师爱新亚之心溢于言表。现在老师已逝,一切希望和想法已成泡影。所幸老师还留下丰硕的宝贵著作,让我们后辈研读学习,老师的学术思想将永垂不朽。钱师在经、史、子、集各方面的宏言谠论和卓越见解,我们后辈当谨记勤习,使中华学术文化日益发扬光大。

过去数月来，与上述诸学兄茶聚中，当我提起想把钱师的"讲学粹语"出版时，学兄们均表赞同。于是浩潮学兄要我把这些拟出版的资料尽快交给国燊学兄评阅。包括钱师的手札以及讲学粹语和多篇对钱师生平的报道，连我曾在《信报》刊载过的"历代人物经济故事"和钱师讲述的"中国经济史"两个专栏作品也一并送审，国燊学兄又请毛永波先生一起来研商何者可先出版。凭永波先生的卓识和锐利目光，认为多年前友人周淑屏小姐在壹出版刊印的《中国经济史》，已缺售十余年，但该社已不出版学术书籍。因此钱师《中国经济史》之得能重见天日，实在衷心感谢国燊学兄之重视及永波先生之识见。也要感谢编辑经验丰富的张宇程先生。他将钱师讲述的中国经济史，准确编排了朝代，订正了在报章作专栏刊出时的一些疏误，成为一册相当完美的学术与知识兼重的历史书籍。也感谢尚学中心的王龙生兄，为此书影印文稿付出了很多精力。

最后，希望爱护本书的读者不吝提出宝贵的意见。

叶龙

于香港九龙

2012年10月26日

叶龙博士自1953年毕业于协同圣经学院后，以同等学力入读新亚书院哲学教育系，继而考入新亚研究所，由钱宾四师指导，主修中国哲学，得硕士学位。继而一面教学，一面兼读学位，计获中文大学乙级荣誉学位及教育文凭（均主修中文），后又获香港大学哲学硕士及哲学博士（均主修中国文学）。

叶君曾执教于香港大、中、小学各七间。历任教师、讲师、主任、教授及校长，计共45载。所教小学有至正、竹庆、沙螺洞、崇正、新会、信义及圣十架等校；中学有协同、李贤尧、刘金龙、圣母院、岭东、培中及能仁等校，大专有东南、广才、华侨、远东、中大新亚、岭南及能仁（含两研究所）等校。服务较久者计有协同、刘金龙各四年；李贤尧任中文或中史科主任共12年，直至退休；继又受聘任私立能仁书院院长兼文史、哲学两研究所所长达9年。叶君服务于新亚亦为时颇长，计任中文系兼任讲师达7年，并任新亚研究所助理研究员达6年，其间由钱宾四师指导，研究唐宋及桐城古文。

主要著作有《桐城派文学史》《桐城派文学艺术欣赏》《中国古典诗文论集》《孟荀教育思想比较》《孟子思想及其文学研究》《王安石诗研究》《中国历代人物经济故事》及《中国、日本近代史要略》等，以及参加两岸三地国际研讨会论文数十篇。至于钱宾四师《中国历史研究法》一书，亦由叶君笔录。

钱穆先生1956年出席新亚书院九龙农圃道校舍奠基典礼时在台上致词。

钱穆院长（右）时兼任新亚研究所所长，于1959年7月向叶龙颁发硕士学位文凭。

叶龙曾为钱师笔录多次学术讲演，本书亦是由钱师讲的"中国经济史"及"中国社会经济史"两课之笔记整理而成。图为1961年叶君在孟氏基金会举办的学术讲演上，被委派为钱师讲演"中国历史研究法"作记录。

钱师晚年，叶龙常赴台北素书楼看望老师。时为1988年8月，钱师当时已94岁。钱师于1990年8月30日逝世。

目　录

序一 ································· 林毅夫　1
序二 ································· 胡咏超　2
序三 ································· 梁天锡　3
自序 ································· 叶　龙　6
新版自序 ····························· 叶　龙　10

绪　论 ··· 1

第一章　中国古代农业经济初探 ····························· 5
　一、黍与稷为中国最早农作物　6
　二、古人重黍稷轻稻粱　7
　三、高地农作物反映陵阪文化　8
　四、由黍稷到粟麦到稻　9

第二章　上古时代的井田制度（公元前770—前221年）········· 11
　一、古代井田制度沿自封建　12
　二、井田制的变迁　14
　三、商鞅为何废除井田制？　17
　四、"辕田"制度——农民交换耕田　18
　五、井田制与西方庄园不同　20

第三章　封建时期的工商业（公元前770—前221年）········· 21
　一、工商业的兴起　22
　二、战国时代的商业大都市　23

三、封建崩溃与郡县兴起　24
　　四、封地与私产的界定　25
　　五、经济兴旺靠水利陆路　26

第四章　秦代经济（公元前221—前207年）　29
　　一、秦代土地兼并及土地私有制　30
　　二、秦代经济农工商并重　32
　　三、秦代的工业发展　33
　　四、货币与度量衡制利商业　35
　　五、苛捐重役致秦灭亡　37

第五章　西汉时期经济（公元前206—公元9年）　39
　　一、西汉币制的变迁　40
　　二、西汉货币币值及用途　41
　　三、汉代的役赋与田租　43
　　四、汉代有"素封"千户侯　44
　　五、先秦诸子对农商的评价　46
　　六、高祖武帝轻商恤农政策　47
　　七、汉武帝时代经济思想学说　51
　　　　1. 司马迁经济思想学说　52
　　　　2. 董仲舒经济思想学说　54
　　八、西汉的盐业与铁业发展　55
　　九、王室财政与政府财政之划分　60
　　十、对汉武帝财政政策的评论　63
　　　　1. 均输、平准两策　63
　　　　2. 祭宗庙"酎金"与"榷酤"酒税　65
　　　　3. "鬻爵"制度供买爵免役减罪　66
　　　　4. 厉行告缗出于惩罚心理　68
　　　　5. 武帝币制乱而返正　69
　　　　6. 盐铁均输两策非全不可取　70

7. 武帝轻取民财滥用钱财　71

第六章　新朝时期经济（公元9—23年）　73

一、王莽辅政，兴利除弊　74
二、针对贫富悬殊，行均田废奴婢　75
三、王莽四改币制扰民　77
四、新朝的五均六筦制度　79
五、政策推行过急致新朝败亡　81

第七章　东汉时期经济（公元24—220年）　83

一、稳经济释奴婢行"度田"　84
二、东汉主要财政收入来源　85
三、东汉财政支出两缺口：军费及俸禄　86
四、东汉的屯田政策成功　87
五、东汉兴水利改农具重视农业　90
六、东汉其他各行业情况　91
 1. 手工业较前代进步　91
 2. 东北及西北畜牧业兴盛　92
 3. 汉代丝织业发展　93
 4. 汉代冶铁工业技术高　94
 5. 汉代铜铁铸造业发达　96
 6. 汉代造船、制车业先进　97
 7. 汉代陶瓷工业技艺高　98
 8. 两汉的盐政和制盐业　99
 9. 汉代的酿酒与制糖业　100
 10. 汉代已发展林业　101
七、东汉五铢钱的兴废　102
八、汉代黄金存量及用途　104
 1. 汉代黄金存量极丰　104
 2. 汉代黄金用途广　105

3. 汉代黄金亦可当做货币　107

九、东汉大田庄俨如王国　108

十、两汉奴婢众多，工作广待遇优　109

第八章　魏晋南北朝时期经济（公元220—589年）……………… 113

一、三国时期的屯田制度　114
　　1. 曹操屯田统一中原　114
　　2. 邓艾屯田极为成功　115
　　3. 孙吴屯田民无饥岁　116
　　4. 蜀汉军屯为时短暂　117

二、西晋的土地制度　118
　　1. 品官占田制按官阶占田　118
　　2. 户调制有名无实　119

三、魏晋南北朝各时期屯田情况　121
　　1. 西晋军屯藉以灭吴　121
　　2. 东晋历朝多军屯　123
　　3. 南朝屯田政策　124
　　4. 北魏屯田成效卓著　125
　　5. 北朝屯田更胜南朝　126

四、魏晋南北朝赋役制度　127
　　1. 东晋赋役繁苛税种多　127
　　2. 南朝宋武文二帝轻赋役　129
　　3. 南齐高武两帝政绩尚佳　132
　　4. 梁武帝废杂调谬赋　133
　　5. 五胡十六国赋役概况　134
　　6. 北魏前期租调概况　136

五、北魏的均田制度　138

六、魏晋南北朝的工业发展　144
　　1. 官营工业机构概况　144

2. 冶炼工业趋于成熟　145
　　3. 炼丹改进制瓷工业　147
　　4. 蜀锦多产闻名全国　148
　　5. 西晋藤纸通行全国　149
　　6. 产盐业多为官管　150
　　7. 造船业及制茶业均盛　151

七、魏晋南北朝的黄金使用情况　152
　　1. 金银饰物手工制作精巧　152
　　2. 金饰的货币用途　154
　　3. 佛教用黄金最多　155
　　4. 两广地区金银使用情况　156

八、魏晋南北朝时期的货币　157
　　1. 刘宋铸钱刻上年号　157
　　2. 钱币轻薄质差之弊　158

九、豪强垄断与贫富不均　159
　　1. 北来侨郡霸占山水资源　159
　　2. 帝王官僚营商积财如山　160
　　3. 社会贫穷黑暗时期　162

十、南北朝商业发展　163
　　1. 南朝商旅繁耕夫少　163
　　2. 南朝抽商税证商业繁荣　164
　　3. 生活奢靡碍南朝统一　165
　　4. 北朝经济稍逊南朝　166
　　5. 官员奢华凌驾帝王　167

十一、魏晋南北朝之寺院经济　168
　　1. 洛阳佛刹甲天下　168
　　2. 南北朝佛寺经济可自足　169
　　3. 寺院财势大，魏、周两灭佛　171

十二、洛阳名都为商业贸易地　172

十三、北朝重视技工军事　174

第九章　隋代经济（公元581—618年）……177

一、隋代开丰衣足食之世　178
二、探讨隋代致富原因　179
三、隋代土地分配及赋徭概况　181
四、开运河建义仓两德政　183
五、隋代基建及重工业规模浩大　184
六、隋朝的金融概况　186
　　1. 隋代货币制度晚期不稳　186
　　2. 典当及官私贷款　187
七、隋代财政支出大损民生　188

第十章　唐代经济
（唐：公元618—907年；五代十国：公元907—979年）……189

一、君臣同心创贞观盛世　190
二、唐代经济制度优于汉　191
三、唐代创立的租庸调制　192
　　1. 租庸调制之内容　192
　　2. 为民制产之德政　195
　　3. 制度没落的原因　196
四、唐代土地多为富豪强占　198
五、官员职分田、公廨田及公廨钱　200
六、五代十国后周废屯田　204
七、从租庸调制到两税制　205
　　1. 两税制成立经过　206
　　2. 两税制是认田不认人　207
八、对两税制度的批评　208
　　1. 陆贽评两税不公　208
　　2. 两税制加剧贫富悬殊　209

3. 利商不利农之法　210

九、唐代的盐政　211
　　1. 颜真卿首征盐税　211
　　2. 刘晏设十监劝盐　213

十、唐代的漕运改革　215
　　1. 唐天宝后始重视漕运　216
　　2. 刘晏的"缘水置仓"法　217
　　3. 唐代漕运的三个阶段　218

十一、唐代蚕桑业及矿冶业　219
　　1. 丝织业北早于南　219
　　2. 重矿冶业为便铸钱　220

十二、唐代主要流通之货币　222

十三、唐代的海陆交通及商业贸易　224
　　1. 唐有远洋船证海外贸易盛　224
　　2. 隋唐大地理家精通中外交通　225
　　3. 唐代海上贸易极为繁盛　227
　　4. 唐代胡商云集扬州、长安　228
　　5. 对外侨政策及胡人就业情况　230
　　6. 唐代数十城市水陆辐辏　232
　　7. 唐代华商与外邦的贸易及交流　236

十四、唐代国营交通驿站　242

第十一章　宋元时期经济
（宋：公元960—1279年；元：公元1271—1368年）…………**247**

一、从封建门第到宋代庄田　248

二、宋代"方田制"及"衙前"服役　251

三、宋政经思想的南北之争　252

四、宋代圩田水利完善　256

五、元代劝督农桑行农社制　257

第十二章　明清时期经济

（明：公元 1368—1644 年；清：公元 1644—1912 年）············· **261**

一、明代"黄册"、"鱼鳞册"管理户口田地　262

二、明代粮长制与生员制　264

三、"诡寄"、"飞洒"避田租　265

四、"一条鞭法"合并赋役　266

五、清代收地丁合一税　267

六、清代自乾嘉人口激增的事实　268

第十三章　中国货币、漕运及水利问题杂谈············· **271**

一、历代货币制度概览　272

二、中国漕运与南粮北运问题　274

三、中国的水利问题——黄河、长江、淮水的利与害　276

　　1. 北方的黄河水患问题　277

　　2. 南方的水利农业发展　280

出版后记　283

绪 论

向来学历史之人，比较不重视社会与经济。西方人讲社会学亦不过200年而已。

所谓唯物史观，即经济史观。西方人认为由经济形态来决定社会形态，再由社会形态决定一切历史，遂有社会的分期。唯物史观、经济史观的分期则称政治跟随社会，社会跟随经济。于是说封建社会是农业社会，资本主义社会是工商业社会，共产主义社会则仍是工商业社会。这可说只是部分对，但东方历史绝不能如此讲。

西方讲历史的分期相当紊乱。只能分上古、中古、近古等来讲。中国讲历史有系统，可按朝代来讲，与西方分期迥然不同。因人类历史演进并不能照马克思所讲的。人类历史演进有无共同轨道大值商榷。中国人的历史演进显然与欧美各国的历史演进不同。对各民族历史演进，当用归纳法讲，再来察看是否有共同轨道。

今日世界之问题，由于不能用政治、宗教等来解决，因此西方人已渐注意到东方的历史。由于土耳其、埃及等国的历史不完全，唯有中国的历史可用来研究人类历史如何演进，此所以欧美在今日已注意到文化问题。

从前，西方人认为不信基督教的民族为不开化的、不文明的、野蛮的，因此视中国为半开化的。但今日西方业已改变此种错误观点。未来欲对世界学术有大贡献的，最好莫如研究中国历史。

今日世界人类已觉醒，各国各民族各有一套自己民族的文化，并不佩服他人的。

讲人类历史共同演进的方法，就得用历史，用科学的归纳法。

最古的中国社会非原始共产主义社会，应称为氏族社会，氏族社会的经济以农业开始，世界文化的开始莫不如此。

历史可分通史、断代史、专门史。经济史属专门史，如欲学习中国经济史，最好先能了解经济与历史之知识。

历史注重以史学之观点方法，作材料之鉴别考订。如研究井田制，先应鉴别是否古代有此制，是否可信。第二步，即要作出史学解释，并加以评判。井田制如何产生、影响如何、何以不能继续于今日、井田制在当时之时代意义为何，此即是史学。

经济史须具备两条件：

一、鉴别的方法；

二、解释其意义及评判其价值。

学历史前应先了解其他社会科学。研究人文科学是根据历史材料。中国经济史长达2000年，历史演进之记载极详，西洋史则仅数百年而已。

过去中国学者研究历史之缺点为：

一、史学与经学不兼通。

二、用西洋历史模式结论套入中国历史中。如西洋有罗马奴隶社会，但中国没有。又中国之皇位为世袭，传其子孙；罗马则不然。英国则可传女儿。故中西历史大相径庭，中国之历史实应让西方人作参考。

研究农业经济可分三项目：

1. **生产的经济**：就经济价值而言，如种稻、种玉蜀黍（即玉米）等；如各地同类粮食之价格不同。

2. **农村的经济**：中国农村经济活动场合中之地位与西洋农村地位不同。中国各地之农村经济活动亦各不相同。如上海四周之农村经济活动与湖南省的农村经济活动不同。又如广东番禺一县城自秦迄今，已历逾2000年，从未变动，但就农业经济生产物的价格来讲，则番禺迭有变动。苏州自春秋迄今亦未变更。城市附近，必有农村，二者之间有密切经济关系，应同时讨论。今日中国之城市既非西洋之城市，亦非古封建之堡垒，与西方封建社会模式有所不同。故中国之农村与城市之关系亦与西洋不同。

3. **农民的经济**：讲及农民实际的生活，西方农民是奴隶，中国则为佃农与自耕农；论农民之地位，中西亦不同；至于生产物价格，则中西略同。

中国文化是大陆文化，而非海洋文化；是村落的，而非都市的（希腊、埃及之文化其重点在都市）；埃及、巴比伦是平原文化，中国则为高地（陵谷）文化，亦非河流文化。

第一章

中国古代农业经济初探

一、黍与稷为中国最早农作物

世界四大文明古国埃及、巴比伦、印度与中国[1]，此四大文明发源地均始自农业。埃及有尼罗河，巴比伦有幼发拉底与底格里斯两河，印度有恒河，中国有黄河，因农业发展靠水利灌溉。但中国与其他三国情况不同。

中国农业发展并非单靠一条黄河。埃及、巴比伦、印度三国均处于热带或亚热带，但中国则气候不同。再就面积言，埃及、巴比伦小；印度较大，但单纯；中国则幅员广大，气候土壤等亦南北不同。

中国古代北方之农作物并非种稻麦开始。向来所谓五谷者，即黍、稷、稻、麦、粱。再加上豆，则称六谷；合黍、稷、稻、麦、粱、大小豆、麻与菇，则称为九谷。但中国最早之农作物为黍与稷。

吾人当根据历史研究中国最早之农作物。黍与稷为中国北方最早之农作物，《诗经》中即已提到。甲骨文中提及"黍"字最多，商代占卜收成好坏，甲骨文中多有"求黍"及"求黍年"等字句。但未见有"求麦"、"求稻"。因黍比较粗生粗养，容易种，为商代人之农业主要作物。稻麦为贵品种而难生长，故商代求丰年只求黍，《诗经》中提及"黍"、"稷"两字很多，可资证明。

古代农业发明者有"后稷"与"神农"，"后"即上帝之意，"后"与"神"均为形容词。神农姓姜，后稷姓姬，此二人均在中国西部，何以不称"后稻"、"后麦"，而称"后稷"，盖中国最早之农作物为稷也。

---

[1] 也有加上墨西哥者。

甲骨文为盘庚后之文物，为可靠史料。但后稷之史料借传说而来，乃由推想而得，但并不一定不可靠。

黍稷有共同之性格，即均为高地农作物。郑玄曰："高田宜黍稷，下田宜稻麦。"今日北京以种麦为主，种麦处即种稻处；南方以种稻为主，种稻处即种麦处。而稻麦需要水分多，故种于"下田"；黍稷需要水分少，故适宜种于"高田"。此亦证明中国当时有高地农作物，亦有低地的。

二、古人重黍稷轻稻粱

中国五谷之一曰"稷"①，"后稷氏"者，"后"为尊敬之意。以上提及不称"后稻"、"后麦"，可见当时最重要的农作物是"稷"。今山西省有"稷山"，"历山"亦在山西。

稷为高地旱性植物。中国古代农业偏于高地旱性作物，所以中国古代文化起于丘陵，起于高地，而非起于平原。故称大陆文化，并非海洋文化。

所谓五谷，即黍、稷、稻、麦、粱；普通说农作物为黍、稷、稻、粱。清程瑶田作《九谷考》，曰："稷者，今之高粱。"此处所称之粱，即今之小米；黍即北方之黄米。

中国古代农作物由高地开始，是先种（多种）高粱、黄米（即黍稷），而非先种稻麦。《诗经》云："黍稷稻粱，农夫之庆。"其意乃黍稷在先也。

《诗经·七月》中，周公述说中国古代农业经济及农村农民之生活状况甚详。此诗虽无说明先种植何种作物，不过可自其下种之日期看出，高粱是在古历正月下种。稷则可称五谷之长。此诗中说明春天为奋桑之时（插秧期）；夏天盛产瓜茄蔬菜；对于稻，只提了一句说："十月获稻，为此春酒。"此是旱稻，且仅是种少量作酿酒用。酒在古时仅供老人饮用。此诗述说农事极详，却不提及种稻之法。

《诗经》《礼记》《管子》所记载的，均可证明春秋以前，中国人民主

---

① 稷为高粱之古名。

要在山陂陵阪地区种植黍稷等旱地作物。另一证明，古代敬神是取黍稷，因古代人民尊重高粱、黄米，含有重视黍稷过于稻粱之意。

古代有两种盛载祭物之盛器。一曰簋①，为当时第一等盛器；一曰簠②，为第二等盛器，但当时祭神以簋盛放黍稷，以示尊敬；稻粱却放于第二等盛器簠中。

古代祭神，水为最尊贵，酒次之。亦从而可见中国古代农作物是黍稷始。

三、高地农作物反映陵阪文化

晋人束晳《补亡诗》云："黍华陵巅，麦秀丘中。"陵即山地，丘陵也。说明黍开花于山上。四方高中央低者为丘，长江流域的山上有田，可种稻，但在陕西的山上则种麦。此说明了中国农作物有高地与低地两种。而古代多为高山上之农作物，是旱地作物。

《淮南子》记载："尧之治天下也……其导万民也……泽皋织网，陵阪耕田。"泽是水泽岸边。陵者，大皋，山无石者，土地高者曰阜。"阪"或作"岅"或"坂"，《诗·小雅·正月》："瞻彼阪田。"阪田为崎岖硗埆之处。此处说明在平原之湖泊地区捉鱼，在山陂之处耕田，可称陵阪文化。淮南子为今安徽省人，知古代人民在低地捉鱼，在高地种田，可知他懂历史。

中国古代农作物非用河水灌溉，云旱性之高地作物。如"神农氏"又名"烈山氏"，"烈山"两字之意义即将山坡上之草木用火烧毁用作肥料，然后下种。可见耕种之地在山上，是山耕，并非用水利灌溉。

中国古代山耕之又一证明：史载"舜耕历山"（历通厉），亦是山耕。

《礼记》中载有旱稻，即《内则篇》所记"陆稻"。

《管子》书中记有"陵稻"。陵稻即栽种于山陂高地之稻③。

《吴越春秋》云："尧遭洪水，尧聘弃④使教民山居，随地造区。"此

---

① 音 guǐ，内圆形。
② 音 fǔ，内方形。
③ 中国之有稻，可能山地之旱性"陵稻"早于低地之"水稻"。
④ 弃即后稷。

处所谓"山居",是命人民住山上种田。古代高地上种的当是黍稷,而非低地的稻麦作物。

《易经》说:"上古穴居而野处。"

《礼记·礼运篇》说:"昔者先王未有宫室,冬则居营窟,夏则居橧巢。"窟者穴地。营者指一个个散布于高地之窟窿。今日的太行山区仍可见在半山地带有此类穴居。此类穴居并非在平地挖洞,乃在干燥的山地上挖洞。

公刘之诗云:"陶复陶穴。"陶即挖空,在山上挖穴而居,亦即居于山地。

山居与山耕同时。中国此时期之文化,可称为"黍稷文化",亦可称"陵阪文化"。

推想中,中国古代农业,决无水利工程。在古代典籍中可找到证据,证明古代先民耕种与居住均在高地。

《孟子》中记载:"当尧之时,水逆行,泛滥于中国,蛇龙居之,民无所定,下者为巢,上者为营窟。"营窟者,环形之山洞也,今日河南省仍有可见。人居住在山洞内,可证明耕地亦在山上。

四、由黍稷到粟麦到稻

中国的文化发源地,最初并不在黄河两旁,而是在其支流渭水、浦水、汾水与洛水一带,但这已是后期。因中国最古之文化并非在水边,亦非在平原,而是在高原上。

故并无西方人所谓在摇篮中孕育出来的文化,亦非如埃及、巴比伦一般温室中培育出来的花。中国文化乃是在山地上经过日晒雨淋,培育出来的并非花,而是松柏。即使是花,也是梅菊之类。

春秋以后,一般仍然以高粱为主要粮食。

《论语》说:"饭疏食。"疏,即穄,粗也,意即吃高粱之粗饭。此点亦有考证。《礼记·玉藻篇》云:"稷食。"意以高粱为主食。

《左传》曰:"粱则无矣,穄则有之。"粱指小米,穄指高粱。

孔子"食夫稻,衣夫锦",说明孔子当时以稻米为主食,生活已很讲究。

《战国策》云:"东周欲为稻,西周不下水。"于是东周人有改种麦者,因为缺水之故。此乃时代环境造成栽种作物之不同,故农业经济状况亦因之而异。

中国古代农作物之分期:

1.第一时期为黍稷时期,此乃指西周以前;

2.自春秋至战国,主要之农作物已渐由黍稷而为粟麦,可称为粟麦时期;

3.最后,则为稻米时期。

第二章

上古时代的井田制度

（公元前 770—前 221 年）

一、古代井田制度沿自封建

中国古代的井田制度，一直以来，聚讼纷纭，莫衷一是，无法得出一个结论来。通常一般人研究井田制度之主要参考书有下列数种：

1. 《孟子》；
2. 《周官》[①]；
3. 《春秋公羊传》[②]；
4. 《汉书·食货志》[③]。

孟子时，井田制度已不存在。由于《周官》为战国末年晚周之书，此时井田制度被破坏已有二三百年。故《周官》亦不可靠。商鞅在秦变法，以中国东方之制度去西方实行变法，但此时东方早已变了。

所以，欲研究井田制度，上述四种古籍已不可靠，应找《孟子》以前之史料。

战国之时、孟子之时均已无井田制，故此时讲井田制已无凭据。胡适之先生谓并无井田制度，然而并无证据足以证明其说。

讲井田制，宜根据钟鼎文讲，不过单靠钟鼎文，材料不够。

总之，井田制度乃跟随封建制度而来。

何谓封建？中文之意，即"封土建国"。

"封"者，《周官》云："制其畿疆而沟封之。"意即由大司徒圈划一块土地，在土地之四周筑以水沟而成封土。

[①]《周官》即《周礼》，为战国末年晚周之书，属古文学派。
[②]《公羊传》为何休注，属今文学派。
[③]《汉书·食货志》近古文学派，东汉班固讲食物、货币等。研究中国经济史应多参考此书。

凡封国，即封其四疆（如封信、封门一般），将沟中挖出之土筑成围堤，堤上植树，使人不能越过，谓之"封"。

聚集土曰封，"封"者，界也。

又穿沟出土于岸，而皆为封，封即起土界也。

"国"，就是城圈之意，犹如西方之"城"（City），中国古代之城与西方相同。

中国古代之城散开而并不毗连。"国"与"国"之间为游牧之人所居，谓之"戎狄"。古代封建时期，农、牧之民兼有，直至战国时土地大加开发后，大部分人民才以农业为主。

游牧之民无宫室城郭，便是戎狄，其他则为耕织之民。华夏为防御游牧人入侵，故筑沟建墙以居。此耕织之民便是华夏。其实，华夏与游牧，均为中国人，不过游牧是流动四方的牧民，华夏是固定居住的农民而已。其不同只在文化生活方面。

故封建时期，可称之为"农民集团的武装垦殖的活动时期"。昔年蒋百里先生亦同意此见解。

西周时代的封建，其实是一种耕稼民族的武装开拓与垦殖。这种华夏的耕稼城郭之国，在西周以前就有。

西周亦无法将之除灭，便任其和平共存；这些小城邦亦无法与西周匹敌，便承认西周为共主，遂以天子之礼事奉之。

西周初期，这种错落散处的城邦从几十个扩展到一百几十个，各在其城圈之内耕种农作物，与城圈外之游牧部族本可相安无事，但游牧部族乘城郭诸邦有事时便来侵扰，使城圈内之诸夏怀有戒心，便趁封建势力扩大后，将游牧人驱逐至塞外或山上。

由上述可知，中国古代农业区是分散的，一块块的。分别为垦殖区，各不毗连相关，可称为小规模的农业分区开垦。

古代最大的侯国，其国土面积占100方里的已算是大国了。城与城（即所谓国与国）之间相距约50里。此100方里之地里面包括城郭、村邑、山林、池泽、耕地及弃地，并不能完全用来作耕地用。即使全部可垦殖作耕地的话，亦不过可划分成一万块井田面积，合计约900

万亩土地面积①。根据《周礼》一书的记载，当时黄河流域一带已满布田地了。

二、井田制的变迁

按照《春秋公羊传》所说，所谓"井田"，"井"是灌溉单位，八家共用一井。一口井之水量可用来灌溉一井的田地所需。一井的土地，即中间一格100亩属"公田"外，其他每家100亩，共九格。但偶然亦有少去一两格或多出一格者。

老子说："鸡犬之声相闻，民至老死不相往来。"因老子非历史学家，其实古代村与村之间相距甚远。

约言之，井田是在小城圈之内，在封建制度下的小规模农业经济。

一个侯国之内，有君、卿、大夫、士等多个等级，各可分得相当于其地位的应得土地，所以百里大侯，所分到的地也不算多，等于后代的一名业主，由各大小封建主将土地分配给农民（佃户）耕种，但土地权则仍属封建主。

封建制度下之封建主将土地分配给佃农，是公平的，并无偏多偏少。故封建制度下之农民并无兼并，亦无贫富之分。

《左传·宣公十五年》（公元前594年）云："初税亩。"此条说明首次向农民收取农田税，却也间接说明了不征收田税时的贵族必有别的生活来源，此实乃井田制度。因封建时代，贵族均靠农民而生活，便是依赖井田制度而获得公田之收益。

《春秋公羊传》解释："初税亩"即是"履亩而税"，便是有一亩地，收一亩税。

又《春秋谷梁传》言："古者什一，藉而不税。"藉是"借"的意思，亦有"助"的意思。

又说："井田者，九百亩，公田居一。私田稼不善，则非吏；公田稼不善，

---

① 古代之100亩相当于今日之25市亩。

则非民。"意即私田收成不佳，则错在官吏；公田收成不佳，则错在人民。这里所提及的"私田"和"公田"，即将一块土地划分成井字形的方块，即中间的一块为"公田"，其余八块则为"私田"。

"初税亩"者，即取消"公田"，将田按亩而税，收取十分之一。

其实，"初税亩"以前的井田制度，即"私田"由封建主借给佃农，但佃农得替封建主种"公田"，平心而论，这种制度，比罗马的奴隶制度平等得多了。

在井田制度时代，由贵族，即当时之封建地主派农业指导员负责协助扶植农民，在管教上之态度不能称为主人与奴隶间之从属关系，故有说私田收成坏责备官吏（农业指导员）；公田收成坏则责备农民。当时之井田制，"私田"由每家佃农各自耕作，"公田"则由八家合耕之。

当初推行井田制度时，情况理想。《诗经》中也有"雨我公田，遂及我私①"的诗句。渐渐的，农民萌生了尼采之哲学思想，大家不再勤力耕"公田"了，因此把"公田"废去，一律变为"私田"，不再有"公"、"私"之分，均改为征收十分之一的税。

综上而言，土地所有权观念之改变，乃由赋税制度之改变而来。西方专门讲革命，注重订规则；但中国则永无革命，中国之进步并非由革命而来。

《孟子》有云："夏后氏五十而贡，殷人七十而助，周人百亩而彻，其实皆什一也。"《孟子》书中所提及的"贡"、"助"、"彻"，均为古代之三种征税方法。

《孟子》中引《诗经》云"雨我公田"，《孟子》中又提到"惟助为有公田，由此观之，虽周亦助也"。孟子时上距周代已有200年，《孟子》书中提出上述三种税收方法，认为"助"法最佳，"贡"法最劣。"贡"法是取数年来收成平均数照收十分之一；由于收成之好坏每年不同，收成好时有盈余，但荒年连肥料费都不足，故"贡"法不好。"助"法是随年岁好坏而收税，对农民有利。"彻"法是永远固定收取十分之一，不过每年要

---

① 私即私田。

调查田亩。后来"贡"、"彻"二法并用。每100亩征收七担,收成好并不多收,坏则可报荒,所以租税制度很合理。

有"公田"、"私田"制度时,即有"还田"与"授田",所有权属于贵族,废除此制前,当时分田公平,这是为要均劳逸,为要使"公田"有适当的照顾,但自废除此制后,农民便可多耕殖土地,便是要"尽地力之教"。

根据《汉书·食货志》所载,战国初年,李悝为魏文侯作尽地力之教,以地方百里,提封九万顷(即百里平方)。当时封的大国面积为100方里,除去三分之一土地的山泽邑居,其他则可辟为600万亩田,完全耕作,谓之"尽地力"。预算农家有六万户,此处所论及之"尽地力",是尚在格子线以内,仍在以100方里为中心的单位中。

后来商鞅在秦孝公时废井田。《史记》载曰:"为田开阡陌封疆,而赋税平。"此项记载,至南宋朱子作《开阡陌辨》从此800年来遂成定论,一定至今。

"开"者,设置之意,或原来是墙而新开设一门之意。有人说商鞅废"井田制"而开发"阡陌制",朱子以为不然。原意是,井田制是有阡陌,阡陌即是大田岸,后来没有阡陌了,即冲破了格子线而已。

百亩之田之格子线谓之封疆,封疆犹如大围墙,为古代贵族封建分割性之主要标志。封疆内之地便是井田,一井与另一井之间是隔了相当距离。井田的格子线一被冲破,政治上的封建制度亦随即被冲破了。

井田制度之所以要划成一方方的格子,乃是因为外防敌人,内以方便平均分配。

《战国策》中蔡泽有言:"决裂阡陌,以静民生之业而一其俗。""民生之业"即是指农民之耕作。按照朱子的解释,有阡陌时即是当时有井田制度。农民所耕种之田地仍得归还封建主。但废除阡陌后,农民不论种多少田地,只缴赋税,土地已变成私有,民生便安定了。由此可证明井田制度是有的,历来以朱子的解释最为适当。

所以,《左传·宣公十五年》所记的"初税亩",以及《史记》所记载的"开阡陌封疆,而赋税平",都证明了中国古代有井田制度。

三、商鞅为何废除井田制？

商鞅所以要废除井田制，原因之一是当时有田畯查田，得悉农民多耕少报，挖少田岸①。因此商鞅遂把阡陌（即大田岸）破坏，井田制度亦因之而废除了。且当时在政治上已由封建制度变为郡县制度，因此很自然地可以把大田岸大围墙加以铲除，遂化成大整块之农田。

此外，尚有促成废除井田之其他原因，如有些地区土地狭小而人口密集。《左传·襄公三十年》（公元前543年，此时孔子出生）就有记载道："子产使都鄙有章，上下有服，田有封洫，庐井有伍。从政一年，舆人诵之曰：取我衣冠而褚之，取我田畴而伍之，孰杀子产，吾其与之。及三年，又诵之曰：我有子弟，子产诲之；我有田畴，子产殖之。子产而死，谁其嗣之。"这说明了郑国地狭人稠，因此将井田格子线破毁，由子产加以整顿，使"田无封洫，庐井不伍"。

又一原因，是由于当时已发明铁器耕田。《孟子》中记载了"许子以铁耕"之事实。因有铁器耕田，农民便有能力垦殖较大面积之土地，便不必再受格子线之束缚。又如春秋晚期已有牛耕，《国策》记载"秦以牛田，水通粮"；孔子弟子中有名司马耕字牛者，亦为一旁证。进入战国时期，牛耕更盛。

又一原因是战国时代水利工程专家辈出，如魏文侯时有西门豹，魏惠王时有白圭，魏襄王时有史起，秦孝文王时有李冰，秦始皇时有郑国。灌溉工程兴建完成，灌溉比以前方便，因而可照顾到更广阔的耕地面积了。

除上述原因之外，还有一个原因，即税收制度改变而使井田制不能持续。

井田制是一种公田制。一块大约一方里的土地，划成井字形般900亩田，中间的100亩为"公田"，由八家共耕；其余800亩"私田"配给八户人耕种，公田的收成归封建主，私田则归农户自享。

---

① "挖少田岸"即"与岸争地"之意。即把一部分田岸当作耕种的土地。

初期的农民性情纯朴,勤劳地为地主耕作"公田",对自己的"私田"反而看为次要。但这些井田之所有权全属于贵族封君。即所谓:"四封之内,莫非王土;食土之毛,莫非王臣。"由于八户是助耕公田,才可享受私田的收获。正如近代有人为富豪看守坟墓而获耕食墓田,实是一种雇佣性质。

当时之封建地主特别设置农稷之官,用来教导协助农民如何辨别土壤,如何选择种子,并经常巡视田野,督导农耕。由于农民智慧低,故须勤恳教督,加以扶助,如叛离主人,则易受城圈外之夷狄之侵扰,使全家不能安居乐业。因此贵族与农民可以相安无事,平安度日。

直到"履亩而税"开始,税收改为视田亩之实际收成所得而抽取固定之比率。此即《孟子》书中所说之"彻"法。井田制度遂完全被破坏。

井田制度是一种随封建制度而产生的政治制度中之一环,并非社会经济形态,是中国周代有统一的封建制度后而产生的,绝非郭沫若所说的原始共产社会,然而由于周代常搬迁,故可称之谓"农业社会武装的殖民开垦"。

四、"辕田"制度——农民交换耕田

春秋时,曾实行了下列一些赋税制度。

《左传》记载,鲁哀公十二年(公元前483年)开始实行田赋之制。此时已较"初税亩"时迟了91年。

当时的赋税之种类大致上有下列几种:

1. 田租:农民种"私田",向地主缴纳田租。
2. 田税:农民种"公田",而向政府缴纳田税。
3. 田赋:自实行"初税亩"91年后开始。

当时尚有一种赋,是农民纳税之外,遇战争时便向农民征用运输车辆及牛,并担任力役。但农民并非正式军人,只是军中之附随,亦无正式编入军队中之权利与资格。战争时期,农工商贾照常经营,不受影响。

《国语》中记载:"先王制土,藉(助也)田以力,而底其远近;赋里以入,而量其有无；任夫以力，而议其老幼。"此处所言之"赋"是征收草物，"任"即"任力役"。

晋国时曾开"爰田"制，因晋国在黄河之北，地大人稀，是谓"宽乡"。一人可耕200亩，亦可轮番耕种。

《左传·僖公十五年》（公元前645年）说此时晋设"爰田"。"爰田"即"辕田"，辕者，易也，有更调之意。"辕田"即为了农民所获利益均等而有交换耕地之举。

秦孝公时亦曾作"辕田"。《汉书》有记载，大意是秦孝公用商君制辕田（制是割、划的意思）。故商鞅自魏去秦而破弃井田，而作辕田，农民甚喜。

《周礼》将田分为三种等级：

1. 上田（上品）不更易，一年一垦。
2. 中田（中品）一年交换，三年一垦。
3. 下田（下品）交替轮耕，三年一垦。

何休云："肥饶不得独乐，硗埆不得独苦，故三年一换土易居。"

另一种说法是："周制三年一易，以同美恶。"

"商鞅始割裂田地，开立阡陌①，令民各有常制。"

又有一种说法是："三年爰土易居，古制也，末世浸废，商鞅相秦，复立爰田，上田不易，中田一易，下田再易，爰自在其田，不复易居也。"此是轮耕制。

晋国在黄河以北，地大人稀，乃是"宽乡"，故开爰田制。

"魏氏之行田也，以百亩，邺独二百亩。"可见此时期之土地制度以100亩为单位。

以上是人口少土地广的"宽乡"，行的是交替轮耕的"爰田"制。但如《左传·襄公三十年》所载，子产管辖的地区地狭人稠，施行的则是"狭乡"制度了。

---

① 钱师云：此句意思有错。

五、井田制与西方庄园不同

西方的"Manor"（庄园）乃西方贵族的领地①。中国人称出现"庄园"为在唐朝以后。此种西方的"庄园"是大块的、开放的、无界的，即无阡陌的。在此大面积的田中，有很多农民耕种，相当于中国古代井田制之"公田"，但无"私田"。一个"庄园"，等于一个社会单位，用简陋方法耕种，到18世纪时，西方此一公田制度取消了，遂用新法耕种。

西方用庄园的耕地方法约实行了1000年，却与中国的井田制度刚好相反。井田制有格子线，但西洋中古时期的"Manor"，是大块的耕地，由农民合作公耕，农民附属于土地，是谓"农奴"。土地主即贵族，耕作粗简。到地主阶级取消，有了自耕农，于是将土地分割给各家自耕，土地转让给农民自己。但中国的井田制是把土地划成井字形，农民并不附属于土地；土地所有权虽是贵族的，但农民并非农奴，所以中西两种制度大相径庭。苏俄今日有集体农场，因其距沙皇封建时代不远，故仍有大规模庄园制，此乃与中国大不相同。

中国井田制有格子线，后来此格子线被破坏；但西洋时期之庄园并无界线；自18世纪西洋封建庄园制破坏后，土地有了分割（划分），此亦是与中国井田制截然不同之处。

西方的庄园，土地是农民无份的，分不到的，是谓封建农奴制度。原始共产社会是土地公有，大家没得分的。今日的共产政府是无产阶级专政，土地权属政府所有。

原始社会是大家有份的；封建社会、资本社会均是大家无份，属于一人的。但中国贵族较西洋的好，因为是讲人情。如中国将来有资本主义，可能亦比西洋的为好。

---

① 《牛津辞典》译为"封建制度下贵族的领地；采地；采邑"。西方此种土地部分为贵族自用，其余租给佃农耕种。

第三章

封建时期的工商业

（公元前 770—前 221 年）

一、工商业的兴起

从井田制度冲破格子线后,发展到山海林泽。农业生产由黍稷到稻麦,再而到桑麻兴起;盐铁、水利、纺织等工业亦随之而发达。工业一展开,商业亦就开始,运输业亦随之而开始兴旺起来。

古代运输用车及船。船用舫船,以两船相并,亦有作渡船用。一条舫船可装载50名战士及三个月食用粮食再加上军队的武装,已相当大了。秦以后更有楼船。舫船是加阔,楼船是加高。民间砍伐山上大树造船作为运输工业之用,与盐铁、纺织、水利等工业,均可称大工业。西方的工商业发展,亦按部就班而来,无不如此。

近代西方人与东方之印度做生意,专收购胡椒等香料:因西方人每逢冬季有数月停止畜牧业,须用香料腌肉防腐,使冬天有食物,而印度香料价贱,西方商人因之而发大财。

战国时期,煤铁、棉花、交通运输、纺织等均为重要之大工商业。孟子所说"五亩之宅,树之以桑"之时,其实尚未具备商业性,稍后才有商业。

农田以外的山海林泽,谓之新生产。如林矿生产再加上手工便是。农业是先加手工;工业是后加手工,如砍大木烧成煤炭。伐木捕鱼,收益比种田好。战国时代才有真正的民间商业。春秋时并无商人工人,但称为"工商食于官"。其时的商、工人员是由政府所养,是世袭的。其生产品有限,职业并无自由,均由家族相传,分为"轮氏"、"车家"、"鲍家"、"皮家"等,至今尚有盐户之业。故古代只有国家养的工商人,只有国际商业①而无国内工商业。

今日的共产主义其实是复古,并非打倒古制。因共产党不让私人经营,由政府主持交易买卖。

二、战国时代的商业大都市

战国时有商人;春秋时并无商人,当时虽有弦高,不过是国家所派遣,并非贸易,而是送礼。子贡是外交家,被派到各国时带了黄鱼等山东土产到江苏出售,因此发财,称为货殖,即以物易物而有剩余之得。子贡是走私,由一国至另一国,是国际性的走私。

商人中如陶朱公(范蠡)、白圭、吕不韦等均为大商人。范蠡佐越破吴后,于是改姓名游江湖,到齐国时,改名鸱夷子皮;到陶后,改为朱公,居19年,三致千金。他是在齐、鲁等国东西交通要道地区经商而发财。其子孙经营得法,遂成巨富。

魏国的白圭,善观周遭环境,能够适应时势。曾说:"人弃我取,人取我与。吾治生犹伊、吕之治国,孙、吴之用兵。"因此生财有道。后世经商者皆祖之。

战国时代亦开始出现商业大都市。此种大都市与春秋时代的不同,亦与西洋贵族在堡垒中的不同。中国的是城圈,规模大,内有宗庙社稷。战国时此种城圈即具有商业性,如齐国京都临淄在战国时即成为大商业城市。

《史记》记载:"临淄之中七万户②。临淄甚富而实,其民无不吹竽鼓瑟、击筑弹琴、斗鸡走犬、六博蹋鞠③者。临淄之途,车毂击,人肩摩。连衽成帷④,举袂成幕⑤,挥汗成雨。"足见当时人民生活之繁荣。此为井田

---

① "国际"指侯国与侯国之间。
② 七万户约有二十余万人口。
③ 即指音乐、运动等项之表演。
④ 指男人之裙成帷。形容人群众多。
⑤ 袂指衣袖。全句指行人挤拥状。

制度时代所没有的。

临淄是旧的都市，邯郸则为新的都市，后者更为热闹繁荣，犹如三四十年代之上海一般；孟尝君时之薛城亦为一大都市，人口有6万家，近20万众。此时人民一面冲破格子线（疏散），一面却往大城市跑（集中）。所以苏秦说："大王之地方千里，地名虽小，然而田舍庐庑之数，曾无所刍牧。"意即所有的土地，都成了商业区，连放牧牛羊的草地都没有了。犹如今之江浙地区一般，于是人口、职业、制度，都起了变化。故战国时期成为工商业最旺盛的时期，但此时亦产生了新的问题。以上便是战国时代的经济形态。

由于战国时代工商业之发达，以前以物易物之商业交换方式已不足应付，货币之使用与流通遂成为战国之另一新形态。

根据《左传》记载，春秋时代列国之间，或君臣之间互相馈赠、赂遗，甚至赎罪、纳欢，都不是用金钱，而是用礼物，包括车、马、锦、璧、钟、鼎、宝玩以至美女、乐师为止，绝无用黄金货币相赠送者。如有的话，要自战国开始。据《史记·六国年表》记载，秦惠文王二年才开始发行钱币。此时距离春秋末年已有155年。

不过，当时东方的一些国家，如齐国、燕国的刀币，韩、赵、魏三国的布币，以及楚国的鬼脸钱已早于秦国在市场上流通矣，直至今日，出土的仍极多。而秦国是继东方诸国之后发行钱币而已。

综上所言，从春秋到战国是中国史上变动最激烈之时期，无论政治、社会、经济、学术，都起了大变化。经济方面主要的是从贵族御用工商及贵族私有的井田制而转变为后代的农工商兵的自由业，遂使战国时代有了一个前所未有的崭新面貌。

三、封建崩溃与郡县兴起

封建制度之崩溃，并非单纯的打倒就算了。也并非一个力量被打倒，便马上产生新的力量，而是渐进的。这在西方制度亦然。

封建制被破毁的明显特点便是冲破了格子线。封建时代农民与牧民混合杂居，如今格子线一被冲破，亦即封建制度崩溃之日。《左传·春秋大事表》等篇中已有记述。

春秋时代约有150余个诸侯国家，亦即150多个城圈。在城圈之外再筑城，即是冲破格子线。《春秋》240年中，所筑新城49座，其中鲁国筑了24城。因《春秋》为鲁国历史，故描写他国史事者较少。晋国之虎牢在郑州，地处黄河之南，已证明筑城在格子线之外了。

总之，春秋时筑城甚多，以后日渐扩充建筑在格子线之外。

从春秋到战国，已有郡与县①。造在远处的称"县"。县者，悬也，即悬于格子线之外之意。此乃封建崩溃，郡县兴起之情况。

所谓"封建"者，古语有云："名山大泽不以封。"②证明"封建"是农民的武装垦殖。到了一地，圈地耕作，其外之地不管，正如香港、澳门之间的一些荒僻小岛无人管理一样。

封建格子线冲破后，人民便跑进名山大川，便有新生产事业兴起。最主要者为盐、铁，因盐、铁乃家家户户必须食及用之物。例如春秋时代，"战争"是贵族的专利，诸如战车、甲胄的制造、战马之饲养、战争之参与，皆由住在城圈子内的贵族所包办，平民无权参与。

如《左传·庄公十四年》记载，是楚国开始用战车之始。据《考工记》的记载，有兵车戈殳戟矛四等。又《吴子图国篇》所记，当时用的长戟二丈四尺，短戟一丈二尺。证明这些甲仗兵器都不在民间。又如《左传·昭公四年》所记，郑国作邱赋。成公元年鲁国作邱甲。皆是一种额外增赋，用来制造甲仗兵器，但仍然是贵族另聘专匠制造，亦非民间自造。

四、封地与私产的界定

当时的农民除了耕种井地以外，"普天之下，莫非王土"。一切山林池泽湖泊，均为贵族采邑，如《周官》记载：当时有看守山泽禁地的"迹人"

---

①秦始皇以前是郡小县大，秦始皇时是郡大县小。
②即如泰山、太湖等不能封给国家。

和"圃人";至于《齐语》中也记载有"山虞"的官,泽有"三衡"的官看守;《晏子春秋》也提到山林中的树木有"衡鹿"看守,泽湖中的蕉蒲有"舟鲛"看管,薮中之薪有"虞侯"看守,海里的盐蜃有"祈望"看守。

因为山泽林薮都是贵族封地的私产,《孟子》中所称"文王之治,泽梁无禁";晏婴所谓"山林陂泽,不专其利",都是一种理论而已。事实上,人民是不准踏入这些山泽禁地的。直到封建制度崩溃以后,农民遂渐渐离开他们的耕地,侵入了山林泽海地区,寻求他们的新生业,贵族已无法阻挡。

《左传·昭公二十年》记载,郑国子大叔派兵攻击闯入水泽的萑苻之盗,但攻之无效,仍不能禁,遂只好采取增加一项新的征收税。本来视农民为盗贼的,现在不得已而加征一项商业税一类的名目,其实就是"征诛"。古人所以看不起工商业者,便是一开始视经营工商业者为奸利之人,其因在此。直至今日,这种传统的老观念,在有些人的脑中,仍或难免。

从此,不少农民离开他们的耕地,去从事各种不同的新兴事业。因此民间工业大为进步,无形中也促进了自由商业的兴起。于是人民可以开矿采铁,自铸兵器,甚至铸钱;捕鱼、煮盐、烧炭、伐木等种种新生产事业,皆由农民侵入禁地后应运而生。

五、经济兴旺靠水利陆路

踏入战国时期,开始有大规模的水利河渠兴修。此时期已是稻麦生产重于黍稷生产,已进入稻麦时期了。为了生产稻麦,所以要大兴水利,可见稻麦已日渐重要。

在历史上,西门豹、白圭、李冰等可说是游民,但李冰在成都灌县督导兴建大规模的水利工程,后来当地人民建"二王庙"以纪念李冰父子功绩。上述诸人对水利建设都立了功。又如郑国渠,是韩国建议秦国建造。于是"沃野千里,号为陆海",秦国因而大富。

《周礼》沟洫制中说,井田制是具备大规模水利的一种制度,此说不可信。但当时已有相当的水利兴修,则为事实。

《周礼》又载曰:"遂上有径,沟上有畛,洫上有涂。浍上有道,川上有路。"

"遂"为2尺宽,其人行道曰"径";"沟"为4尺宽;"洫"为8尺宽;"浍"为16尺宽;一"川"为一万家地,为900万亩,其大水田曰"川"。"径"上可跑牛马;"畛"上可通行大车;"涂"上可跑乘车[①];"道"是双道,同时可并行通过两乘车;"路"大约2丈宽,可同时并行通过三乘车[②]。

以上为《周礼》书中之讲法,可见当时水利兴修与陆路建设已初具规模。《周礼》出书于战国末年晚周时代,其时已有大批农田出现,先冲破了格子线,山川也开发了。种植稻麦需要较多水利兴修。

接着,可称为第三农业经济的桑麻事业兴起了。桑麻生产事业最兴盛的要推当时的齐国。齐有"冠带衣履天下"的美誉。即当时全中国所穿戴的衣、帽、带、鞋均是齐国产品。古代"抱布贸丝"是一个商业行为。当时齐、鲁地区,千里之地,极目远望,遍植桑麻,其丝麻织物,足供全国人穿用。人吃米麦有所限量,但衣着却可奢侈些,衣服可多做几套。此为孟子时期所无;这是孟子以后的事了。

新生产事业,诸如煮盐、采铁、纺织、水利、捕鱼、铸钱、伐木等,在《左传》中是没有的,乃是封建制度被打破后的新生产、新经济。

[①] 古代乘车乃用四匹马拉。
[②] 秦始皇时筑驰道、驿路亦有2丈宽。

第四章

秦代经济

（公元前 221—前 207 年）

一、秦代土地兼并及土地私有制

封建制度崩溃后,战国时代进入新经济形态及新的经济情况;到秦汉时,其经济情况与经济政策又继战国时代而有所发展。

封建社会时有上层的贵族和下层的平民。贵族在政府阶层,平民在社会阶层。但此时的社会大体上是平等的,因当时之井田制度,实是一种均田制度,并无你贫我富的现象。

封建社会时的人民所以造成不自由,是因为农民必须跟随地主所分配的田地,不能另辟土地;工商业人士则必须继承上一代的职业,世代相传,无法改变。彼等均以服侍贵族为职志,不能另转职业,故依赖性甚强,自无法自由随意地去发展原先固定职业以外的业务。

封建制度破坏后,土地开始可以兼并,或用暴力强占,或用钱币收买。亦有了可自由经营的工商人士;有了货币,可以自由交换货物;一切工业生产物均有一定的经济价值。

社会上造成贫富不均的原因,是因为从事农耕的人,在格子线破坏后,便把空地、路径、水泽都辟为耕地,土地又可以兼并,又可以侵占。《孟子·滕文公》云:"暴君污吏,必慢其经界。"由于地主可以增加租税,也不加禁止了,反而加以鼓励。一面以货币收买土地,因此从事农业生产的人,也有了贫富之分。

社会上又有了可以自由从事工业生产的人,有的获利极高;亦有了商人,可以用货币自由交易商品。他们以低价买进,以高价卖出,商人借着此种商业行为而获利。因此秦以后的社会中,其平民如农、商、工各种职业的,亦多有成为富豪者。按诸事实,自战国时起,中国已是一种四民社会。除了上述农、工、商之外，尚有一种"士",《论语》中云"学而优则仕"，此种"士"乃西方社会所无。亦非中产或有产阶级，却是社会上的领导者。此种读书人有其流品，乃经过考试而任官，与贵族的世袭社会绝不相同。中国的政权，亦可称为士人政权。

中国人可以说具有任何宗教，也可说，什么宗教都没有，以"士"领导人民，使人人奉公守法。总之，中国可说是四民社会，包括宗教、政治、经济、社会。教主是孔子，教育出很多士人来领导此社会，而士也成为四民之首。

秦始皇时明白肯定的废封建，定郡县，是一项极为进步的政策。当时丞相王绾就主张册封始皇诸子于荆、齐、燕边远之地，以镇服刚被平定之诸侯。

当时任廷尉的李斯提出反对。始皇认为"天下共苦战斗不休"，如要息战弭兵，绝不能再封建。其后有博士淳于越又主张封建，认为要师古非封建不可，又为丞相李斯所力斥。始皇认为行郡县制才可使国家达于永久的和平，实为中国历史上政体之大跃进，是一种极纯洁伟大之理想①。

始皇三十一年（公元前216年），据《史记·秦始皇本纪》所载："使黔首自实田。"使全国的土地私有制度正式合法化。

中国的土地制度演变情形，由古代的井田制，到列国有所改革。如：

齐国"按田而税"②；

晋国"作爰田"③；

鲁国"初税亩"④；

楚国"量入修赋"⑤；

郑国"作邱赋"⑥；

---

① 按：此节论及秦始皇相李斯，其治国功绩甚多，但李斯与赵高合谋，破坏了秦始皇驾崩立长子扶苏为继承者的遗诏。近人论李斯功罪，莫衷一是。某年去台北拜访宾四师，当面向师请示："李斯功大抑罪大？"宾四师即大声答道："罪大！"兹事体大，附笔相告。
② 见《管子·大匡篇》。时为公元前681—前662年。
③ 见《左传·僖公十五年》。时为公元前645年。
④ 见《左传·宣公十五年》。时为公元前594年。
⑤ 见《左传·襄公二十五年》。时为公元前548年。
⑥ 见《左传·昭公四年》。时为公元前538年。

鲁国"用田赋"[①]；

秦国"初租禾"[②]。

秦始皇三十一年时，人民可向政府呈报自己拥有之田地。即所谓"自实田"之意，并推行实物税制。即由此时起，土地可以自由占有，可以自由买卖。即土地开始合法兼并。《汉书·食货志》谓商鞅："改帝王之制，除井田，民得买卖。"又言："及秦孝公用商君，坏井田，开阡陌。然王制遂灭，僭差亡度。庶人之富者累巨万，而贫者食糟糠。"

连当时的将军们也莫不有兼并土地的意图。此即秦始皇时"授民授疆土"的赏赐制度。如王翦奉命伐楚前，向始皇请赐美田园宅便是一例。秦时亦设立军功爵：如斩获敌人一首级者，便可"赐爵一级，益田一顷，益宅九亩"。而富者成为大地主，贫者成为向地主租田之佃户。

二、秦代经济农工商并重

在历史上凡敌对的双方有所斗争，往往眼光浅而文化低的一方战胜眼光较远文化较高的一方，古今中外莫不如此。

一个文化较高的民族，经济制度也较为复杂，而且人才分散在各方面，有做官的，有经商的，有办教育的，有搞艺术的……因此力量分散了，不像文化较低的民族，壮丁不种田而专职打仗作战，不必分心于其他方面，生活单纯。

自古以来文化高的国家往往战败。如当时东方之齐国经济条件最高，而秦国最低，秦因而获胜。在西方，犹如北方蛮族打倒了文化经济高的罗马。今日美国经济情况胜过俄罗斯，但不一定打得过俄罗斯[③]。又如日本占领中国，经过八年抗日战争，中国终能不亡，中国当时经济较为落后亦为其中原因。

[①] 见《左传·哀公十二年》。时为公元前484年。
[②] 见《史记·六国年表》。时为公元前408年。
[③] 钱师开课讲述"中国经济史"及"中国社会经济史"时，乃1953及1954年。当时美、俄国情与今不同。

秦始皇做皇帝后，并不重农而轻工商，而是农工商并重。他废封建，兴郡县，政治上有进步，度量衡制度也很高明。他不依照商鞅之政策，所行之政策乃近乎东方诸国的经济思想，重视工商业投资，也不纯用法家思想，而含有儒家学说在内。

我们看辅佐始皇治国的李斯经济思想，即可见其一斑。

琅邪刻石言："勤劳本事，上农除末，黔首是富。"

石门刻石云："男乐其畴，女修其业，事各有序，惠被诸产。"上两则说明李斯重视农业，提倡男耕女织。

李斯焚书奏说："今天下已定，法令出一，百姓当家，则力农工。"此则力言农工并重。

据《史记·货殖列传》所记载，因乌氏倮以经营畜牧业而成巨富为秦始皇所尊重；巴蜀寡妇清因丹穴而致富，始皇尊敬之而为其筑女怀清台。

李斯《谏逐客书》中云："今陛下致昆山之玉，有随和之宝，垂明月之珠，服太阿之剑，乘纤离之马，建翠凤之旗，树灵鼍之鼓，此数宝者，秦不生一焉。"[1]此处说明了秦主张对外贸易开放，各国间物资互相交流。李斯认为应做到"地无四方，民无异国"。这样才能互惠互利，货畅其流。

从上述可见，秦代的经济思想是农、工、商业并重的。

三、秦代的工业发展

秦极为重视水利事业之兴建，如"决通川防"。当时有齐国与赵、魏以河为境，各自筑堤者；又有壅水不下，以害邻国者，此时一律破毁堤防，打通壅水，整饬各地陂渠，以溉田亩。据《史记·河渠书》所载："命蜀守李冰壅江水作坝，穿二江以通船，灌三郡之田亩，使四川沃野千里，号为陆海。"又《越绝书》载："同起马塘，湛以为陂，治陵水道到钱塘，越地，通浙江。"此等水利设施，使当时农业生产和交通运输，获得极大利益。

秦代工业方面，由于秦统一后之社会趋向安定，工业亦随着当时农

---

[1] 见《史记·李斯列传》。

业商业的发展而有所恢复和进展。如冶铁、冶铜、纺织、造船、建筑、制漆莫不皆然。

如**冶铁业**在战国时已有可观之成绩。《管子·地数篇》云："凡天下名山五千二百七十，出铜之山四百六十七，出铁之山三千六百有九。上有丹砂者，下有黄金；上有磁石者，下有铜金；上有陵石者，下有铅锡赤铜；上有赭石者，下有铁。"可见中国矿藏之富。秦时已有管理盐铁市及征收盐铁税之官吏。

始皇时，迁移东方豪家12万户于咸阳，尚有迁往巴蜀、南阳等地者。其中便有大冶铁商人。如蜀之卓氏，其祖先原是赵人，便是冶铁致富者，他要求远迁，迁到临邛，"即铁山鼓铸，运筹策，倾滇蜀之民，富至僮千人。田池射猎之乐，拟于人君"。

又如山东的程郑，迁到临邛，亦是冶铸铁矿致富，其富足与卓氏媲美。

又如宛孔氏，本为梁人，用冶铁为业。

又如将魏人孔氏迁到南阳，"大鼓铸，规陂池，连车骑，游诸侯，因通商贾之利"。

秦始皇时冶铁业政策，由民间经营，政府收其税，拨归少府，供皇帝使用。司马迁的高祖便曾任秦时铁官。

秦代之**冶铜业**，也正如冶铁业一般，继承自战国时代。如传世的铜铸兵器，咸阳铸造的相邦戈，为秦王政五年时制造；上郡制作上郡戈之一，为秦王政二十五年制作。监造者为吕不韦及上郡守，又有"工师"、"丞"等官员负责生产管理。其他重要的铜器生产有权、量、兵符及钱币"半两钱"等。

又如始皇收天下兵器，"聚之咸阳，销以为钟镰，高三丈，钟小者皆千石也。销锋镝以为金人十二"，各重24万斤[①]。此为一种弭兵理想之实施，亦可见当时冶铜技术已极高，冶铜规模亦已极大。

秦之**制漆**工业亦相当发达，产量亦甚丰。秦二世即位后，欲以漆油漆其整座阿房宫[②]，并欲"开渠而运南山之漆"[③]。虽受大臣劝阻未行，

[①] 见《三辅黄图》所记。
[②] 见《史记·滑稽列传》。
[③] 见《括地志》。

但亦足见此时产漆之丰富。

秦之**纺织业**依附于农耕之家,男耕女织乃当时农业经济之特点。当时纺织主要为麻布,除自用外,亦用来出售,丝织业亦相当进步。《史记·李斯列传》之"阿缟之衣,锦绣之饰"及《货殖列传》所记之乌氏倮"求奇绘物,闲献遗戎王。戎王什倍其偿",文中提及之丝织品名已知出产之丝织物已非常精美。

秦代**造船工业**亦有新的发展。据《史记·秦始皇本纪》及《淮南子》所载,当时已有很多数量之内河船航行于黄河、湘江、漓江、云梦、长江、钱塘江及岷江之间。至于海上运输,已可自长江口直达琅邪,从琅邪绕荣成山到芝罘。且始皇曾在芝罘海面"见一巨鱼",射杀之。当时已可差遣"童男童女数千人,入海求仙人",可见造船业之发达。

秦代**建筑业**也极发达,始皇"每破诸侯,写放其宫室,作之咸阳北阪上"①。当时咸阳的新建筑,实汇集了战国时各国的营造艺术之大成,并在关中建离宫别馆300多所。至于建造帝王陵寝,亦承袭了儒家理论,造成中央政府的充实物质外貌,造成全国共仰之新首都。陆贾《新语》曾批评他说:"秦始皇骄奢靡丽,好作高台榭、广宫室,则天下豪富制屋宅者,莫不仿之。设房闼,备厩库,缋雕琢刻画之好,博玄黄琦玮之色,以乱制度。"可见当时之帝王与民间,已享受着高度之建筑技术及雕刻绘画艺术了。

四、货币与度量衡制利商业

秦代商业也随农工业的发展而勃兴。民间自由营业的中小商人也日益众多。《国语·齐语》记载:"负任担荷,服牛轺马,以周四方。以其所有,易其所无,市贱鬻贵,旦暮从事于此。"当时的商人,已"能金玉其车,文错其服;能行诸侯之贿,而无寻尺之禄"②。

---

① 见《史记·秦始皇本纪》。
② 见《国语·晋语》。

当春秋战国时发号施政的大城市，至秦代均兼具了商业大城市的特质。如燕之涿、蓟，赵之邯郸，魏之温、轵，韩之荥阳，齐之临淄，楚之宛丘，郑之阳翟，三川之二周，多数在今河南、河北及山东地区，都成了"富冠海内"的"天下名都"[①]。此外如山东之即墨、滕县、定陶，山西之离石，河南之大梁（开封）、安阳、南阳，山西之安邑、长子，河南之新郑，湖北之鄢郢（宜城），安徽之寿春（寿县），江苏之苏州，河南之濮阳，陕之雍（凤翔）、咸阳，亦都是有名的商业城市。

为了发展商业，随着有史以来郡县制的创局，秦始皇把战国时代四分五裂各自为政的旧经济制度一律取消，而重新建立全国统一货币制度和度量衡制度。

中国的货币开始甚早，起初使用的不一定是钱币。它可用贝、龟、珠、玉作货币。至春秋末年战国时才开始有钱币。如齐、燕主要用刀形钱币，赵国亦有用刀币的，通用于齐国临淄、河北邯郸等地。

韩、赵、魏三国用的货币似布[②]，流行于河南开封的梁、河南安阳的魏及山西的离石。

楚国用小方块的金饼作为主币；辅币则用海贝似的铜币，俗称蚁鼻钱，通行于湖北江陵、河南淮阳等地区。

当时各国钱币不同，犹如今日之英镑、美元和澳元一样，使用时换算困难，为求商业上的交易方便，遂使全国用同一种货币。

《汉书·食货志》云："秦兼并天下，币为二等，黄金以镒为名，上币；铜钱质如周钱，文曰'半两'，重如其文。而珠玉龟贝银锡之属为器饰宝藏，不为币，然各随时而轻重无常。"当时币分两等，一为黄金，单位是一镒（一镒可能重24两），为上币；下币为铜钱，称半两钱，为重半两之环形钱。此时遂将战国时之各种钱币因轻重、大小、形式各不相同，遂一律禁用，商贾从此称便。

始皇时亦统一度量衡制。其实秦孝公时，商鞅根据李悝之遗意，已

[①] 见《盐铁论》。
[②] 布为铲形，为"镈"的假借字，为古代农具之一，亦称铲布。

"平斗斛权衡丈尺"，已初步统一度量衡了。不过，至始皇才确立一种定制。

据《考古图》所载《秦权铭》云："廿六年，皇帝尽并兼天下诸侯，黔首大安，立号为皇帝。乃诏丞相状、绾，法度量则不一，歉疑者，皆明一之。"《史记·秦本纪》亦云："一法度衡石丈尺，车同轨，书同文字。"使商品的重量、容量与长度有了划一的准则。始皇亦把当时各国不同宽度的车轨划一化。使全国的车辆皆宽六尺。后来在琅邪的碑石刻颂："皇帝作始，端平法度，器械一量。"

五、苛捐重役致秦灭亡

始皇对农牧工商业之经营有大成就者，常加奖励，并怀敬意。如乌氏倮以畜牧起家，"畜至用谷量马牛。秦始皇令倮比封君，以时与列臣朝请"。又巴蜀有寡妇清，以经营丹穴累积至巨富。始皇以清能以寡妇守其业，"以为贞妇而客之，为筑女怀清台"。又如始皇末年，班壹避地于楼烦，畜牧马牛羊数千群。入汉初，以财雄边。出入弋猎，旌旗鼓吹。年百余岁，以寿终。故北支多以壹为字者。

以上诸富豪，皆能在经济上有所开发，助长民族扩展，可说是秦代社会一种活力的表现。

秦之速亡，并不在于废封建而创立郡县制，而是统一天下以后，役使民力过多过急。如为建造阿房宫及骊山陵寝就劳役了70多万人，戍守五岭役使50万人，戍守长城役使30万人。加上堕城郭、决川防、夷险阻及筑驰道的力役，恐经常得征用200万劳动人民，乃是惊人之数。民力安得不竭？

古代封建小国，每冬农闲时节，人民得为贵族封君服役三日，行程不过三四日，连来回路程计算在内，不过十日便可完工。现在秦代统一后，版图扩大，如寓居江南会稽地区被派到北京以北的渔阳地区，相距遥隔数千里，沿途食宿自备，其苦况可知。

由于政府动用如此庞大之劳动力，粮饷物资自亦相应增多。原来征收十分之一的田租，可能增加到十分之五，甚至更多。

《汉书·食货志》云："或耕豪民之田，见税什五。"又谓："至于始皇，遂并天下，内兴功作，外攘夷狄，收泰半之赋，发闾左之戍。"可能还要缴供军事费用的人头税。人民在苛捐重役之下，且当时秦人对东方各国之人，仍以战胜奴虏视之，指挥鞭挞，毫不体恤。

始皇卒后，赵高弄权，人民之怨望更深，戍卒一呼，响应者众，秦遂灭亡。

第五章

西汉时期经济

（公元前 206—公元 9 年）

一、西汉币制的变迁

汉代时,当作黄金的货币以斤为单位。以一寸立方黄金为一斤计算。与秦代之以"镒"为单位已有不同。大概一万钱相当于黄金一斤。

汉代之钱币以铢为重量计算准则,以12铢为一钱币之单位。根据《算经》,24铢为一两计算。故12铢钱亦为半两钱,一铢等于100黍,十黍等于一絫。

根据《汉书·食货志》所记,因为秦钱太重,遂铸造轻便之荚钱,即民间所称之榆荚钱。此种汉初所铸之荚钱,重一铢或三铢,亦当半两钱用。但民间嫌其太轻少,遂又行使八铢钱。

汉文帝时曾铸四铢钱。但荚钱与四铢钱质劣量轻,且文帝时放任民间私铸钱,因此造成商贾官员鼓铸谋利。由于货币大小轻重不一,私币充斥市场,而将质量降低,价格提高。币制造成混乱,使社会上金融动荡不安,国家财政大受影响。当时贾谊曾上奏疏给文帝,列述贻害之烈。

汉武帝铸造五铢钱①,禁止私人铸钱。武帝元鼎四年,整顿全国币制,将铸币权收归中央,郡国亦不得铸钱。专令水衡都尉所属之钟官、辨铜、均输三官,负责铸造新的五铢钱,通行全国,以统一货币。

统一币制后,武帝以后100余年之西汉,共铸造铜钱280亿枚,使国家财政得以安定富实。

武帝时又铸造了一些用其他金属或物质制造之货币。如将鹿皮造成皮币,又用银锡等金属铸币曰白金三等,曾经纷扰一时。以后遂专铸五

---

① 此时亦有发行三铢钱、四铢钱及八铢钱。

铢钱，一直其受后世欢迎。

汉自武帝以后，以五铢钱最为普遍流通。至王莽时才改币制，为五物、六名及二十八品。金、银、龟、贝、钱、布为六名；钱布均用铜，故为五物，分别为二十八等，极为复杂，为人民所憎厌。直至后汉光武帝，仍恢复使用五铢钱。此后一直至三国、南北朝及隋朝，仍在继续铸用五铢钱。大概十个五铢钱共重一两。自秦2000年来，此种传统性之优良币制使金融稳定，是中国一种了不起之货币制度。

二、西汉货币币值及用途

西汉时之币值如用米价计算较易明白。但汉代之米价只记载特别高或特别低者，而无一般的普通价格，不能作准确之凭证。

汉宣帝时米价最贱，一石米只需五个钱。"石"非"量"名，为"衡"名。大约120斤为一石。当时有常平仓之制度，实为中国一伟大的制度。当时由耿昌建议，米价贱时由政府收买，使政府与民间两受其利[①]。当时边界赵充时一斛米售八个钱，可能是最廉宜的米价了。

汉代最高米价当为元帝时，石米300余钱；亦有说当时石米2000余钱的，总之是汉代最贵的米价了。

太史公《货殖列传》云："粜米二十文一石则病农，九十文一石则病商。"[②]最标准之米价当以30至80文左右之间，即最贵不超过80文[③]，最便宜不低于30文。此为战国初年李悝所提出之意见。

总之，汉代一文钱之用途要比后代等值货币之使用价值为高。如清代要用七元才能买得一担米，可见古代之钱币价值较大。

钱的第二种重要用途是用来代替更赋。汉代有更赋，当时的农民除

[①] 有人谓50个钱一石米，此说可能不确。
[②] 石米二十文，农人便吃亏，不愿再耕种；石米九十文，商人就吃亏。不愿做生意，钱财就不会流通于社会。
[③] 今日粤语中一元称一文，"文"读如"蚊"，"文"与"蚊"二音之转，可见粤语中保留了很多古音古字，仍使用至今日，此又为一例。

了服劳役外,一般自23至50岁的男丁,尚须服兵役。其兵役包括"更卒"、"正卒"和"戍卒"三种。

"更卒"是上述年龄之男丁要在郡县或京师服徭役一个月。亲自去服役的叫"践更";如自己不愿去服役,则可纳钱二千(即2000文),由政府雇人代役,名曰"过更"。更赋的"正卒",凡达上述年岁的男子,须到本郡服兵役一年。亦可以钱代役,每月2000文计,一年则为24000文。还有一种"戍卒",每一男丁一生必须去边境屯戍一年,不愿去的亦可以缴纳24000文代役。此外男子每年还须戍边三日,不去者亦可纳钱300以代,但事实并非每年要戍边。

更赋类别	服役内容	代役价
"更卒"	23至50岁的男丁在郡县或京师服徭役一个月	可纳钱2000(即2000文),由政府雇人代役
"正卒"	23至50岁的男丁到本郡服兵役一年	每月2000文
"戍卒"	23至50岁的男丁一生必须去边境屯戍一年	可以缴纳24000文代役
戍边	男子每年须戍边三日	可纳钱300以代

上述以钱代役的官定公价,每月2000文是相当高的数目。当时不去服役的甚多,为国家增加了一笔相当大的收入。

钱的第三种用途是有关家庭日常开支。李悝说,一农民每月收粮得钱。但是一年之中的花费,包括间社、尝新及春秋之祀,300钱已足够;一人一年之衣着费用300钱亦已足够,可见汉代钱币之价值甚高。

汉之三公(大司马、大将军及丞相)每月俸禄6万钱,御史大夫月入4万钱,看似不多,其实照当时米价及更赋折钱缴付来计算,已是不俗。当时一家人若拥有十万钱之财富,已可谓中等之家,即所谓"十金中人之产"①是也。可见大司马年俸70余万,其丰厚可知。

---

① "十金"即十斤金。

汉元帝时，全国只有70多亿钱，当时来说是一笔巨额数字，比诸今日却是微不足道。

当时皇帝赏赐大臣100金或200金，已是一笔巨大之数目，足成大富，因其时有十金者已成中等之家矣。

三、汉代的役赋与田租

更赋，原是力役的一种，不过可以用钱代役。但西汉尚有一种徭役，不论男女，均得为国家或王室服役。如建城池、造宫殿陵墓、修驰道、治江河、水利灌溉工程、填塞黄河缺口、运送粮食物资赴边境等。规模有大小，有多至数十万人者，时间由数天至数年不等，十分辛苦，富豪多有逃避，遂多由平民负担。

除了力役，重要的为田租，为国库最主要之收入。高祖时行轻税政策，《汉书·食货志》云："天下既定，民亡盖臧，自天子不能具醇驷[①]，而将相或乘牛车，上于是约法省禁，轻田租，什五而税一。"高祖以战乱之后，国穷民敝，皇帝所乘马车想找同一毛色的四匹马都不可能。为了纾解民困，便轻税十五分之一。稍后因军费孔急，又略增田租。惠帝时又恢复十五税一；文帝十二年（公元前168年）采纳晁错"重农贵粟"政策，免租一半，税三十分之一，十三年全免田租一年；景帝二年时改十五税一为三十税一。直至西汉末年，田税一直是三十税一。

随附田租的，还有按田亩多寡须缴纳藁税（即禾秆），以供皇帝及军队喂养牲口之用。

汉代还有按人口出钱的人头税，名叫算赋和口赋，乃自秦代之口赋发展而来。

算赋是无论男女，凡15至26岁者均要缴纳。高祖四年开始，每人每年一算，即120钱，文帝时减为40钱。女子15至30岁不出嫁的，算赋要按等加收，分为五等，按等收至五算。此乃为了鼓励人口增长，提倡早婚，

[①] 醇驷是指四匹同样毛色的马。

否则加收算赋。

口赋是征收7至14岁的少年男女的人头税。每童每年20钱,为天子之私收入。武帝时提早至3岁开始纳口赋,不少平民因为付不起口赋,将婴儿弄死。元帝时,接纳大臣禹贡建议,恢复自7岁开始才征收口赋。

西汉之田租很轻,但一家人之算赋与口赋,合算起来负担相当重,因此造成社会上商业普遍不景气,消费能力低,一般商品都买不起,只是上层阶级的批发生意尚可,而小商店生意甚差。但人口税(算赋与口赋)非缴不可,免缴一途唯有出卖本身,才能免算赋以减轻负担。缴不起的则做官的奴隶,罚做苦工,或卖给有钱人,由主人代出算赋。汉代规定,奴隶每人每年由主人缴纳240文。养奴隶者反而占了便宜,因获得廉价之劳动力。亦由此可知汉代已有奴隶出现。

另外尚有一种可以贩卖的奴隶,正如欧洲人去非洲买得黑人再转手卖给美国人当奴隶。中国边疆曾有少数民族的贩卖,有所谓"僰童"者便是。

总之,汉代之所以有奴隶,乃是因缴不出算赋、更赋或戍边费而造成。但当时亦有一种善心人愿为穷人代为缴费的。

四、汉代有"素封"千户侯

西洋人士判断罗马、埃及之古历史只看一种遗物,但中国之古文物有详确之历史数字。故西方人对中国之钟鼎甚为珍重,因彼等借此可获知中国历史具体之数字与记录。

古代诸侯有封君,他们兼理政治。汉代亦有,但汉之封君不管政治,只理租税,即所谓"食租税"。如每年率户200,封君可每户取其200钱之租,等于其生活费之三分之二。故1000户年获20万钱,是谓千户侯。照近代计算,1000钱为一银元,千户侯之年收入只有200银元,但当时之利息是二分。如100万钱,每年利息就有20万钱。如具有此资本,即可形同"千户侯"。太史公称之曰"素封",意即无人封他,但有此利息收入,即等于封了他。

如一家豢养50匹马，即等于20万钱，亦即等于150头牛，或250头羊，或250头猪，亦等于鱼塘养1000石鱼（一石为120斤），亦等于1000棵枣树或栗树或橘树，亦等于1000亩田。由于上述每一种动物或植物或田地均相当于20万钱，亦即等于一个千户侯，即太史公所称的"素封"了。

如以田地来衡量，有一万户之城，在城外不远之带郭处有佳田（上上田）1000亩。普通一亩地产一石米，其值为200文，则1000亩田地才合到20万钱。比较来说，养50匹马或250头羊或种1000棵橘树较为容易，但要1000亩城郭上田才抵得上述马、羊之数，农民经济情形之困苦当可想见。尤其是钱贵而米价低的时候，农民生活便更艰苦了。

汉代之钱价高，故当时之商业是在上层而非下层。古代商人谓之贾，经营如今日之批发生意，并无铺面。如唐代《太平广记》所载，大门外是小门，由窄巷进入，其内大如皇宫，货物堆积如山。外貌看不出是店，亦无悬挂招牌，而店铺设在大厅之内，此为当时一种经商之方式。另有一种如天桥之市场，等于今日之摆地摊，日出开摊，日落收摊。此为古代在城圈内做小生意之一种方式。

如当时有人栽种千树之橘，可得净利20万钱，即每棵橘树可卖得200钱，如每树结果子100个，每橘售两文，可见值钱。不过，其销路要视商业地理而定。

当时商品有三条经销线：一至长安，二至洛阳，三至广州。如出产十万枚橘，分别运送至商业大城市，先用大船由十二陵运送至州。到目的地后搬运上岸再用车子运送，将一切成本计算在内，即包括种植、运输等一切费用，及售出后盈利所得，1000棵橘树当值100万文之价值。

商人做生意时要雇用员工，让其穿丝绸衣服，坐上好车辆，排场大，以便做成大生意。如用车马由十二陵运三万枚橘至长安，尚需一位能干精明之带队人员，此人即是被主人收买之奴隶。但当此位奴隶外出替主人办事，如替主人押运水果赴外地售卖时，其所享受待遇极为阔绰，事情办完尚可与主人同分黄金。

又如当时之女奴隶，其妆扮比皇宫中的宫女还要漂亮，因而当时之少女，便向往做女奴隶。

当时之"奴隶"称为"奴客"，种田称为"客田"。"客"为尊称之意。真正的奴隶有正式文书，"奴客"则无卖身文书。其待遇比普通农民好得多，可乘马车穿锦衣，应酬于王侯将相之间，昂首阔步做其生意。

所谓以100万文之成本可赚20万文，这一切"奴客"的开销费用并不计算在内。

五、先秦诸子对农商的评价

如谓封建井田制是一种制度，则政策亦是一种制度，该政策乃针对某一种经济状态而发，此政策乃根据某一思想而决定。

战国以后的经济时态是一种自然的演变。到了秦汉时代之经济状态便较封建时期为复杂，且贫富不均之现象日益明显，尤其是当时之农民与商人更甚。

在贫富不均的严重情况下，政治家采取两种相应的不同态度。

一种态度是自由的、放任的，继续任由工农业自然地发展下去，并没有加以特殊的压迫或加以扶植。

另一种态度是对贫富不均的现象采取重农轻商的政策，即对商人加以遏抑。

上述两种态度，在秦汉时亦有出现。

儒家中的孔子，在《论语》中少有提及商贾之事。对农业之事亦不大讲到。不过他的学生要学耕事及园艺，曾向孔子请教。孔子回答说："吾不如老农，吾不如老圃。"[1]

孔子订礼乐，删诗书，在《诗经》上有很多是歌颂农村与田园生活的。《书经·无逸篇》云："先知稼穑之艰难乃逸，则知小人之依。"照此说则似有重农之意。《礼记·大学篇》则主张"有人此有土，有土此有财"。

又如《孝经》中提到的"因地之利，以顺天下"，这是孔子弟子曾子

---

[1] 见《子路篇》。

主张发展农业使民食富足而安定。

孟子时商人兴起，影响当时经济甚巨。但《孟子》书中似无提及商贾之事。不过孟子相当重农。《尽心篇》云："易其田畴，民可使富也。"

又《孟子·公孙丑篇》云："耕者，助而不税，则天下之农，皆悦而愿耕于其野矣。"

《孟子·尽心篇》特别提及要劝督农桑，教民耕织，使地无旷土，国无游民。所以文中说："圣人治天下，使有菽粟如水火，菽粟如水火，而民焉有不仁者乎？"勤耕织，多生产，则人民自然由富庶而兴仁了。

法家中有两派思想：一派以放任为主，主张扶助工商业。《管子》书中即重视工商资本，此种思想在东方各国流行，如齐、赵、魏、韩等国均是，可谓自由经济主义者。

法家中的另一派主张遏抑工商业。如《商君》[①]一书中所载，则重农而抑制工商。商君认为是农业生产战斗化的社会，不应太重视工商业。

商君思想在西方的秦国实现，可谓重农的统制经济思想。

《管子》书中所载与商鞅所主张者，同是为了国家的富强作出发点，但实施方式有所不同。

道家的经济思想可谓重农轻商。

老子排斥物质文明，所以主张"见素抱朴"。

庄子轻视财货，故曰："摘玉毁珠，小盗不起。"

庄子与老子，可说均偏重于精神生活，厌弃仕途，过其田园生活。

六、高祖武帝轻商恤农政策

汉武帝最轻视商人，此种传统态度亦起自汉初，汉高祖"乃令贾人不得衣丝乘车"，并且"重租税以困辱之"。至孝惠帝及吕后掌政之时，虽对商贾政策稍有放松，但对"市井之子孙，亦不得仕宦为吏"。故武帝之轻商，亦有其传承之渊源。武帝以商人常常剥削人民利益，且对国家

[①]《商君》此书非商鞅亲撰。

所定经济政策的推行起不到好的效果，反而坏事，遂于元鼎二年实行均输法，乃是为了控制商品运销，平抑物价和增加收入。

元封五年（公元前110年），由大司农奏请在郡国设置均输官，正式实行。其法是将政府原来要自商贾手中购买的货物改作贡赋缴纳，由工官制造运载用之车船将贡物输送到京师；至于中央政府不需要的货物，由均输官运到卖价高的地方出售，将钱交回国库，如此可免商人牟取暴利，国家增加收入。

又在京师设平准法，专管自全国各地运到京师之货物，在市场物价贱时买入，贵时卖出。如此可免商人囤积居奇，赚取暴利。国家亦可增加收益。但以上政策，国家收入固然有所增加，但对人民并无好处。因均输官强令农民缴纳贡物时，乃本地所无，农民得向商人购入高价货品，反受其害，则平准法施行后，官商勾结作弊，使农民负担加重，受害更深。

同时西汉初兴起，民间壮丁耗亡极大，经济亦衰落。自惠帝高后采取宽简的政策后，前后23年，民间社会渐呈活泼气象，经济亦趋于复苏，但连带而来之新商人阶级崛起，而造成资金之集中与不均之弊患，且导致社会奢侈之恶习。

贾谊上书文帝曰："古之治天下，至纤至悉也，故其畜积足恃。今背本而趋末，食者甚众，是天下之大残也。淫侈之俗，日日以长，是天下之大贼也。残贼公行，莫之或止，大命将泛，莫之振救。"

当时众多人民舍农而就商，又糜费奢侈，万一发生二三方千里之旱灾，或边境告急，外敌入侵，兵旱相乘，此时人民将聚徒而冲击，国家将日趋于衰亡矣。

所以贾谊主张"今驱人而归之农，皆着于本，使天下各食其力，末伎游食之民转而缘南亩，言皆趋农作，则蓄积足而人乐其所矣"。

西汉第一位提倡重农主义者首推晁错，他站在人道主义的观点上，洞察当时民隐，见农民辛劳而日穷，商贾安逸而日富，势必造成严重后果，他的重农，并非为使国家富强，乃在体恤农人。他说：

今农夫五口之家，其服役者，不下二人；其能耕者，不过百亩；百亩之收，不过百石。……尚复被水旱之灾。急征暴赋……朝令而暮当具。有者,半价而卖;无者,取倍称之息。于是有卖田宅,鬻子孙,以偿债者矣。而商贾,大者积贮倍息,小者坐列贩卖。操其奇赢,日游都市,乘上之急,所卖必倍。故其男不耕耘,女不蚕织;衣必文采,食必粱肉;无农夫之苦,有仟佰之得。因其富厚,交通王侯,力过吏势。以利相倾,千里游遨。冠盖相望,乘坚策肥,履丝曳缟。此商人所以兼并农人,农人所以流亡者也。

此种商人兼并农人之情势,贾谊亦愤慨而言曰:"今民卖僮者,为之绣衣丝履偏诸绿;而庶人得以衣婢妾。白縠之表,薄纨之里,缉以偏诸①,美者黼绣。是古天子之服,今富人大贾,嘉会召客者以被墙。古者以奉一帝一后而节适,今庶人屋壁得为帝服。倡优下贱得为后饰。然而天下不屈者,殆未有也。"

此种商人之兼并奢靡现象,决非国家之福。晁错在文帝时,又提出务农贵粟政策,主张"募天下入粟县官,得以拜爵,得以除罪",文帝接纳此议,下令人民缴粟600石者,可封爵,4000石者,可任五大夫;12000石者,可为大庶长。但五口之农家,所耕之地不过百亩,全年所收不过100石,根本无600石余粮来换爵,反为富商大贾所乘。人民因政府重农政策而益受轻视,因贵粟政策而金益贵。仕宦之路仍为有财富人所垄断。

所以自商业大都市兴起,山泽开放之后,耕农中有大部分人转而为工、虞、牧、圃、商贾,脱离了田亩耒耜生活而从事新生业之经营者,往往可得巨利,而耕地百亩者,却日陷贫困,连衣食亦不能自给自足。

《汉书·食货志》中记载了李悝尽地力之教所说。凡有五口之农家,耕种百亩之田,每亩年收一石半,共收粟150石,尚余135石,每人每月食一石半,五口之家全年食粟90石。尚余45石,每石粟值30钱,共值1350钱,社间尝新春秋之祀用钱300,尚余1050钱,每人衣着年用300钱,五人年用1500钱,尚余不足450钱,其他疾病丧亡等意外及皇上临时赋敛尚不计在内。所以农民生活日困,再加上商人之剥削,至武

---

① 偏诸乃织丝为之之意。

帝时农商贫富之现象更形悬殊，因此导致汉武帝遏抑商人而向商人征收重税之措施。

其中，"算缗钱"的税项便是武帝重农抑商政策下所造成。其后是向商人及高利贷者征收财产税。凡是商人、收取高息的高利贷者，及囤积货物者，必须就其所有货物或财产的价值，坦诚向政府呈报。政府根据所呈报的财富数字，每值2000钱征收120钱，名为一算，即抽取百分之六的税。凡制造手工业商品出卖的，凡4000钱抽取一算（120钱），即抽百分之三的税。有市籍的商人及其家属不准置买田地，违反者即将其土地财产一概没收入官。

武帝时还有一种"算商车"的税。凡非"三老"[①]、"骑士"而有轺车[②]的，每乘车抽取一算；商人而有轺车的，则征收240钱（即两算）。如拥有船只而船身长逾五丈者，每船征收一算。

上述"算缗钱"与"算商车"，凡隐瞒不报者，或呈报不实者，除没收其财产外，并须罚去边郡戍边一年。对告发者则加以奖励，可得被告发者财产的一半。

元光六年（公元前129年），开始向有车船的商人征收"算商车"。

元狩四年（公元前119年）则开始向商人及高利贷者征收"算缗钱"。

但上述算缗令及算商车令公布后，大工商业者、高利贷者和车船主均无依法呈报政府，意图逃避缴税，于是在武帝颁发算缗令两年后，于元鼎三年颁发了告缗令，促使人民揭发上述瞒骗政府不报者，由杨可主持此事。于是各地纷纷争相告缗，大商贾破产殆尽。政府没收了大量财物、土地及奴隶。《汉书·食货志》云："得民财物以亿计，奴婢以千万数，田大县数百顷，小县百余顷，宅亦如是，于是商贾中家以上大率破（产）。"

由于算缗令、告缗令的执行，重重地打击了大商人，国库收入因而大增，西汉的中央集权政策遂更形巩固。

[①] 三老是掌教化的乡官。秦设乡三老，西汉设县三老，东汉后设郡三老。
[②] 轺车为古代之小车。

七、汉武帝时代经济思想学说

中国的经济思想，约略言之可分两大派。汉武帝时代的全部经济制度与政策可以代表中国自古至今的两派不同经济思想。

一派是以晁错、贾谊及董仲舒为代表，可代表正统的儒家思想。是统制的计划经济。自经济的立场言，亦可说是社会主义经济，也可说是人道主义、文化主义的经济思想。

另一派是司马迁极端放任的自由个人主义的经济思想。

以上为中国两派相反的经济思想。中国历代以来轮番采用上述两种不同的经济思想，这就是中国政治的复杂之处。

儒家的经济思想是文化主义的，可称为"轨物主义"。轨是轨道，物是标准，含有礼乐教化的意义。

《春秋》中云："纳之轨物。"意即协助人生进入一个正确的轨道，是从全体人生文化而发。此种思想自荀子开始。

董仲舒所提倡的便是一种轨物主义，即主张经济生活应有一特定之标准与限度，即分为高水平与低水平的限度。人的生活不能高过某一水平，不然生活上会造成不道德而骄；也不可低于某一标准，否则无法生存下去。此是一种以"礼"为标准的准则。正如西方人所主张的"法"。凡经济生活高于或低于一特定标准的人，此种人便无法再施以礼乐教化，故经济生活要订定一个限度，要纳之轨物，使符合某一特定之标准。

孔子时代希望经济繁荣，但出了毛病，故荀子创出此一理论。此思想在《周礼》一书中有具体的表达，为中国古代最重要的一种思想经济史。

制度是思想具体化的表现，此种轨物主义一直延伸到贾谊和董仲舒，即人的穷富有一极限的标准，乃根据文化的意义而建立。此种思想引发了汉武帝的经济政策。

汉武帝仿效此种轨物主义思想，但出了毛病。因此有司马迁出来提倡极端的自由经济主义以纠正之。

1. 司马迁经济思想学说

司马迁的放任自由主义经济思想与轨物主义和老子的主张相反。

《史记·货殖列传》中说:"老子曰:至治之极,邻国相望,鸡狗之声相闻,民各甘其食,美其服,安其俗,乐其业,至老死不相往来。"老子的意思是一个人如果吃得好,穿得好,对自己所搞的事业认为已很满足,便停滞不前,不再向外发展,因此大家不相往来。老子的这一套特别的经济文化理论,是大家各安其所,天下就可太平。

但司马迁反对老子上述主张,所以说:"必用此为务,挽①近世,涂民耳目,则几无行矣。"意即人的耳目欲望是不会满足的。如果耳目被塞住了,把时代拉回到近代,则几乎没有事情可做了。

司马迁是从整个历史文化来看,具有远大的眼光,是一种很进步的经济思想。

司马迁在《史记·货殖列传》所提到的经济理论,在中国经济史上可说别树一帜。太史公是根据历史上的进化论来评述。

太史公说:"夫神农以前,吾不知已。至若《诗》《书》所述,虞夏以来,耳目欲极声色之好,口欲穷刍豢之味。身安逸乐,而心夸矜势能之荣。使俗之渐民久矣,虽户说以眇论,终不能化。故善者因之,其次利道之,其次教诲之,其次整齐之,最下者与之争。"

这番话的意思是:中国自有历史记载以来,自虞舜夏禹起,直到西汉司马迁的时代,2000年来,人人的欲望便是想看尽天下间美丽之色彩,想听尽天下间悦耳的声音,想尝尽天下间美味的食物。人人想过身心安逸的快乐日子,有自我得意的荣耀人生。这种长期以来的习俗已无法改变了。即使用很高的理论向家家户户去说服他们,也属无效。所以司马迁认为不如照他的意思,让人民放任自由好了。次一等的便是领导他走向一条规定的道路;其次是教诲他们,灌输以哲学,但这已是第三等了。至于第四等,那便是用社会主义的统制计划经济来管制人民。最下等则是与民争利了。

---

① 挽即挽回意。

司马迁这番高明的经济理论见解，是西方历史上从来没有一个学者能说出的。

司马迁对农、虞、工、商等各业人士，等同视之。他说："农而食之，虞而出之，工而成之，商而通之。"意即有了农人才有食物，有了虞人才能取出矿藏，有了工匠才能制成各种物品，有了商人才可流通货物。遂使中国各地出产木材、竹子、谷、苎麻、牦牛毛、玉石、鱼盐、漆、丝、枏梓、姜、桂、金、锡、铅、丹砂、犀牛角、玳瑁、齿革、马、牛、羊、旃裘、筋角、钢铁等物，这些都是中国人民所喜爱者。所以在太史公眼中，农工虞商是同样受重视的职业，不分轩轾。因为上述四类业者，是人民衣食之源，不能缺其一。

源头大而国富足，源头小而国贫乏。所以说："原大则饶，原小则鲜。"国家之是否富裕，端视乎上述农、工、商、虞各业是否能充分发挥他们的才能。

以上看，太史公认为爱富厌贫是人的正常心理。"天下熙熙，皆为利来；天下攘攘，皆为利往。"人人为利也是无可厚非的事。即使是千乘之王、万家之侯，或百室之君，他们还担忧着有贫穷的一天，何况是普通人。

军人上战场愿赴汤蹈火，无非为了重赏；乡村少年，杀人掠货，掘坟铸币，无非为了钱财；赵国美女，郑国香姬，涂脂抹粉，媚眼逗人为了财富，即使远走千里，也在所不计。游荡青年，舞刀勒马，也是为了富贵；渔夫猎人，不管早晨或深夜，不理狂风和霜雪，入山谷、进深溪，无非是为了想猎些美味的鱼兽；赌博赛跑，斗鸡走狗，也无非想争胜赌赢。除非靠盗贼奸恶而富有，不然，做农工商贾而致富的，都是分属正当。

司马迁支持一切谋利的正常活动，与董仲舒的轻利正好相反。所以说："无岩处奇士之行，而长贫贱，好语仁义，亦足羞也。"说明了太史公看不起那些空谈仁义，既不能为政府工作，又不能治生为商贾的游民。没有谋生本领的人，才是羞耻。

其实，司马迁的主张，也相当接近孔子在《论语》中所说的："不义而富且贵，于我如浮云。富而可求也，虽执鞭之士，吾亦为之。"从不义而获得富贵，才是可耻，但用劳力而获得的财富，那是光明正大的。

司马迁指出"致富"是人人的共性。追求财富，在私有社会中是每一个人的社会本能。

司马迁同意"仓廪实而知礼节，衣食足而知荣辱，礼生于有而废于无"[①]的主张。他发挥了管子思想中对"礼"的见解，认为如无物质经济基础，便难以建立社会道德。

司马迁在《史记·货殖列传》中提到了世上所出产林林总总的动植矿物，包括农业、畜牧业、伐木业、捕鱼业、采矿业、冶铁业、制漆业、丝织业、金属业、珠宝业等，乃人人在日常生活中所必须食及用之物。则虞、农、工、商应当各守其业，要使得农夫分田而耕，商贾分货而贩，百工分事而勤。如此分工合作，务使货畅其流，工商兴旺发达，增加人民消费能力，共享繁荣生活。

2. 董仲舒经济思想学说

汉武帝时代，向政府提出意见者，多达100余人。惟董仲舒所对之策，较为受武帝重视，但接纳却不多。

董仲舒首先提出凡不属于"六艺之科，孔子之术者，皆绝其道，勿使并进"[②]。然后才能一统纪而明法度，人民才知所跟从。

董仲舒重道德而轻物质，故主张"正其谊（义）不谋其利，明其道不计其功"。他把重财利与否作为区别"大夫"和"庶人"的标准，所以说："夫皇皇求财利，常恐乏匮者，庶人之意也。皇皇求仁义，常恐不能化民者，大夫之意也。"所以他把经营商业和搞生产手工业的人视为"庶人"，主张对这些人要施以教化。

限民名田便是董仲舒为了抑制豪强们兼并土地弊病的建议。当时他上书给武帝，大意是谓：古代田租不过收取十分之一，人民易于负担；力役不过三天，也易应付。但自商鞅废除井田后，人民得自由卖买土地，遂造成了富者田连阡陌，贫无立锥之地的现象。又拥有山林川泽富庶宝

[①] 见《史记·货殖列传》。
[②] 见《汉书·董仲舒传》。

藏的人，变成了有君王之尊，公侯之富，困苦的只是小百姓，力役比古代增至30倍。田租及人口税等项比古代增至20倍。耕豪民之田的人，租税重至百分之五十，因此贫民常衣牛马之衣，食犬彘之食，人民还得不时受恶吏的刑罚。因此造成无靠的贫民逃亡到山林中，流为盗贼，汉代掌政以来，仍未改善这种陋习。

因此董仲舒大力主张限民名田，弗使富豪再有兼并事情发生。应该接近古代井田制度之法，较平均地使农民拥有土地。政府亦当放弃管制天下盐铁，废除奴婢卖买，薄收赋敛，减轻徭役，使人民宽松些，施行善政。

但以上提出之政策，汉武帝并没有采用。

当时任官之途有"任子"与"算赀"两种方法，"任子"是父为大官，其子亦可世袭为大官，有如封建时代之贵族世袭。"算赀"是向政府付出一笔数目可观的金钱，即可做大官。因此这些有钱的资产阶级便成为新贵族。董仲舒以为上述两法进入仕途者，极不正常，且良莠不齐，故主张每年由列侯或郡太守选出贤者推荐给中央政府以便任用。

董仲舒亦反对官吏经商货殖。他认为，身居高位食厚禄的人，借着权贵的资力，尚要与人民争利，是不当的。如此则人民只有贫穷愁苦，以致不能乐生而走险犯法，刑罚因而加重，奸邪不可胜数，人民便无法安居乐业。

汉武帝并不采用董仲舒之政策，犹如文帝之不能用贾谊。武帝唯独采取了董仲舒"罢黜百家，尊儒家孔子"的意见而已。

八、西汉的盐业与铁业发展

盐与铁要到战国时代开始才成为一种新生产事业。盐铁之大量使用亦自战国时代开始。

盐铁为人人所必需的日常生活用品，成为畅销商品亦当自战国时代开始。先讲盐。战国时有大盐商叫猗顿[①]，他以贩卖池盐致富，为中国历

[①] 猗顿无姓，顿是名，猗是地方名，在今山西解县附近。

史上第一大盐商。

中国当时山东地区（齐国）出海盐，煮海可以为盐。但猗顿是贩卖山西解县地区所产的池盐，数量不多，远不及海盐出产之丰，故想象中战国时人食用盐的亦稀少。

春秋时代仅有贵族食用王盐，普通民间是不吃盐的。即使有亦只是少量池盐而已，这是由于春秋时代海是禁区，人民是不能任意取海水煮盐的。

太史公在《史记·货殖列传》说："山东食海盐，山西食盐卤。""盐卤"便是指池盐，可见当时有海盐陆盐之分（池盐即指陆盐）。

据《史记》所载，知山东产盐之外，山西也产盐，亦由此可知海盐在战国时产的亦有限，并不盛产。

《管子》书中讲到"海王"，海何以可称王？因海中产盐，故可称王。

煮盐是战国以来民间的一项私人新生产事业。当时在山东地区追逐鱼盐的，也都成了积财千万的富商，那已是进入汉代了。

有人说《管子》书中已提到管仲已有铁盐专卖之法，那可能是出于后人伪造，不足信。

不过，汉初民间仍可自由经营盐业。根据《盐铁论·错币篇》的记载：汉文帝时，人民仍可自由煮盐，不受禁止。

盐铁之归政府国营专卖，秦代虽已有，但要到汉武帝时才正式定为一种重要的经济制度。

而铁为古代所无。人类文化的进步，先由石器而铜器，再由铜器而铁器，铁器是较迟出现的。

铁在中国，可能在春秋时代已有，但只是少量。用作耕器之用，《孟子》书中已有"铁耕"的记载。战国时之兵器如宝剑，已有用铁铸造者。

战国时代已进入铁器时代，冶铁之生产到战国才兴盛。此时不但有大盐商，也有大铁商出现。古代特别受人注意的商人是盐商和铁商，因盐铁是家家户户必用之物，生意大而获利极丰。

酒在当时销路也很大，但不能独占，因人人可酿酒，所以无大酒商；又如竹器，因竹到处可栽种，亦是非可独占的事业。

如英国的纺织业，因为用机器代替手工生产，生产量多，成本便宜，因而致富而有在纺织业中称王者。

《史记》中记载当时有大铁商名叫郭纵，其富有可与国王媲美，此为战国时已有大铁商之证明。根据《盐铁论》的记载，当时的豪强大户，取得管理出海之利，采铁矿用来鼓铸，有时一个豪强大家甚至聚徒众至1000余人，他们来自各地，因税重而来投靠豪强大家者。聚集在大山之中，开铁矿以冶铸铁器。

《史记·平准书》记载，当时有一位祖先梁国人名叫宛孔氏，以冶铁为业，秦伐魏时，孔氏搬迁到南阳，大肆鼓铸，成为巨富，游酬于诸侯之间，人人刮目相看。又如四川的卓姓、程姓等家族，都是冶铁致富。说明秦始皇灭六国时，仍是任由民间开矿冶铁，不加禁止。卓氏程氏在六国未灭时亦以冶铁为业。

西汉初，有鲁人曹邴者，可称为最大之冶铁业托拉斯（Trust）。而当时之吴王濞亦为兼营盐铁事业，拥有山海之利的一位侯王。故《盐铁论·禁耕篇》有云："异时，盐铁未笼，布衣有胸邴①，人君有吴王，皆盐铁初议也。吴王专山泽之饶。"

吴王刘濞是汉高祖之侄，当时封地有三郡53城。他招募天下亡命之徒，铸钱煮盐，使国用富饶。他搞七国之乱时，以文书告诸侯，凡斩捕大将者，赐金5000斤，封万户；斩捕列将者，赐金3000斤，封千户。吴王濞声明他的财富所在并不限于吴地的江苏，其封地连安徽、浙江也在内。因此他可制海盐，拥有安徽的铜矿可铸钱，称吴王钱，是吴王的私产。吴之政府经费乃用田租，由于盐、铜太多，吴王慷慨而废田租，其他各地流氓由他给养，担任劳役。遂使吴王夸口说："诸王即使日夜用钱也用不完。"可见他的富裕已到达了何等丰厚程度。

汉武帝时代的盐铁官卖政策，可以说是中国继井田制度后的第二个重要的经济制度。

在武帝以前，已有征收盐的实物，但尚不能算为正式的经济制度。

如果照《尚书》所载，则夏禹时代"海岱惟青州，厥贡盐絺"。说明

---

① 胸邴即曹邴氏。

夏禹已征收盐的实物作租税了。但恐是极少数地区，并不普及，因当时食盐者少。

春秋时代，如《管子》书上所记："山上有赭者，其下有铁；上有铅者，其下有银。"但"谨封而为禁。有动封山者，罪死而不赦。有犯令者，左足入，左足断；右足入，右足断"①。但山海地区辽阔，人民有擅取者，不能禁绝，遂改收山泽税，渐成默许。

本来盐铁之利是取自山泽。在古代，山泽之财富是属于天子所有。先有部分人民不理皇家禁令，纷纷上山伐木采铁，下海煮盐、捕鱼，据为己有，使王室不胜其烦，遂不得已在"盗贼"必经之地设立关卡，收取山泽税，凡是山上或海中取得财富者，须缴付商税，谓之征商。虞人从事此种不正当的商事，谓之奸利，属不正当，晁错之轻商，原因在此。此种商业犯罪，征税是惩罚。

在《盐铁论》中记载："泽梁以时入而无禁。"即人民可被允准按季节时令进入山泽采铁、煮盐、伐木、捕鱼。

在西周时期，已经征收实物的盐，犹如征收山林川泽的其他租税一样。

事实上，盐铁官卖政策并非从汉武帝开始。《史记·太史公自序》中称："（司马）昌为秦主铁官，当始皇之时。"照此记载，司马迁的曾祖司马昌已在秦始皇时任铁官。很可能秦始皇时已有盐铁官卖的措施了，但制度并不明确。

但在汉文帝时，民间仍可自由铸钱冶铁及煮盐。此点在《盐铁论·错币篇》中就有记载："大夫曰：文帝之时，纵民得铸钱、冶铁、煮盐。"由于汉初采取放任政策，因而使豪强大户专擅山泽之利，顿成巨富，而民间反受商贾剥削，其生活更为艰苦。《汉书·食货志》云："富商大贾，冶铸煮盐，财或累万金，而不佐国家之急，黎民重困。"

武帝时仍沿袭秦制，也设铁官。汉代很多制度是学自秦代。但因秦为时短暂，仅十多年而亡，因此不成制度，到汉代才定型而确立。

较司马迁年长二三十岁之董仲舒曾说："田租口赋，盐铁之利，二十

---

① 见《管子·地数篇》。

倍于古。"意即田租、口赋与盐铁三个项目总和的税，比古代要重20倍。而其时田租与口赋并无增加，税重主要由于是盐铁一项，可见秦代已抽盐铁的重税了。

《管子》一书所述主要是战国末年的理想，是秦代所施行过的一些制度。亦可借以证明汉武帝时之盐铁政策秦时已有。因秦并不遏抑商贾，汉高祖却抑制商贾，后来法制渐趋宽松，也是学秦代之法所致。

直到汉武帝元狩五年，盐铁专卖制度才正式实行。

武帝所以要推行盐铁政策，此制度乃由税收制度演变而来。因当时北伐匈奴，需钱孔急，遂行盐铁专卖，以增国家之税收。《盐铁论》中有云："边（防）用度不足，故兴盐铁。"

武帝元狩三年时，山东有水灾，人民多遭饥溺。于是中央派特使赴郡国尽取仓粮赈济之，仍是不足。又向豪强大户募款，亦不能相救。于是在元狩四年初将贫民70余万人迁往关西。由当地县官供给衣食。再使贫民有产业得以安居，弄得当地县官大穷。当时亦有大商富贾，以钱财役使贫民冶铁煮盐，成为万金巨富，但并无协助国家之急。于是政府借重大盐铁富商东郭、咸阳及孔仅等人出来担任大农丞或盐铁丞的官，来主持盐铁国营的事业。咸阳是山东的大煮盐家，孔仅是南阳的大冶铁家，都是千金巨富。

咸阳与孔仅向武帝上奏，从事盐铁业者由国家供给粮食费用及生产工具（如供应煮盐盆等），但得由政府主持出卖。民间不得再私铸铁器及煮盐，如违将施以"钛左趾"之刑，并没收其器物。另在产铁处设置铁官，其不出铁处则设小铁官，以主持铁器之制造及买卖。

于是孔仅、东郭、咸阳乘着官车到各地巡视盐铁的事务，并任命各地的大煮盐家及大冶铁家为盐官与铁官。此为武帝元狩五年之事。

以上是汉武帝盐铁专卖制度成立之经过。

武帝时盐官铁官设置之地，全国有28郡设盐官，有40郡设铁官。此等盐铁官员，均由大农丞统管。设置铁官地区，《通考》一书有记载：凡今河南、河北、山东、山西、陕西、四川、辽宁、甘肃、安徽、湖南、江苏各省均设铁官，可见当时冶铁事业的发达。

盐铁的国营专卖，可说是极重要之一项制度。它增加了国库收入，也抑制了豪强的攫取暴利。因此招致豪强富商的反对。武帝崩，昭帝于始元六年召开盐铁会议，召集了各地民众代表讨论盐铁政策。政府出席者是桑弘羊，民众代表是贤良文学士，后者主张开放经济。今有桓宽《盐铁论》一书传世，双方以文化历史背景来讨论。两派曾有激烈争辩，辩论内容并不太精彩。但昭帝仍坚持盐铁专卖政策，直至章帝章和元年，才废盐铁官营而改为征税制。

不过自汉武帝死后，新经济政策并未严格执行下去。司马迁的理论却甚风行于当时，但至今2000多年来，大体上说，盐业均由政府管制，制铁业则后来放松了管制。但也说明了汉武帝时已具有现代一般的进步意识，实行其国家社会主义的经济政策了。

九、王室财政与政府财政之划分

汉代的财政制度分为王室财政与政府财政。西方国家在民主政府未出现时，王室可随便动用国库的钱，其弊病乃是不懂将国库与王室之税收分开管理。故西方要逼出民主政府，由政府设机构监管，才使财政上轨道，中国则不必有民主政府，早有一良好的制度了。

汉代的政府财政总管是大司农[①]，所管不限于农业，乃管理全国的财政。其属下有60多个署，包括太仓、均输（调剂物资流通）、籍田、斡官（管盐铁）、铁市、农监、都内、都水、平准等署。

汉代九卿之一的少府专管王室财政，谓之小财政部。此卿管王室的"山海地泽之税，以给供养"[②]。正如颜师古所说："大司农供军国之用，少府以养天子也。"

少府也即是皇帝的总管家，是小府。宰相则为大府[③]。少府属下也

[①] 汉初九卿之一的大农令是承袭秦代的治粟内史而来，不但主管粮食，还是掌管国家财政的大财政部，至武帝时改称为大司农。
[②] 即将山海之收入，如捉鱼、煮盐、伐木打猎、采矿、铸钱等收入为皇帝私人收入，以为供养。
[③] 地方政府亦有少府，管地方长官之财政。

有多个署,专管皇帝的事务。如尚书署专管皇帝的文书,太医署专管皇帝的医药保健,太官署是御厨,汤官署做糕饼,乐官署有皇家乐队,考工署做器具,东织署与西织署织布制衣,东园署造棺材,黄门署管太监。但少府最重要的乃是掌管王室的财政收入。

中央政府在京城所有官吏的俸禄,由大司农负责支付,是政府的第一大开支。其他如祭祀、军费、土木建设、外交费用、救荒费以及各种行政费用均由政府支出。

政府的主要收入来源包括田租、算赋①及更赋,均归大司农掌管。故大司农亦是一个大银库②。

少府的主要收入来源包括江海陂池所得,山泽所得,园税③,市井税④,口赋⑤,苑囿池的籞⑥。

少府负责支付王室的一切费用,包括支付王室的衣、食、住、行、娱乐费、赏赐太监宫女等⑦。

何以田租与山泽要划分呢?此为土地所有权的问题。由于古代封建井田制度时的土地属于贵族。如天子封了齐国的诸侯,再由此诸侯分赠土地给各贵族。但名山大泽并不封给诸侯⑧。自封建制变成郡县制后,田租由公家取用,因此山泽成为天子的私人财富了。

汉代的财政既把国家与王室各自分开,前者由大司农主管,后者由少府料理,如此可省去不少麻烦,且王室耗费开支亦极巨大,即皇帝后宫妃妾一项,所费已是不赀,如汉高祖、文帝及景帝,尚能遵循古俗,开支极为节俭。宫女不过十余人。

汉文帝的皇后所穿服装尚不及当时待出卖女奴服装之美。

但到了汉武帝,于后宫妃妾,则多取好女,达数千人之多。此种宫

---

① 即人口税,16岁以上之人口税由政府收取。
② 地方行政费则由地方政府各自负担。
③ 田中不种稻麦而种漆树橘树等植物者。
④ 指房租及商业税。
⑤ 指小童之人口税归王室。
⑥ 此指皇家花园,广数百方里,其内可畜牧、狩猎、栽果树、种菜、开矿及植林等,谓之上林。
⑦ 王室之兴建则由政府负担。
⑧ 小山在受封之内。

中妃嫔，分为多种等级。汉初时只有美人、良人、八子、七子、长使及小使等几个等级；但到汉武帝时又增加倢仔、娙娥、嫆华、充依等多种等级；至汉元帝又加昭仪，将妃嫔一共分为14个等级及19种职位，她们的等级及待遇（俸禄）如下：

后宫妃嫔职位	待遇（俸禄）	等同爵位
1. 昭仪	丞相	诸侯王
2. 倢仔	上卿	列侯
3. 娙娥	中二千石	内侯
4. 嫆华	真二千石	大上造
5. 美人	二千石	少上造
6. 八子	千石	中更
7. 充依	千石	左更
8. 七子	八百石	右庶长
9. 良人	八百石	左庶长
10. 长使	六百石	五大夫
11. 小使	四百石	公乘
12. 五官	三百石	—
13. 顺常	二百石	—
14. 包括无涓、共和、娱灵、保林、良使及夜者等	百石	—

以上14等妃嫔，其饮食由"太官"负责；被服衣着由"服官"负责；使用器具由"考工"负责；由"掖庭令丞"的官负责杂务。以上均属于少府属下的官，一切支出皆属于王室宫廷的私费，此后宫费用为一笔甚为庞大之支出。

当时2000石已是汉代最高的官俸了[①]，像丞相的万石乃是极少数的

[①] 按：汉代的三公，丞相与太尉各年俸万石，三公之一的御史大夫，亦仅二千石而已。

几位而已。即使第14级的妃俸给100石,当时平常百姓的八口之家也只有100石收入,也是在政府衙门任职的最低一级公务员的年俸,但百姓另外要缴赋税,而妃嫔与衙门公职人员则可免缴赋税。

十、对汉武帝财政政策的评论

汉代政府官员,自丞相、太尉、御史大夫以下,属于为国家办事者,俸禄统由大司农支付,其费用当然比后宫妃嫔为巨大。

凡内廷及外朝所需日常用品,例皆各自向郡国民间采购。诸官各自为市,由于政府人员及王室人员在市场上大量抢购物资,使物价不断飞跃,为了平抑物价,控制商品的运销,因此在汉武帝时设立了均输制度。

1. 均输、平准两策

武帝实施均输法在元鼎二年(公元前115年)试行;五年后,即元封元年由大司农桑弘羊奏请批准,正式在郡国各地设置均输官实行。

古代各地要向政府贡上当地土特产。南北各地方政府要向中央政府输送贡物。由于路途遥远,运费比本身货物还贵;或因运输途中时日耽搁过久而中途腐败,因此实行均输法。

这情况在《盐铁论·本议篇》已提到说:"大夫曰,往者,郡国诸侯各以其方物贡输,往来烦杂,物多苦恶,或不偿其费。"

所谓均输法,即将民间进贡给各地方政府的土产,有用不完者,中央政府规定不必再运送京师,可送到中央政府派驻各地的"均输官"那里暂时储存,随时听候京师命令。数量过多的某些项目,便可在贡地附近卖出。譬如广东的土产可在江西地区出售,将款项上缴中央。又如山东省的织丝,每年王室需用若干,如有剩余的便可在附近地区售出,得款归中央。

武帝所以要实行均输法,归纳其原因有三点。

首先,由于征伐匈奴需巨大战费,富商巨贾又不愿踊跃捐输,不得不开源,故除了盐铁专卖以外,另订均输法。

第二点是为了进一步重农抑商。

第三点，中国历史上的传统观念，视商人为奸利。

上述情况相结合，政府亦需增加税收，因此除了盐铁国营以外，更实行了均输法。

均输法者，照政府的解释，是各郡设"输官"后，人民只需将所贡土产送到郡的"输官"处，而郡的输官由京师委派，因此不必劳师动众的由民间直接运输到中央政府所在地了。此政策的原意是可以平均劳逸，便利百姓。然而民间意见却不以为然，因为随均输法而来的，还有一个平准法。

《盐铁论》曰："开委府于京，以笼货物。贱即买，贵即卖。是以县官不失实，商贾无所贸利，故曰平准。平准则民不失职，均输则民齐劳逸。故平准均输，所以平万物而便百姓。"

所谓平准法，即由天子收集储存天下百货，价贵时出售，价廉时买入，商贾之力自无法与天子匹敌，因此商人无法获利，物价自然无法抬高。商贾亦无法再囤积居奇。

但事实上是政府以各地方所贡物作为资本，用来高价时出售，成为赚钱之事。

政府对均输、平准的解释是为方便人民，但民间则有不同意见。这两种政策看起来似对人民有利，但实际上是政府在做生意了。正如《盐铁论》所说："今释其所有，责其所无。"意即均输官强迫百姓缴纳本身所无的土产，百姓便只得将自己所拥有的货物贱价忍痛卖出，再向商贾高价购入政府所指定的货物，如此一卖一买，人民不但未蒙其利，反受其害了。

同时平准制度施行稍久，便生弊端，有奸商与官吏勾结作弊。"收贱以取贵"，即将货物贱价买入，贵价卖出，此乃由于均输官拒绝接纳本地所普产之货物，反而要求本地所无之物资，致为奸吏豪贾所操纵，使人民生计益困。

但实行均输、平准之法，却使国家富庶了。历史记载，当时天子到极北的边疆，向东封泰山，并巡游海上，所到之处，无不大加赏赐，大洒金钱，计共用去帛100余万匹，金钱数以万计，此等货财皆取自大司农。

大约一年之中，因均输而获得帛500万匹，人民虽不加赋税，但国家富饶异常。

这是桑弘羊担任大司农时所推行的制度，弄得民怨沸腾。故某年发生小旱，天子下令求雨，卜式愤然道："这都是桑弘羊搞出来的灾祸，居然令官吏在街市中贩卖货物以图利，只要把桑弘羊拿来烹宰了，天就会下雨的。"

司马迁对此政策亦极端反对，他在《平准书》中狠狠地批评了当时担任财政大臣（大司农）的桑弘羊，文中还引用了"烹弘羊，天乃雨"的民谣。

如有人说中国的传统思想是重农抑商的，此种评语也非全对，司马迁之极端反对桑弘羊的政策，便是一例。

2. 祭宗庙"酎金"与"榷酤"酒税

汉代还有一种与均输制度有关的政策，就是各地诸侯每年须向中央上献"酎金"[①]。每年八月献酎以祭宗庙，命各地诸侯献金以助祭。

汉文帝时所订酎金之法，是每年正月酿酒，八月成酒，名曰酎酒。此酒乃各诸侯助祭所贡之金造成。凡诸侯列侯，其辖下之民有1000人者，须进献黄金四两，其不满1000人而有500口者，亦须献金四两。

又凡官至大鸿胪而其食邑在南方边区的交趾、日南两郡者[②]，可以长九寸以上犀牛角或玳瑁甲献上以代黄金。

凡食邑在今广西省之郁林郡者，可以用长三尺以上象牙或翡翠二十以代黄金献上。

此种酎金亦为国家所定之律令，必须上献者，由少府收受之，以供王室祭宗庙之用。

每一诸侯王每岁必须献黄金给汉王室之宗庙，由皇帝亲自接受献金。

[①] 颜师古解释"酎"字，即三重酿醇酒之意。即第二次酿酒用的是酒而不是水，第三次酿酒时用的亦非水，而是用第二次用酒酿成的酒。用此酒祭宗庙，以示对祖先尊敬。
[②] 即今越南一带附近地区。

所献黄金如成色不足，或斤两不足者，如系王，则削其所封之县，如系侯，则免其所封之国，所订之律不可谓不严。

汉武帝元鼎五年时，有160位列侯因犯了献黄金酎祭宗庙不合上述条例者，均被剥夺爵位。这一次武帝之所以如此严厉处罚这么多位列侯甚至夺去其所封之国，乃因列侯们不肯协助讨伐南越有以致之，于是借口酎金不合标准而重罚之。亦由此可见汉代帝王极为重视宗庙之法，甚至可以借此取消列侯之封国[①]。

汉代尚有一种"榷酤"的税收政策。"榷"是独木桥之意，"酤"是指做酒，"榷酤"者，意即卖酒之唯一可通行之途径是要由政府公卖，政府在各地设立酒的公卖局。

当时之"均输"法，不必由政府规定之处所卖出，但酒之出售则非经政府官卖局不可。由此说明当时之经济制度已很进步，可见当时中国之行政措施甚为高明。

3."鬻爵"制度供买爵免役减罪

汉代尚有一种"鬻爵"制度。

"鬻爵"制度乃秦孝公时商鞅所订立。商鞅把古代"公、侯、伯、子、男"五等封爵改变成20种等级的封爵，此制度一直沿用到汉代而未变。当时规定，较低的封爵不能参政，但可得到多种优待。

汉高祖五年下诏，凡是有"七大夫爵第七"等以上的爵位者皆有食邑；凡非"七大夫"的封爵者，其本人及其全户可免徭赋。说明了第七级封爵以下者为低等爵位，亦可免除一家人之徭役。

高祖又声明第八等爵位[②]以上，均为高等封爵，可得所赐田宅及官府要给予封爵者所提出的要求。

汉代常有赐爵之举，得爵者可免徭役及豁免一部分田租。每逢新帝登位、或立皇太子、或朝代改元、或皇太子及冠之年、或封皇子为王及郊祀

[①] 据《汉书旧仪注》记载，谓此乃汉代定制，钱穆师疑此并非定制亦有可能。
[②] "七大夫公乘"为第八爵。

时，多为赐爵之时；民间得爵者，等于获得政府在经济上的一种优待券。

平民赐爵，亦可减罪。汉惠帝元年，民有死罪者，买爵30级可免死。一级值钱2000，买30级之爵位，需付出6万钱[1]即可免死刑。总之，朝廷准人民以钱买爵，可见爵位有其经济价值。

但汉时买爵的价钱是时有增减的。文帝时爵价稍贵，爵一级为2万钱；汉武帝时如买爵30级，便得付出50万钱。司马迁为李陵事，得罪武帝，吏议判死刑，无钱买爵赎死刑，因此不得已接受宫刑代死。

按照晁错上书汉文帝所言，当时可用粟代金钱买得爵位，得以免罪。能以粟买爵者，其人必有余财，既有余财以供上用，则朝廷因卖爵而增收入，贫民赋税便可相应减轻，则此政策亦有利于人民。

汉代粟价已不能详细考证，但按照文帝时爵价之记录，则约略可推算出一个大概价格。

汉代粟价最高时，一石不过100钱。600石粟可买第二等爵，约为6万钱，相当6斤金；以后每高一级，增价5万钱，买第9级爵，则出钱40万。

文献说明买第18级爵得出120万钱，则自第9级起，每一级爵增约10万钱。文帝时买爵之价可算高价。

同样，汉代政府为适应人民的购买能力，爵位卖出价并不固定，也可调整。

景帝时，因上郡以西地区[2]旱灾，因此修改卖爵令，将爵价降低，使人民能买得起。

武帝元朔六年，因北伐匈奴，当时命卫青统率十余万军出击。赏赐俘虏及斩下敌人首级的将士用去黄金达20多万斤。汉军战士战马死亡10余万。武器装备及水陆运输费用不计其数，支出浩大。

大司农上奏国库旧存之钱已尽，新赋税亦用竭，为弥补战费需要，乃增设卖武功爵。汉代原设武功爵定为11个等级，但政府只卖爵至第8级为止[3]。第8级武功爵价为17万钱，大约每一级价为2万钱左右。即15

---

[1] 一说亦可用30匹缣代金。
[2] 今陕西省西北。
[3] 即第9级以上之武功爵不卖。

万钱可买到第7级爵,13万钱可买第6级爵,依此类推。

文帝时出钱6万可买到第2级爵,照推算,武帝时第2级武功爵价约5万钱,则爵价较文帝时廉宜,而待遇则较文帝时为优。因武功爵第7级"千夫"之待遇相当于文帝时20等爵之第9级的"五大夫"了。

人民爵位亦可卖出,如人民逢旱年无力存活,政府亦无法恤灾民,便允许人民卖爵,以示体恤百姓。汉惠帝六年夏,因旱灾,朝廷准人民卖爵以自救。

汉时朝廷卖爵,其性质有如近代国家之发行公债。持国家公债券者,得向国家取其券价应得之本息。

汉时民户买爵,主要目的在免徭役;而朝廷卖爵,则为济国家之急,却丧失了多数徭役,此犹如发公债必偿其息。

4. 厉行告缗出于惩罚心理

在汉武帝的多项财政税收计划中,如从利害得失方面而言,则算缗钱与告缗钱这项措施,最为困扰人民了。

根据历史记载,当时中等以上家庭都因算缗告缗而遭受破产。人民即使有钱剩余,也不再积蓄,从此大家吃美食,穿好衣,人人如此心理,其为害之烈,可以想见。

但是当时政府厉行告缗法,亦有其不得已之苦衷。因汉代财政,政府与王室已公私划分,各不相干。汉武帝为了县官短缺政费,常自内廷把王室私人财富取出济急,武帝自己节省膳费以及不坐四匹马拉的马车,并将王室珍藏捐出,甚至将盐铁出卖所得拨归大司农,即将是项收入让国家支用。

当时孔仅、东郭等提到说:"山海天地之宝藏物资,本来都是属于少府的,但皇上却不据为私有,拿出来交给大司农以协助国家之不足。"

武帝能将其私己之奉养,捐出作为政府开支,实是慷帝王个人之慨。但相对来说,当时民间豪富纷纷藏匿财富,不肯捐输助国,与王室相比,就显得格外自私了。

当时只有一位卜式,肯分财以助县官之急需。虽经武帝百般奖励劝勉,仍然少有人肯慷慨解囊，才纵民间告缗，成为朝廷凭借权势以强夺民间财富之现象。但在武帝而言，帝王之家尚愿捐财助国，诸王侯以及百姓，竟坐视不愿拔一毫而助官府，乃订出告缗钱之措施，全国雷厉风行。

武帝及当时主计之人，推行时毫无忌惮，亦不顾惜民间困情，其所以有此种心态，乃由于当时政制所然。因当时政制，帝王好像一巨室，别有其私产。王室县官，别为二体。今帝王尚愿捐输助国，而诸王侯以下至人民等，只顾私室，不肯分财以佐官家，遂使武帝愤而出此。亦犹如上献酎金而不照法定，褫夺了100多位列侯之封爵的心理相同。

5. 武帝币制乱而返正

武帝之财经政策中，尚有铸钱币一项，也是十分扰民的。

文帝时，取消盗铸钱令，任由民间自由铸钱，贾谊曾上书力谏。其大意是：由于可以自由铸币，因此上山采铜矿者日多，大家放弃了农事，丢掉了耕耘田地的工具，争着去烧炭火镕铜铸币。以致奸钱日多，使生产五谷者日少。连善人都去从事这一类奸邪之事，弄得盗铸者如云，以后即使用死刑威胁，也无法再阻遏了。

钱币之兴起，为时不久，由战国末期至汉初，仅100年左右历史。凭当时人之智慧，实难解决当时之矛盾。如放任民间铸币，则币制杂乱，为害极大；如严禁私人盗铸，则禁不胜禁，且判死罪者必众。

当时贾谊提出建议，收铜归国有，使民间不能铸币，但文帝没有采纳。

景帝时重新颁布盗铸律令。

至武帝，更改了多次钱币制度。建元元年时，改行使三铢钱，四年后又取消三铢钱，改行半两钱。由于屡改钱币，钱益轻薄而物价日益昂贵。商贾遂囤积货物而逐利，且民间盗铸之风大盛。依法盗铸钱币者死，但盗铸者多而不能尽诛，五年之间，因盗铸而受死刑者已达数十万人。赦罪者亦有100余万人，数量可谓惊人。

武帝同时并下令禁地方政府亦不得铸钱，遂废销天下诸钱而专令上

---

① 三官即中央政府的水衡都尉属下的"均输"、"钟官"与"辨铜"三位令丞。

林三官①才可铸钱。至此民间盗铸者遂减少,汉之币制,于是上了轨道,奠定了以后的基础。

历史的演变,往往在一件新兴事物的兴起,历经苦痛之后,始得善策。则武帝一朝以钱币之纷乱,而社会生命经济遭受了大劫难,良可慨叹。但由于人类智慧之所限,经过困顿而后思变,实亦不宜深责政府有关之财经大臣。

6.盐铁均输两策非全不可取

汉武帝一朝理财大计最多,最为扰民者厥为告缗与铸钱,争执最大者则为盐铁专卖。

昭帝始元六年(公元前81年),朝廷诏请各国贤良文学士询问民间疾苦。召开了一个有60多人参加的盐铁会议。朝廷官员有丞相车千秋、御史大夫桑弘羊及丞相史、御史等;地方代表有贤良文学士谷唐生、鲁万生、朱子柏、刘子雍等。在会议上,贤良文学士首先提出请废盐铁专卖。理由是县官所铸造的铁器多为大器物,供民用者多为粗制滥造,其钝无比,刀连草都割不断,于是农夫工作加重,收获却减少。而且盐铁卖价贵,百姓负担加重,只得用木器耕耘,少用盐而淡食。此可能当时实情,想未必全都如此。

但当时御史大夫桑弘羊力主盐铁专卖不可废除。其理由是:如任由民间采铁铸器煮盐,则易生兼并而成奸伪之业,却苦了贫民百姓。盐铁如由官营,则兼并之路塞,便不再聚党徒,作奸非,游侠亦无从再生。以政策言,亦并不错。武帝以后,由国家控制山海之利,使人民不再觊觎,亦可说对国家有利。而贤良文学士力主废盐铁,仍主张任民间铸币,可谓不明本末,不知利害。

均输法亦在武帝桑弘羊时代所建立。史称行均输法后,人民不加税而国家足用,虽语带讥刺,却亦属实情。

依照汉制,天子私有产业如此庞大,士官服官饮膳舆马等费支出亦如此巨大。政府之公用开支更不必论矣。于是设均输官以总其汇,亦不失为经济之道。使郡国地方政府各自贡献其土产,由官方自负输送之责,亦未至虐民之举。

平情而论，盐铁均输等政策，虽为时人非议及遭后世舆论所反对，其实施之手续，亦难免有流弊产生，但其立法本意，亦非全无可取之处。

7. 武帝轻取民财滥用钱财

汉代经济制度中，卖爵一事，影响及于吏治，其流弊亦相当多。其他关系较少，用不着再讨论。

综合言之，武帝一朝财政，从其立法定义言之，并非完全不对。武帝可议之处是随意使用国家财富，不知爱惜。

汉代国家财政，主要靠田租、算赋及更赋三大收入。而国家的重要支出有六项：包括京师官员的俸禄、天地山川宗庙的祭祀、宫殿园陵及官用营造物的建筑、京师驻军的薪饷、军用车马兵器的费用及京师各机关的事务费。

其中以百官俸禄及军费为最大，自高祖惠帝文帝及景帝以来，向有节俭之风，使国库富裕。

但国家一旦有事，因田租、算赋、更赋三项皆有定额，不能骤增，因而造成财政拮据。而山海渔盐矿藏皆属天子之"私奉养"。

武帝时工商业发展日盛，超越农耕，天子的收入亦相应激增，由此而导致奢侈之风，如工商资产阶级造成兼并之风；诸侯王自有封邑，各有其私奉养，亦各自营其矿山海盐之业，美其名为不加田租或减收豁免田租，实则干其商人般兼并的勾当。因此除天子、列侯王及工商巨贾富庶外，余均贫穷困顿，造成社会经济不均。

因此武帝的大兴礼乐，以营造太平盛世的景象，其实亦即步列侯诸王骄奢相纵的后尘，而且更为变本加厉。所以武帝之管盐铁，设均输，亦犹如诸侯王之开矿煮盐，做其兼并工作。这便导致武帝滥用钱财而不惜，轻取民财而不惭，更以为田租算赋以外，均属帝室私产，可以挥霍无度。

总之，当时的工商兼并、列侯诸王之骄奢以及武帝之挥霍，实乃当时时势所造成的新兴资产阶级的特殊变相。故武帝虽雄才大略，但其在平民社会中造成一种骄奢纵恣资产阶级风气，其功罪颇难定评。

第六章

新朝时期经济

（公元9—23年）

一、王莽辅政，兴利除弊

西汉统治历200载后，王莽篡位，开后世以禅让得天下之始。西汉遵循秦制，无所兴革。至王莽锐意复古之制，欲返回诗书六艺之先秦时代，却不到20年而覆亡。秦祚虽短，其政制仍行于西汉；王莽"新朝"亡后，其一切建树皆灭，但王莽当时之措施，亦甚值得后人注意。

王莽家族中，封侯者九人，任大司马者五人。其父王曼早死未能封侯，故王莽自幼即孤贫，反而使他折节恭俭勤读经书，因此30岁时，叔父成都侯王商上书，愿分户邑以封王莽，且复受当世名士之揄扬，得封新都侯。王莽爵位愈尊而节操愈谦，遂于38岁时擢升为大司马，继其四父（王莽父之兄弟）辅政，此时已显露其政治理想，已为举世人心所归向，其成功主要在此。

成帝哀帝之际，王莽已为大司马。哀帝于绥和二年四月即位，六月即下诏定出"田宅奴婢限列"的新规定，大略如下：为了防止奢淫之风，使政治上轨道，凡属诸侯王、列侯、公主、吏二千石及豪富民等，过去可多畜奴婢，无限量拥有田宅，造成与民争利，使百姓陷入生活困境，今起一律要有所限制。

上述各级人员均不得拥有田地超过30顷。

畜养奴婢，诸侯王不得超过200人；列侯及公主不得超过100人；关内侯及吏民不得超过30人。商贾不得拥有田地，亦不得为吏。如有违犯上述规定者，田地奴婢皆由县官没收。

宦家奴婢年过50岁者，可免奴婢名分，成为庶人。

郡国不得再献名兽。哀帝19岁即帝位，登位未满两月，已先下诏"罢乐府",接着"议田宅奴婢限列",照常理推测,决非出自哀帝之意,必另有出主意之人,此人呼之欲出:即当时辅政之大司马王莽。上述"有司条奏"诸端,可以称为极大之善政。

西汉历代帝王中有如此魄力者,甫登位即下诏厉行新政者,惟有武帝差可比拟,且武帝尚有所不及。有人谓此事乃大司马师丹所主张。但大司马王莽以病免职,由师丹接任是在七月,而"议田宅奴婢限列"是在六月,可见其时辅政者是王莽而非师丹。

二、针对贫富悬殊,行均田废奴婢

自西汉末年元、成、哀诸帝以至莽朝,成都、洛阳、长安诸大郡因货殖积财致富者不可胜数。成哀之时,有成都罗褒者,訾财至巨万;临淄姓伟者,訾财5000万。

成、哀、王莽时,洛阳张长叔、薛子仲积訾财10千万;京师有富人樊嘉、挚纲、如氏、苴氏、丹王君、房阯、樊少翁等均积财至5000万。以上均为以货殖积訾财而致富。

至于朝廷公卿仕宦之家,亦无不积累财富至万万钱。如元帝时,都内积财富至40万万钱;水衡有25万万;少府有18万万。又如佞幸之臣,石显达1万万;淳于长亦累积巨万;董贤旬月间赏赐巨万,董贤死后,县官拍卖其家财,凡43万万钱。

又据《汉书·元后传》称:王莽家族中的五侯群弟,争为奢侈,各方逢迎赠送珍宝者,四面而至,后雇姬妾,各数十人,僮奴以千百数。

由于汉代自昭、宣诸帝以来,休养生息,元气渐复。社会财富,任其自然发展,因此造成极富与极贫之现象。而当时外戚佞幸,奢僭淫放,等同封王。于是前朝如贾谊、晁错及董仲舒所扼腕叹息之现象,一一重现。元帝对学者如王吉、贡禹眼见当时官奴婢十余万人,终日嬉戏无事,浪费公帑,主张免役复为庶人。

元帝时期,王吉、贡禹等向朝廷献议罢乐府,限制官绅豪民拥有田宅及奴婢数目,以遏抑当时升平盛世之日益炽烈的奢风。而当时朝野亦希望能做到制节谨度。王莽所抱之政治理想，亦可说自此种时代背景及时代思潮下酝酿而成，并无足怪。

王莽之可贵，在于他出身于王氏极盛之门第，却接纳了王吉、贡禹等谨度制节之说，修己治人，坚守有为，实在是相当难得。

哀帝崩，董贤伏法，王莽重执朝政，至平帝元始三年，王莽上奏"车服制度、吏民养生、送终、嫁娶、奴婢、田宅、器械之品"等政策，其实就是他接续了哀帝绥和二年时所颁布的政策。及至王莽篡汉，新朝始建国元年，便正式下诏禁买卖田宅奴隶。

王莽下令禁止买卖田宅奴婢大意如下：

古代一夫一妇种田100亩，田租十分之一，国库充裕而人民富足。到秦代破坏了圣制，废除井田，于是人心贪婪，兼并四起，强者拥田以千计，弱者无立锥之地。又于市场买卖奴婢，等同马牛。违背了"天地之性人为贵"的真义。……至汉代减轻田租，收三十分之一，但又有更赋等须缴纳，加上豪民的侵凌。

人民田租表面上为三十税一，实际上是十分之五。因此造成富者骄而为邪、贫者穷而为奸，以致陷入罪网。余前摄政时，已经准备改革田亩奴婢等不平等现状，因遭反虏逆贼扰乱而止。

今更名天下田为"王田"，奴婢为"私属"，以后不准买卖。凡一户之男丁不满八口而拥逾一井之田者，当将余田分给九族邻里乡党。如今无田而受田者，亦照此制度办理。敢有非议井田圣制者，一律充军边疆。[①]

此诏用意本来相当合理。凡今人所提土地国有，平均财富及废奴诸说，在此诏中均有提出。但凡是一种社会经济情况，必有其自然生长之过程，亦必有其相当合理之背景，始能产生。今王莽竟以一纸诏令，欲改弦更张，实势有所不能。史载，当时上至诸侯卿大夫，下至平民百姓，犯了买卖田宅奴婢及铸钱之罪者，不可胜数。

三年以后，始建国四年，有中郎区博上书谏曰："井田虽圣王法，其废久矣。周道既衰，而民不从，秦知顺民之心，可以获大利也，故灭庐

[①] 见《汉书·王莽传》。

井而置阡陌，遂王诸夏，迄今海内未厌其敝。今欲违民心，追复千载绝迹，虽尧舜夏起，而无百年之渐，弗能行也。天下初定，万民新附，诚未可施行。"

王莽接纳此议，遂下书再准人民得以买卖田及奴婢。因此均田及废奴之制始终未能推行。但到天凤四年，规定凡畜奴婢一名者，得缴纳人头税3600钱，实有寓惩于禁之意。但由于当时社会势力仍掌握于富民豪家之手，王莽此种政令，实不能示惠于奴婢，反招致豪民之怨尤，于是民心丧失，归于失败。但至汉光武朝，屡诏免奴婢，事实上是受了王莽的影响。

三、王莽四改币制扰民

王莽自居摄政到篡位称帝，其间不足20年，改革币制凡四次。

第一次是王莽居摄政时铸造三种钱币，与原有之五铢钱并行。一种为大钱，文曰"大泉五十"，重12铢；一种为"契刀"，头环形如大钱，身形如刀，文曰"契刀五百"；一种为"错刀"，其上刻以镀金之字，曰"一刀直五千"。

此三种新币，并订定与五铢钱之兑换价：重12铢之大泉，当五铢钱50；契刀当500；错刀当5000，因镀以黄金之故。但此种虚价，不易为民间所信受。

后因钱币上有"金"、"刀"字样，与汉王室刘姓从"金"、"刀"两偏旁有关，恐不利"新朝"，遂废弃"错刀"、"契刀"及五铢钱，再有第二次更改币制。

第二次改币制谓之"宝货"。"宝货"包括五物六名28品：五物即铸币之五种材料，曰金、银、龟、贝、铜；六名者即金货、银货、龟货、贝货以及用铜铸造之泉货与布货，合称六名。所谓28品者，如下：

| 1. 金货 | 黄金一斤：值钱10000 | 一品 |
| 2. 银货 | 朱提银：值钱1580
银：值钱1000 | 二品 |

3.龟货	元龟：值钱2160 公龟：值钱500 侯龟：值钱300 子龟：值钱100	四品
4.贝货	大贝：值钱216 壮贝：值钱50 么贝：值钱30 小贝：值钱10 贝：一枚值3钱	五品
5.泉货（铜制）	小泉：文曰"小泉值一"，重1铢 么泉：文曰"么泉一十"，重3铢 幼泉：文曰"幼泉二十"，重5铢 中泉：文曰"中泉三十"，重7铢 壮泉：文曰"壮泉四十"，重9铢 大泉：文曰"大泉五十"，重12铢	六品
6.布币（铜制）	小布：文曰"小布一百"，重15铢 么布：文曰"么布二百"，重16铢 么布以下尚有幼布、厚布、差布、中布、 壮布、第布、次布及大布	十品

各布以次递增一铢，即幼布重17铢，至大布为重24铢。以上共五物六名28品。

王莽第二次改币制共五物、六名、28品，极为复杂，人民并不乐于使用。王莽虽以重刑迫人民使用，但民间私自以五铢钱行使，王莽不得已再改币制，只择其中二品通行，即为重1铢之小泉及重12铢之大泉。此为第三次改变币制，但王莽以此币制与复古不合，随即又废除。

王莽第四次改币制及制造"货布"与"货泉"两种。货布之形状如古代之两足布，重25铢，值货泉25；货泉重5铢，值1。乃因大泉行之有年，遂准大泉可延用六年，与货泉、货布同时行使。

王莽政制中与民生最有密切关系者，除公田、废奴之外，要推币制了。

汉代从武帝元狩五年铸五铢钱起，直至平帝元始年间，并无变更。到王莽时，则四改币制，并禁止民间不得持有铜炭，以防止民间私铸钱币。

莽朝复杂而紊乱的币制，使百姓愦乱，货币不能流通，并造成"农商失业，食货俱废，民人至涕泣于市道"。此实为王莽最大之秕政。

当时王莽造币之材料，竟然仍采用已为当时人所贱视之龟、贝，仍与钱币同行，则安得不为人民所鄙弃。王莽只知慕古，其不通情理，可谓无比迂愚。

汉自晁错、贡禹等多位学者，深知豪民兼并之可恨，贫富不均之可忧，但欲消弭上述弊端，并非改革币制可以解决。王莽以为废金钱，革货币，使富民失去借以兼并之资，却不了解社会民生牵涉甚广，拔一发可痛全身。尤以货币制度关涉民生，影响极大。而王莽竟然不察民间实况，不通社会真情，空依古代文字记载，强为变更，遂造成扰民之大错。

王莽"始建国"五年，由于民间持有铜炭者多，遂除禁令。又于翌年（即天凤元年）作第四次之币制更改，已见上述。但每改币制，便使民用破产而陷入刑网。到地皇元年，王莽以私铸钱币者死，而犯法者多，遂减轻刑罚，改为私铸钱币者，犯者及其妻没入为官奴婢；地方吏及邻居知而不告者同罪。

因犯法者多，由郡国备槛车铁锁，送至长安钟官（主铸钱者）处，愁苦而死者达十分之六七，可知王莽币制之扰民。

四、新朝的五均六筦制度

王莽行五均六筦之制。其"五均"一词，源出《乐语》一书，此书为河间献王所传。邓展洛释曰："天子取诸侯之土，以立五均，则市无二价，四民常均，强者不得不困弱，富者不得要贫，则公家有余，恩及小民矣。"[①]所以五均有税地之义。因古人惟以农为正业，其他均视为奸利。

又以为人必靠土地才可生利，所以政府除了收取田租正税以外，另立五均之税。

---

① 臣瓒注。

"五均"一名,又见于《周书大聚解》,其中说:"市有五均,早暮如一。送行逆来,振乏救穷。"

王莽依据上述古代经文之意义,订出征收工商之税,由五均官执行之。其法如下:

> 诸司市,常以四时仲月,实定所掌,为物上中下之价,各自用为其市平。毋拘他所。众人买卖五谷布帛丝绵之物,周及民用而不雠(售)者,均官考检厥实,用其本贾(价)取之,无令折钱。万物昂贵,过平一钱,则以平价卖与民,其价低贱减平者,听民自相与市,以防贵庾者。且欲祭祀丧纪而为用者,钱府以所入工商之贡但赊之,祭祀无过旬日,丧纪无过三月。且或乏①绝,欲贷以治产业者,均授之,除其费,计所得受息,无过岁什一。

上述又略似武帝之均输制,但性质亦有所不同。因"五均"所掌管者,即是征工商税,其目的仍为工商界谋便利。如上述定物价,收滞货,平买卖均是。

至于有赊贷一项,寓振乏救穷之意,正好与征"田不耕"、"宅不种果蔬"、"民浮游无事"等项之立法用意,有相辅相成之效。因重利盘剥,亦为兼并一大事,故赊贷由官方经营,使高利贷者无所牟利。而政府即以工商税所得,作为赊贷之本金。以上即五均制之大概。正如太史公所说,中国农业社会,人民喜爱放纵,因中国向来有较多自由。今王莽推行上述诸法,要统制社会自由,便难免遭受失败。

王莽新朝尚有管制工商的六筦之令。于始建国二年下令推行。所谓六筦,含盐、铁、酒、名山大泽、钱布铜冶及五均赊贷六项。即盐、酒、铁、铸钱及五均赊贷均由国营,不准民间插手;同时名山大泽所产货物如矿产、木材、鱼获等产品均须征税。上述六事由政府管制,故称"六筦"。

其实此六筦政策,亦有复古之意,其议源自刘歆,周有泉府之官,已有赊贷之法②,王莽乃依其意而推行之。目的在防止豪强富民压迫贫弱,用意本善。

---

① 见《汉书·食货志》。
② 见《周礼》。

《汉书·食货志》记载：在京师长安以及洛阳、邯郸、临淄、宛和成都五大城市设立五均官。称为"五均司市师"。将长安划分为东市（称京）和西市（称畿），洛阳称中，余四都各用东、西、南、北为称。京师连上述五都市各置交易丞五人，钱府丞一人。交易丞乃掌管平抑物价，钱府丞乃掌管征收工商农贾之税和赊贷。

此外，各郡、县也各设司市，其职掌和司市师相同。

凡工商业者所采得金、银、铜、铅、锡、龟及贝者，皆得将所获货值向当地司市的钱府丞据实呈报。

又按照《周礼》中之税制[①]，民间凡有田不耕殖者，须缴纳三丁之人口税；凡住宅周围不种果树及菜蔬者，得向政府缴纳三丁之布；民若浮游无事者，得出夫布一匹。

凡在山林水泽采物或从事畜牧者，所获鸟兽鱼鳖百虫，或妇女蚕桑纺织补缝，以及工匠医巫卜祝方技，商贩贾人及住宅客舍诸项，皆须自己从实估值，除其成本，计其纯利，向所在地之县官呈报，将其纯利之十一分之一（即1100文收取100文）上贡政府。此与武帝有异。如有呈报不实者，即将其所采获各物全部没收外，尚须作苦工一年。此制度缺点是呈报无规定最低限额，连妇女的家庭纺织小工也要呈报。

上述制度，略似于武帝时之算缗钱，但性质颇为不同。

根据上列诸项，"五均"是以征收一切地税为主。故凡采矿、畜牧、坐肆、住宅、客舍及工商之就地生利者，五均皆得征税。即凡耕稼以外之据地以为利者，均由五均主理。有田不耕，宅不种果蔬，民无事做，虽不生利，但亦占地，故亦征其税，乃寓禁于征之意。

五、政策推行过急致新朝败亡

王莽六筦法中，如盐铁酒酤之官卖，名山大泽钱布铜冶之由国营，

[①]《周礼》一书，董仲舒未见，乃西汉末年发现，按书中所述，以为周公所作，于是王莽根据《周礼》以推行新经济政策。其实《周礼》并非历史，乃乌托邦理想国而已，但很像具体之历史。2000年前古人已有很多进步思想，可说凌驾乎柏拉图之《理想国》，故此书值得一读。

此等政策在武帝时均已实行。武帝行上述制度，志在增加国库；王莽推行此等制度是根据传统的文化经济思想而来。则确是为了"齐众庶，抑兼并"。后世人以成败论事，认为王莽新朝之政制一无足取，实非公平之论。

即以莽朝六筦之令，其用意亦非全错。如《食货志》所批评的：

> 羲和置命士督五均六筦，郡有数人，皆用富贾。洛阳薛子仲、张长叔、临淄姓伟等，乘传求利，交错天下。因与郡县通奸，多张空簿，府藏不实，百姓愈病。

此说意即奉行五均六筦法者不得其人，致生流弊，并非制度本身。此乃改革政制进程中所常有之现象，不能单责王莽。

天凤四年，王莽再下诏重申六筦之令，据《资治通鉴》记述曰：

> 夫盐，食肴之将。酒，百药之长，嘉会之好。铁，田农之本。名山大泽，饶衍之藏。五均赊贷，百姓所取平，仰以给赡。钱布铜冶，通行有无，备民用也。此六者，非编户齐民所能家作，必仰于市，虽贵数倍，不得不买，豪民富贾，即要贫弱。先圣知其然也，故干之。

此诏令明显说出六筦制之用意。以近代人术语言之，这些都是国家社会主义政策之推行。但王莽推行此等政策时，确实有不少流弊。《汉书·王莽传》载：凡执行每一筦，多设科条防御，犯者往往死罪，吏民犯罪者渐多，有纳言[①]冯常上书谏停止六筦之法，王莽大怒，免冯常之纳言。

地皇二年，群言设计推行六筦之大臣鲁匡使工商穷困，宜杀之以慰人心。王莽以百姓怨恨，遂将鲁匡免职。明年，地皇三年，王莽以天下叛乱，遂下令废除即位以来一切不便于民之规章条例，包括井田、奴婢、山泽六筦的禁令。可见此时王莽已觉悟其所抱负政治理想之推行太急。然正待遣使发令，光武兄弟已起兵，王莽遂覆亡。

其实王莽所推行者，均与社会民生有关。王莽虽志在民生，但慕效古昔近乎迂执。又欲一蹴而就，不思精心密虑，逐渐推行，宜乎其促致早亡也。

[①] 纳言相当于西汉之大司农。

第七章

东汉时期经济

（公元 24—220 年）

一、稳经济释奴婢行"度田"

东汉光武即位以后，为了迅速稳定战乱后的社会秩序，即标榜中兴汉室，宣布废除王莽所订政策制度，也以黄老无为思想为依归。建武十七年（公元41年），光武曰："吾理天下，亦欲以柔道行之。"遂"解王莽之繁密，还汉世之轻法"①。因此选用贤良，重视吏治，与民休息。

光武首先释放奴婢。自登位次年（建武二年）至十四年，曾六下诏令释放奴婢。包括因饥荒穷苦而"嫁妻卖子"者，王莽时没入官府者，战乱中劫略者等，如有抗命不释者，以"略②人法从事"。

东汉畜奴婢之风仍盛，如"马防（马援子）兄弟贵盛，奴婢各千人以上"③。又如"（梁）冀又起别第于城西，以纳奸亡，或取良人，悉为奴婢，至数千人，名曰自卖人"④。

此时期不但畜奴多，且常加以残害虐待，故光武又在建武十一年二月，三次下令严禁残杀奴婢。诏令中说："天地之性人为贵，其杀奴婢，不得减罪。"⑤同年八月又诏："敢炙灼奴婢者论如律，免所炙灼者为庶民。"⑥十二年诏："陇、蜀民被略为奴婢自讼者，及狱官未报，一切免为庶民。"⑦十三年诏："益州民自八年以来被略为奴婢者，皆一切免为庶民。"⑧十四

---

① 见《汉书·循吏传》。
② 略：劫略、夺取。
③ 见《后汉书·马援传》。
④ 见《后汉书·梁统传》。
⑤ 见《后汉书·光武帝纪》。
⑥ 同上。
⑦ 同上。
⑧ 同上。

年诏:"益、凉二州奴婢自八年以来自讼在所官,一切免为庶民,卖者无还值。"①此举对恢复并稳定社会经济,颇有成效。

当时,西汉末年所留下之土地问题亦待解决。建武十五年,光武遂实行"度田",下令各州、郡清查人民占有田地数量和户口、年岁,目的为要限制豪强富民兼并土地和畜奴婢之人数。而且亦可便于征收赋税及力役。如十五年"诏下州郡检核垦田顷亩,及户口年纪"。

有呈报田地不实者,如"河南尹张伋及诸郡守十余人,坐度田不实,皆下狱死"②。但当时豪姓将帅,常有隐瞒田地,反对清查者,竟有武装反抗者。光武帝让步,只将违法者迁徙他郡,给予田宅安排,事件遂平息。

二、东汉主要财政收入来源

东汉的财政制度多承袭西汉旧轨,无大改动。其国家财政收入方面,主要有下列三项:

1. **田租收入**:东汉初,因战费等支出浩大,田租征收十分之一。至建武五年(公元29年),以屯田③相当成功,仓有余粮,翌年十二月复西汉旧制而收三十分之一。其征收方法为"以亩定税"④。

至章帝建初三年(公元78年),征收办法改为将全国田地按土地的肥瘠分为上中下三等,对不同收获量课以不同税率,使肥田多纳租,瘠田少纳租,较为公平,可说较西汉为进步。

桓帝、灵帝时,田租之外,还征收临时附加税。桓帝延熹八年(公元165年),每亩加征铜钱十文(即十钱)。这就是《桓帝纪》所载的"初令郡国有田者,亩敛税钱"。

灵帝中平二年,因皇宫大火,宫门等烧毁,因此又加"税天下田,

---

① 见《后汉书·光武帝纪》。
② 同上。
③ 编按:屯田政策将在后文讨论。
④ 即以亩为单位,按照若干年之平均收获量乘税率。

亩十钱"①。田赋附加，遂由此开始。

2. **盐、铁征税**：东汉时期的盐铁专卖，只实行了一个短时期，由于章帝元和年间财政困难，在公元84至86年间，施行期极短。和帝即位，章和二年，即废除专卖而改为课税。当时冶铁业除了政府制造兵器、车马用具及生活用具外，其余均由人民自由经营。

至于酒的专卖，因东汉常有自然灾害，地震水旱，经常发生，以致粮获不丰，政府禁止卖酒，也不征税。

3. **卖官鬻爵**：东汉之卖官鬻爵，较之西汉更甚。桓、灵二帝时，宦官弄权，政治更为败坏。

如灵帝开西园卖官，敛财作为私己，二千石的官位卖2000万钱；一千石官卖1000万钱，余此类推。关内侯500万钱。如依照年资理当升迁者，则出半价或三分之一便可。卖县令（长）则按照各县土地肥瘦各有定价，即视其利禄多寡而定价钱之高低。富者先付钱，后任官；穷者先任官，后付钱，但得加倍付款。即使三公九卿也有暗价，公1000万钱，卿500万钱。当时曹操之父嵩以一亿钱买太尉，比官价高出十倍。因此造成东汉末年地方官吏的横征暴敛。

此外，东汉时如算赋、口赋的人口税，更赋以及徭役等项，则仍照西汉旧例，变动很少。

三、东汉财政支出两缺口：军费及俸禄

东汉政府的财政支出，主要是政府各部门的经常性开支，以军费、官员俸禄为最大，此外如用于交通运输、抚恤赈灾、农田水利及建校育才亦占相当数额。

军费方面，光武定天下后，尽量停止用兵，但建武二十六年（公元50年），将南匈奴迁徙内蒙古以实边疆，政府得供应粮食、布帛、牲畜及其他财物，每年需支出费用达1亿9000万钱。给西域每年7480万钱②，

---

① 见《后汉书·孝灵帝纪》。
② 见《后汉书·袁安传》。

所费浩大。

安帝永初年间以来,屡次出兵,其中五次全军溃灭,"动资巨亿"[①]。又自安帝至灵帝的60年间,对西羌作战战费巨大。安帝永初年间,对羌连年用兵,长达12年之久,费用达240余亿钱,使国库空虚。

顺帝永和元年起,对凉州、并州及关中羌用兵十年,又耗军费80余亿钱。灵帝时与东羌战,又耗费44亿钱。故军费实为政府之庞大支出,使人民负担加重,杂税因而加多。

官员俸禄支出方面,东汉初年,为节省政费,全国裁并400余县,裁撤冗吏十分之九,命地方军人退伍返乡,但东汉官吏仍有7560余员,其下内外诸色吏员14万名以上,仍比西汉时多出2万。尤其桓、灵二帝时大卖官爵,使国库无钱支俸禄。桓帝时曾两次扣减官吏俸禄,亦为东汉末年官员舞弊猖獗原因之一。

至于兴建学校,为国育才方面,西汉武帝时已甚为重视,当时令郡国察举贤良方正文学之士外,并在京师长安建太学,培养官员子弟。又令天下郡国兴建学校,以造就地方人才。

东汉光武帝开始,亦极重视人才之培养,建武五年(公元29年)即筹建太学及地方之郡国学校。班固《东都赋》有云:"四海之内,学校如林。"可见教育之甚受重视,支出亦颇不少。

两汉时政府与王室财政虽有划分,但亦有互相挪用之情形,如武帝以"私奉养"拨作战费;宣帝本始二年以王室钱为平陵徙民起第宅。但在东汉后期,帝皇奢贪成性,便常有挪用国帑以益王室者。

四、东汉的屯田政策成功

东汉初屯田颇有成效,使国有余粮,导致田租减至三十税一,以下略述屯田制之梗概。

"屯田"一事,正式起于汉代。如以广义来说,春秋时期的封建制度

[①] 见《后汉书·孝和孝殇帝纪》。

亦可说是"屯田"。因西周封齐、鲁等多国，由国家率领一大批人前往封地处筑城，并住下划田让人耕种，谓之"井田"。可称之曰农民集团的武装垦殖。近代西方的英国殖民于香港，在港设军营，亦可算是武装殖民，且带来传教士与医生，并有集团做生意。中国古代是筑城而有武装保卫，由贵族将田地分给农民开垦耕种。

秦汉大一统后，封建制取消。当时中国之边疆如热河、察哈尔、绥远，均有荒芜之地可供开垦，因此可以大量移民殖边。其实当西周时，周公分封诸侯至陕西、山东，亦有移民殖边之意。

汉文帝十一年（公元前169年），晁错三次上书，其中有《守边劝农疏》及《复言募民徙塞下疏》，提出了对付匈奴的战略及徙民边塞以巩固国防的一套计划。他指出"胡人衣食之业不着于地……食肉饮酪，衣皮毛，非有城郭田宅之归居，如飞鸟走兽于旷野，美草甘水则止，草尽水竭则移……往来转徙，时至时去"[①]。因此他提出移民实边之法，以逸待劳，来对付流窜性的匈奴骚扰。

中国正式屯田当始于武帝通西域时，因新疆地区多水草，可种田，军队是兵农两兼，经济与军事活动同时进行。此乃因为西汉的立国姿态是从长安再向西北伸展，从而驱逐匈奴，开通西域，是动而进取的。武帝遂徙关东贫民于陇西、北地、西河、上郡，一次凡70余万人。

西汉初，高祖以轻敌匈奴致败；至文帝用和亲政策亦非长久之计；武帝时初用诱敌政策，亦不效，后遂大张挞伐。为伐匈奴，取河南地为朔方郡，向西伸展至令居（今甘肃），派吏卒五六万人，沿途设置田官，以屯田作持久战养兵对付匈奴，先以骑兵任先锋扫荡，继以步卒屯田为后劲，步步为营而前进，遂使匈奴屈服。

宣帝时，将军赵充国亦以屯田政策而击败西羌。赵充国是经历武帝、昭帝和宣帝的三朝老将，忠心而多智谋，宣帝时已70多岁，对当时青海的西羌仍很头痛，一时无适当将领，赵充国自告奋勇，愿意率军出战。蒙准许率领一万骑兵步步为营，深入羌区，他先用重赏以分化瓦解羌人

---

① 见《守边劝农疏》。

的团结,制造西羌各部落间的矛盾,以拆散羌人力量,但如要彻底消除羌人后患,便需使用持久之策。

于是赵充国提出用"屯兵"之法,经多次上书宣帝,始获批准。由于对付西羌,须用持久战略,兵费极大,单粮饷一项,每月需粮食二三万斛,但国库财力有限,军费太大,无法长期支撑,于是他想出"屯田"之法,以解决粮食之困难。

屯田之法是,将骑兵撤返后防,只用一万步卒,每卒给予20亩田耕种,共可开垦田地2000顷,一面屯田防守,一面劝化羌人。亦有监视之意,粮饷有了着落,不愁持久作战;宣帝一面又派遣中郎将赵邛等出击,一年以后,羌人因投降、被杀、饥饿溺死及逃亡,终于彻底平定。

到东汉和帝时,羌人再起叛乱。安帝时有大臣主张放弃凉州(今甘肃),后得虞诩劝谏而止。此时西羌叛乱凡十余年,汉兵屯田边境者20余万,但旷日持久,徒劳无功。考其原因,东汉军乃步卒,羌人皆骑兵,汉军无法追及。西汉军屯田之所以成功,乃先有骑兵驱逐扫荡,等敌人远遁,乃以屯田继之,所以成功。

后尚书令虞诩教导任尚撤销诸郡屯兵,各令出钱数千,20人共购一马,合以万骑逐数千羌虏,遂使羌人远遁,任尚因此立功。

东汉光武时,屯田颇为成功。各地广垦田地,兴修水利,收获大增。如建武七年,杜诗任南阳太守,"修治陂池,广拓土田,郡内比室殷足"[①]。又:"邓晨复为汝南太守……兴鸿却陂数千顷田,汝土以殷,鱼稻之饶,流衍它郡。"[②]又:"建武中,太守邓晨欲修复鸿却陂,杨晓因高下形势,起塘四百余里,数年乃立。百姓得其便,累岁大稔。"[③]鲍昱后拜汝南太守,以"郡多陂池,岁岁决坏,年费常三千余万。昱乃上作方梁石洫,水常饶足,溉田倍多,人以殷富"[④]。可见光武时屯田成功,遂得减收田租。

[①] 见《后汉书·杜诗传》。
[②] 见《后汉书·邓晨传》。
[③] 见《后汉书·许杨传》。
[④] 见《后汉书·鲍昱传》。

五、东汉兴水利改农具重视农业

东汉时期对农业生产仍极重视,亦有相当发展。明帝永平十二年时,已距离东汉立国45年,史载:"是岁天下安平,人无徭役,岁比登稔,百姓殷富,粟斛(石)三十,牛马被野。"①

当时农获丰收,与农具的改进亦有极大关系,此时铁制农具已广泛使用。从这一时期出土的铁制农具来看,已知遍布南方的广东、广西、云南、贵州及西北地区的内蒙古、宁夏、甘肃、新疆等省区。且农具的器型已较西汉有所改进。如铁犁的尖端缩小,刃部加宽,并有大型与小型多种款式,以便深耕及翻碎土壤。当时更普遍使用耕牛,不但在黄河流域,而且遍及华南及内蒙古等地区。

水利方面,东汉初年已甚注重。由于西汉末期的水利长期失修,"河决积久,日月侵毁,济渠所漂数十许县"。如"汴渠亦溃决",因此东汉初极重视水利兴修。

明帝时,有人推荐王景能治水,便派遣他与将作谒者王吴修复浚仪渠(在今河南开封)。王景用"堨流法"控制水流,除灭水患。

明帝又请王景、王吴修整黄河及汴渠,以工程浩大,征用农民夫卒数十万人。王景等亲自巡察查勘河南至山东千余里河道地形,疏通河道,决通壅塞,每隔十里置一水门,以控制水流,费钱百亿,历时年余,才完成工程。从此黄河与汴水分流,并用两水沿岸的淤土辟为良田,经此修治,黄河此下800多年未再改道②。

安帝时下诏"修理西门豹所分漳水,为支渠以溉民田"。又下诏"三辅、河内、河东、上党、赵国、太原各修理旧渠,通利水道,以溉公私田畴"③。

又,章帝之年,"迁广陵太守,兴复陂湖,溉田二万余顷"④。

同时各地郡守县令亦重视水利兴修,因此使粮食增产,如当时非水

---

① 见《后汉书·显宗孝明帝纪》。
② 见《后汉书·显宗孝明帝纪》及《王景传》。
③ 见《后汉书·孝安帝纪》。
④ 见《后汉书·马援传》。

旱牛疫时常发生，粮产当不止此数。

六、东汉其他各行业情况

1. 手工业较前代进步

东汉之手工业仍沿袭汉代所有，主要如冶铁、煮盐、铸铜、漆器及纺织等。

东汉冶铁业，除政府铸兵器、车马具自用外，其余均自由经营。由于东汉发明水排①，同时此时期发明了低温炼钢法，因此全面废除了铜兵器而代之以铁制的刀剑。

东汉的铸造铜器亦比前进步，当时铸铜业遍及全国，如今湖南、湖北、四川、云南、安徽等地均设有冶铜场及铸铜作坊。

当时铜器制作精巧，有饰以鎏金、镶以金银的。有刻花纹的动物器皿，并镌以吉祥语如"祝福吉祥"及"富贵"等。

纺织业方面，东汉亦较以前为普及，种植桑麻也比以前扩大。如绥远之五原，人民冬天无衣，绩细草而卧其中，至崔寔任五原太守，开始教民纺织麻布，使民得免寒苦②。

如云南省的哀牢地区，光武帝时陆续教民养植蚕桑，染采文绣，织成文章如绫锦。陆续又教以织布，幅广五尺，洁白不受垢污③。

产丝尤以山东、四川等地为盛。政府在上述地区设服官，京师洛阳设织室，专为王室及贵族官僚制衣。近代在"丝绸之路"上，玉门关附近发现了一匹东汉时所产的缣，上书"任城国亢父（今山东济宁）缣一匹，幅广二尺二寸，长四丈，重廿五两，值钱六百一十八"④。东汉时代之丝织品，所知已有绫、罗、绸、缎、锦、纱、绢、缯、縠及绮等。其上所

---

① 水排为水力鼓风机，冶铸铁器时少力而多功。见《后汉书·杜诗传》。
② 见《后汉书·崔寔传》。
③ 见《后汉书·西南夷传》。
④ 见罗振玉、王国维之《流沙坠简》。
⑤ 见《三国志·吴书·陆绩传》。

绣图案，古雅清丽。

又如光武帝时，见尚书令喜穿越布单衣，亦甚喜好，于是常勅会稽郡献越布⑤。

东汉以前，长沙地区人民多赤足无鞋，冬天剖裂出血，春天溃烂。至光武帝时，桂阳太守教人种桑养蚕织履，使人民免受其苦①。

至于漆器方面，东汉时发展亦大。如长沙出土之漆彩奁，绘有歌舞、狩猎等图案，纹饰十分精美。又如乐浪（今朝鲜平壤）出土之汉墓中的漆彩奁，彩绘人物，色泽雅致，情态如生，恐怕当时的富商巨卿才有充裕的经济能力使用。

2. 东北及西北畜牧业兴盛

东汉的畜牧业相当丰盛，有些地区甚至耕稼与畜牧两便，如当时西北地区便是。

邓禹是长安求学时期刘秀（后来之光武帝）的同学，邓禹知刘秀非常人，常亲附之，迨秀得天下，禹归附之，以献策得光武器重，封为将军。某次命禹攻赤眉所占长安，禹告部下，赤眉财富充实，应先避其锋锐。建议宜暂时驻军上郡（陕西西北及绥远）、北地（甘肃东北及宁夏）及安定（甘肃东部）三郡，因上述地区地广人稀，饶谷多畜。暂且休兵养士，伺机再图赤眉，后果将赤眉驱走。邓禹因功封梁侯。此乃全靠陕甘绥宁地区饶谷多牲畜而致②。

东汉初年，辽东（今订宁省）盛产猪只，当时该地产一白毛之猪，以为稀物，主人遂携之欲上献朝廷，到了河东（今山西省西南），见遍地都是白猪，知非珍奇，遂惭愧而还，足见当时产猪之盛③。

又当时光武派遣窦融镇守河西（今黄河以西之陕西、甘肃两省及绥远、宁夏部分地区）五郡，行大将军事。河西兵马精强，平四川甘肃地区之

---

① 见《东观记》。
② 见《后汉书·邓禹传》。
③ 见《后汉书·朱浮传》。
④ 见《后汉书·窦融传》。

先零羌时，得牛马羊万头，谷万斛。后帝诏见，窦融及五郡太守赴京师"驾乘千余两，马、牛、羊被野"④。可见西北区畜牧之盛。

东汉末年灵帝时，亦有家贫而苦读成才之学者隐居田野畜牧者。如山东济阴之孙期，"习京氏易及古文尚书，家贫，事母至孝，牧豕于大泽中，以奉养焉"。追随他学习的弟子便得在田垄之旁向他执经问难。当黄巾贼起时，相约不得侵扰孙期所居之田舍里陌。后来朝廷想征选他为"方正"，他便赶猪群入草丛中不顾而去①。可见不但西北盛行畜牧，连东方的山东亦多畜牧。

桓帝时拜陈龟为度辽将军，陈龟临行前上疏曰："今西州边鄙，土地塉埆，鞍马为居，射猎为业，男寡耕稼之利，女乏机杼之饶。"②足见当时东北地区及河北、山西以北等地，少耕稼而多畜牧游猎。

亦由此可见东汉时东北及西北地区畜牧业均甚盛。

3. 汉代丝织业发展

中国是全世界养蚕织丝最早的国家。西周丝织业已初具规模。至战国时代，齐鲁等国的丝绸生产已相当进步。所谓"天下九州，而有丝者六"③。可见其发展之速。

中国丝绸很早就从西域传到波斯、印度、罗马等欧亚诸国，造成了历史上有名的丝绸之路。在东方，则中国先将丝绸传至朝鲜，再达日本。当时传出国外的都是高级锦缎，而非粗下的绢织物。早在公元4—5世纪，希腊便以"塞里斯"（Seres）一词称中国，意即"丝绸之国"。足见当时中国丝绸已赢得国际上的美誉。

中国古代对纺织事业已极为重视。《礼记》称纺织事业为"妇功"。与王公士大夫、百工、商旅、农夫等并列，称为"国之六职"。"妇功"亦说明当时社会已有男耕女织的分工。正如《吕氏春秋》所说："士有当年不耕者，则天下或受其饥矣；女有当年不绩者，则天下或受其寒矣。

---

① 见《后汉书·儒林传》。
② 见《后汉书·陈龟传》。
③ 六州指兖州、青州、徐州、扬州、荆州及豫州。见《尚书·禹贡》。

故夫亲耕，妻亲绩。"

周代为了发展纺织业，便设立了妥善的管理制度。从纺织、漂染到制衣，周代政府设有专职的机构。在"天官"下设"典妇功"、"典丝"、"典枲"、"内司服"、"缝人"和"染人"等六个生产部门；又在"地官"下设"掌葛"、"掌染草"等原料供应部门。还在"冬官"属下的"百工"内设了专管丝帛漂练的"㡛氏"，分工合作以完成丝绸的生产和服装的制作。

秦代设"正准令丞"，是经营染织工艺的专官。到汉代"少府"下设立"东织室"和"西织室"，各置令丞，专管织作缯帛，规模甚大。《汉书·贡禹传》记载当时织工达数千人。此外，襄邑、临淄等大县，皆有服官，以管理当地的丝绸织造事宜。此外亦有民营的纺织工业。

到东汉时，官营的织造仍然十分发达，规模亦相当大。京师洛阳仍在少府属下设织室丞的官员，专管染织工艺。

大体上说，西汉丝织业以北方（指山东、河南、河北）为盛；到东汉时，蚕桑事业已开始南移，长江流域的四川、江浙地区已发展兴盛，北方亦保持不衰。

4. 汉代冶铁工业技术高

汉代的冶铁工业，当以汉武帝时开始大盛。元狩四年（公元119年），政府在全国重要冶铁工业区设铁官49处。其地点相当于现今的山东12处，河南、江苏各7处，陕西、山西、河北各5处，四川3处，安徽、湖南、湖北、辽宁、甘肃各1处。即当时的冶铁工业集中于黄河流域各省，长江流域有四川与江苏。

东汉开始，冶铁工业稍有发展，增加了8处设置铁官，连西汉原有的共有57处。多了四川3处，云南、河北各2处及甘肃1处。

东汉冶铁工业区	铁官数目
山东	12处

---

① 用石英砂、绿色岩石砂和耐火土合成。

河南	7处
江苏	7处
河北	7处
四川	6处
陕西	5处
山西	5处
云南	2处
甘肃	2处
安徽	1处
湖南	1处
湖北	1处
辽宁	1处

根据过去所发现的冶铁设备，有四种炼炉：一种是用耐火砖和耐火泥砌成的"长方形炼炉"；一种是能使铁矿石还原的"炼烧结铁炉"；一种是用鼓风设备，可使铁块熔解而炼成钢的"煤气反射炉"；一种是用鼓风设备使炉温升高而使生铁熔解的"低温钢炉"。

筑炉的设备所用的器材包括耐火砖[①]、用青石刻凿而成的石夯，以煤（原煤或煤饼）和木炭为燃料。

西汉以来的冶铁工业技术无疑是比古代有了相当大的改进。例如原料的加工和精整、竖炉的扩大及其鼓风设备的改进。鼓风能力增大能使温度升高。西汉时用牛马鼓风，有所谓"牛排"、"马排"等，但功效较低。汉光武帝建武七年（公元31年）南阳人守杜诗创制"水排"，利用水力鼓铸，"用力少,见功多,百姓便之"[①]。此种"水排"的发明要比欧洲早1200年。南阳本是战国以来的著名冶铁名城，武帝在此始设铁官，当地的冶铁技工积累了丰富的经验，由杜诗带领发明了水排。

由于鼓风强化，因此西汉不但生产出质量较高的白口铸铁，而且有

[①] 见《后汉书·杜诗传》。

了灰口铸铁。

总结中国古代的炼钢技术,从战国萌芽,到两汉有了发展和改进,到东汉初年,已完成了用生铁炒成熟铁或钢的新工艺,实是一大进步。

5. 汉代铜铁铸造业发达

汉代的铜器铸造方式,大致沿袭商周时代旧法。先在范母上刻以纹饰及文字,然后印在范上。范用几个模配合,有内范、外范,再将铜液倒入内外范的夹缝中,便成铜器。

汉代铜器的成分并非纯铜,约含铜八成半,锡一成半。

西汉的官府铜器铸造,由少府属下的尚方令及考工令负责。东汉时则由太仆主持。其次蜀郡及广汉郡的工官也有主持。现在可考的有武帝时中尚方铸造的建昭宫鼎、驼荡宫壶及鹰足镫,蜀郡工官铸造的鎏金兽耳铜壶以及广汉郡工官铸造的书刀等。

汉代铸造的铜器可归纳为八类,分别为:

1. 食器(铜鼎、铜豆等);
2. 水器(铜盂、铜盆、铜洗、铜匜等);
3. 酒器(铜壶、铜盆、铜钟、铜缶、铜镌等);
4. 烹饪器(铜的釜、铫、镬、铑、鈆等);
5. 乐器(铜的钟、铎、铃、鼓等);
6. 农具(汉代已普遍采用铁农具,但有铜的大宫锄);
7. 虎符(有给诸侯王及郡守各一种);
8. 其他,包括铜镜、铜带钩、度量衡器、兵器及玺印等。

除官府外,亦有民间铸造的铜器。

汉代官府的铜制度量衡器,乃由大司农主管,大城市首长检定然后使用。

汉代铸造铁器之法与战国时相同,但汉代使用铁器范围,已较战国广泛。

汉代主要的铁器是农具,其次是兵器和日常生活用具,进入东汉,铁器使用更广。

汉代的铁器显然已比战国时期进步。如战国时期用的铜制短剑，汉代已改进为铁制长剑。又如农具方面，形式已有改进，且汉代增加了铁锄、铁镰等品种。此外尚有铁犁铧、铁镢、铁铲等。至于汉代的手工工具，已有铁制的锤、锯、斧、锥及剪刀等。

由于汉代铁制农具及手工工具有所改进及品种增多，使当时的农业及手工业生产力相应提高。

中国冶炼铁业及铸造铁器的使用比世界各国为早。根据江苏六合东周墓出土的铁器，经考证是春秋晚期出品，比西方早了约2000年。

6. 汉代造船、制车业先进

秦汉的交通工具主要是船、车两种，与古代相同。

造船业方面，汉武帝时所造"楼船，高十余丈，旗帜加其上，甚壮"[①]。当时打击南越，南方已有楼船卒20余万人，可见南方之楼船巨大而数量亦多。

汉初官府造船由船司空主持。如系三辅地区（长安京城）范围，则由辑濯会丞主管[②]。又如庐江郡驻有楼船官，是专门制造楼船的官吏。

汉代亦有民营造船业，可惜历史无记载。

汉代造船材料，有木船与陶船两种。汉墓中陪葬之明器有陶制与木制的"偶车"[③]及陶制与木制的船模型。当时有所谓"南船北车"，在墓葬明器中也有显示。

广州东郊东汉墓葬中曾有出土陶船模型，船前有锚，船后有舵，两舷各有司篙船员的走道。又广东另一东汉墓中发现木船一件，船上建有层楼，有桨十，橹一，多数木板上有五色彩绘花纹。可见东汉的造船技术已相当进步。

至于秦汉的制车工业，史书记述甚多。当秦始皇崩于沙丘平台的旅途时，将其棺转载辒辌车中[④]，秘不发丧。汉代霍光遗体，《史记》谓"枢

[①] 见《史记·平准书》。
[②] 辑濯，为"楫棹"之假借，船官之名。
[③] "偶车"即土木制造。
[④] 辒与辌均为卧车。

以辒辌车"，可见汉代亦有此类卧车。此种车设有窗，闭暖而开凉，故名"辒辌车"。

汉代官营制车工业，由少府属下尚方令主管。汉代车的种类甚多。有"轺车"，有顶盖而无屏蔽，为低级官吏乘坐；有"轩车"，有车盖，两侧有屏，卿大夫高级官吏乘之；有"辒车"，甚舒适，车盖与四侧屏蔽密封，乃贵族妇女所乘，因可躺卧，亦适宜老病者乘用。皇帝乘车有四马驾引，一般用车多为一匹马，必要时左右各加一匹。

汉代运送粮食物资之车，多用牛拉，无上盖，但可加篷，亦可乘人。从武梁石刻所见，汉代有独轮车，名"辘车"，用人力推动，可乘人或动物，平民常用。汉代尚有"栈车"，是一种役车，在墓葬明器中发现。

7. 汉代陶瓷工业技艺高

中国向以瓷器闻名于世。汉代的陶瓷工业已相当发达。汉代早期的青瓷制作乃承袭周、秦而有所发展。

由于汉代冶铁业的技术改进，又因缺铜，便将铜制工具改用铁制，铜制的日常用品改用陶瓷器，因而使陶瓷器的用途日广。

西汉的陶器款式形状，与周、秦时期变动不大。到了东汉，农业生产有所改进，制陶技术亦有进步。汉墓中的陪葬明器亦从铜器改为陶器。计有陶制的鼎、壶、钟、瓮、灶、磨、敦、瓶、杯、洗、房屋、畜圈及俑等。此种陶俑及陶制明器，一直自汉代沿用到隋、唐，促成了制陶工业的兴旺。

东汉时期的陶制人物和动物偶像，其造型艺术很高。河南辉县东汉墓穴中曾发掘得陶狗，形象优美，栩栩如生。

汉代亦出产大量陶制砖瓦，是一种内部空心的陶砖，用作墓葬材料。

中国古代之陶瓷工业，自周、秦至两汉，向以青釉器的制作为主。西汉中期，青釉制作始盛，进而使东汉的烧制瓷器成功。

先秦时期的青釉器，当时烧成的温度都在摄氏1200度以下，故未能烧成瓷器。但从浙江省上虞县所发现的多处汉代古窑遗址，知该等古窑已普遍使用龙窑。而在遗留的瓷片上，从釉面的色彩光泽及结构内容分析，鉴知当时烧成的温度已达摄氏1300度。因此使胎质坚致细腻，达到了真正瓷器的水平。

中国真正的釉陶当在汉代真正开始创制。由于汉代施釉的瓷器色泽美观，于是也在陶器上施釉，使陶瓷器两者相辅相成。

汉武帝时官营陶瓷工业最盛，由宗正及少府属下的司空令丞主持。到东汉，则由少府属下之尚方令主持。

汉代用于宫殿及城门的瓦上，印有"宗正官当"、"都司空瓦"及"右空瓦"等字样，文字和质地都相当好。

至于当时陶瓷器的价格，比铜器、漆器为低，故百姓乐于采用。民间制陶者亦常有发现，陕西咸阳县的咸里窑村当为西汉民间制陶作坊的代表。

8. 两汉的盐政和制盐业

在汉武帝订定盐铁官卖政策以前，当时政府处理盐的方式有三种。一种是秦代和西汉初期的盐铁官，采取包商制。富豪（如盐商等）向政府取得许可后，便可"即山鼓铸，就海煮盐"。即是由盐商向政府缴付一定的税项[①]。

另一种是诸侯王自置盐官各自煮盐，如吴王濞"煮海水为盐，以故无赋，国用饶足"[②]。

第三种是由汉代中央政府派盐官管理产盐区。如武帝元狩四年，由政府收回豪强所占有的盐田，自行煮盐及转运销售，完全不假商贾之手。此盐铁专卖之制直至平帝元始五年（公元5年），共推行了125年之久。王莽朝仍实行部分专卖，命县官售盐，但亦有部分民营的。至东汉章帝，因军费开支浩大，由官府煮盐，全部专卖。

汉初掌管盐政的为大农令，武帝太初元年改名为大司农，其属下设两丞，一管盐政，一管铁政。各县设置之均输盐铁官，均由朝廷选派。东汉光武帝时，凡郡县产盐多者，均设盐官主持盐税，其地位与县令（长）等，即东汉时盐务已改由地方政府统理，而再由中央向地方征税。概括

[①] 见《史记·货殖列传》。
[②] 见《汉书·吴王濞传》。

言之，西汉由中央直接管盐政，以专卖为主；东汉由地方政府分别管盐，以征税为主。

盐可分海盐和池盐等，有煮海水为盐者①。有取池水为盐者。《说文》记载河东有盐池。亦有煮火井（盐井）为盐者。

《太平御览》注引宣帝时"穿盐井数十所"。亦有煮咸石为盐者。《太平御览》记"汶山有咸石，先以水渍，既而煎之"。中国以盐产量言，当以海盐为大宗。

汉代所产的盐，其色泽与素质因产地不同而异。史书记载："河东有印成盐，西方有石子盐，皆生于水。北湖中有青盐，五原有紫盐。"②

汉代煮盐，多数用木柴作燃料，据说汉代已有用天然气烧煮的，恐亦为数不多。至于熬盐用的工具，则多为铁制的牢盆。

9. 汉代的酿酒与制糖业

中国在商、周时代已有饮酒文化。到汉代时，酿酒业已有改进。首先是酿酒技术的提高，主要是制麹术的改良，酒的品种亦随着酿酒原料多样化而增加。

其次是酿酒的经营管理，武帝天汉三年"初榷酒酤"。即当时政府已垄断酒的酿造和出售。相当于盐铁的专卖，但遭到民间反对，因此使政府酒的专卖政策一时兴，一时废。例如昭帝时召开的盐铁会议，便废除了酒的国营专卖。

中国古代酿酒是先用麹③，使谷物糖化及酒化。汉代酿酒偶也用"蘖"，但主要的酒药是麹。照《汉书·食货志》的记载，制酒用麹的比例是："一酿用粗米二斛，麹一斛，得成酒六斛六斗。"此种酿酒方法比诸今日亦相差不远。

汉代人已能用多种不同谷物制成酿酒用的麹。西汉末年扬雄著《方言》中与"麹"同义的不同名字，如㲅、麰、䴷、䴬、䴯等均是。如麹

---

① 见《汉书·吴王濞传》。
② 见《太平御览》引《广志》。
③ 麹是使谷物发霉而制成。

在山西称"麸",山东称"䴷",《说文解字》把上述同义解释为"饼状曲"。不过制麴的材料不同,如䴷用大麦造成,麱用小麦制成等。

东汉已能制造葡萄酒,中国古代早有野生葡萄,但酿酒用的葡萄是张骞自西域带回种植。《史记·大宛传》已记述大宛和安息"有葡萄酒"。可见中国人富有创造的智慧。从曹丕致吴监的信中所述,可知东汉末年已有酿制葡萄酒了。

至于汉代的制糖业,据扬雄《方言》所记:"饧即干饴,江东称为糖。"上述是指麦芽糖。其材料是用稻、粱、黍,先浸湿生芽晒干,然后加以煎炼调制。《诗经》中记述:"周原膴膴,堇荼如饴。"可见周代已有麦芽糖;又《楚辞》中说:"粔籹蜜饵,有饧餭些。"说明战国时期古人已懂得用蜜和糖制饼粑食用了。

汉代麦芽糖已极为普及。崔实《四民月令》云:"十月先冰冻,作京饧,煮暴饴。"刘熙的解释是:"糖之清者曰饴,稠者曰饧。"

北魏贾思勰《齐民要术》已记述"煮白糖法"、"黑糖法"及"琥珀糖"等。至于蔗糖何时开始,一说唐代,一说汉代,一说东汉末,但照《齐民要术》所记,决不会迟至唐代。

10. 汉代已发展林业

林木是中国重要自然资源之一。近代人已知道植林可以调节温度,改善气候。但在古代为了驱除蛇虫走兽,或开垦荒野以种植农作物,人们不得不焚烧树林草丛,以达到驱兽及种植的目的。《孟子·滕文公》载:"舜使益掌火,益烈山泽而焚之,禽兽逃匿。"舜为了在烈山耕种,便命益烧毁烈山上的丛林草木。

《诗经·小雅·车辖》记载道:"陟彼高冈,析其柞薪,析其柞薪,其叶湑兮。"此诗意即登上那高高的山岗,斩伐那坚韧的柞木,那柞树郁郁葱葱的绿叶,使工人砍伐时,顿生怜惜的恻隐之心哩!当时人亦想到"毁伤其薪木"[1],对树林的破坏是件无可奈何的事。

---

[1] 见《孟子·离娄篇》句。

《管子·立政》已提出警告说:"山泽不救于火,草木不植成,国之贫也。"可见古人已知珍爱林木了。在《荀子·王制篇》中已经提出要管理好树林草木和水源矿藏,才能使国库充盈,人民富盛。因此古代对山林的管理,定出了规则。《礼记·月令篇》云:"孟春之月,禁止伐木;孟夏之月,无伐大树;季夏之月,乃命虞人入山行木,毋有斩伐;季秋之月,草木黄落,乃伐为薪炭;仲冬之月,日短至,则伐木取竹箭。"意即伐木要有时节,不可滥伐,正如孟子所说的"斧斤以时入山林"。可见先贤对于林木的培养与砍伐,已有很高的识见。

《诗经·唐风》云:"山有枢,隰有榆。"说明不同的地域生长不同的树木。高山地区有刺榆,低洼湿润地带产白枌。《管子》中更解释了土壤学和植物生态学。①

到了汉代,当时学者更明白到各种树木的经济价值,司马迁说:"山居千章之材,安邑千树枣,燕秦千树栗,蜀汉江陵千树橘,淮北常山已南,河济之间千树楸,陈夏千亩漆,齐鲁千亩桑、麻,渭川千亩竹,此其人皆与千户侯等。"②汉成帝时,氾胜之作《氾胜之书》18篇,详述了植树之时节及方法道:"种树以正月为上时,二月为中时,三月为下时,节之有早晚,地气有南北,物性有迟速。种树无时,雨后便栽,多留宿土,记取南枝,是乃种树要法,凡栽一切树木,须记阴阳,勿令转易。"可见汉代对植树造林已甚注意,林业已有相当发展。

七、东汉五铢钱的兴废

莽朝覆灭后,东汉兴起,此时社会经济虽有发展,但国势之盛已不及西汉。光武帝建武十六年,为王莽所破坏的五铢钱制度又再恢复,货

---

① 按:编辑命余三校,读钱宾四师论汉代林木之护养与砍伐,引用了《诗经》《管子》《荀子》《礼记》及《孟子》等多种典籍,分析透辟,足见其主持校政之余,兼任教授,备课勤谨,毫不松懈,又提及《管子》书中论及土壤学与植物生态学,足以为青年后辈研究写作之用。师教之认真不苟,此仅其中一例,令人敬佩不已。
② 见《史记·货殖列传》。

币经济得以畅通，但东汉中叶以后，劣币"剪轮五铢"逐渐增多，币值贬低，物价腾升。东汉章帝元和年间，粮价高涨，政府担心财政拮据，当时尚书张林提出对物价的意见说："今非但谷贵也，百物皆贵，此钱贱故尔。宜令天下悉取布帛为租，市卖皆用之，封钱勿出。如此则钱少物皆贱矣。"[1]

上述主张即以布帛等实物交租税，市场交易亦以实物交易，使货物流通量减少，以便遏抑物价。张林又主张再恢复盐的专卖，又在部分地区恢复"均输"，使政府增加货币的收入。正如《管子》中所提出的"币重而万物轻，币轻而万物重"，即肯定了货币流通量的多寡与货物价格的高低成正比例的原则。因此主张政府多收货币而"封钱勿出"，因此促成市场上货币的流通量减少，从而遏抑物价。

但张林主张"令天下悉取布帛为租，市卖皆用之"，显然要以实物作为货币，不啻是要恢复到古代那种"抱布贸丝"以物易物的状态，分明是使时代倒退了。

东汉晚年桓、灵两帝时期，政治日益腐败。桓帝时外戚梁冀擅权，饥荒频生。延熹元年，有人上书废除"剪轮五铢"，改铸大钱流通之。当时颍川人刘陶（此时被选为孝廉）上书劝阻不可铸大钱。其大意谓：当今之忧患，不在货币问题，而在乎民饥。惟有粮食乃国之所宝，民之所贵。而近年来禾苗为蝗螟所尽，故所急朝夕之餐，与钱货之厚薄、铢两之轻重毫无关系。即使沙砾化为黄金，瓦石变为宝玉，而百姓渴无所饮，饥无所食，即使纯德如羲皇，贤明如唐虞，亦对安国济民无所补益，故铸钱而齐一货币，犹养鱼沸鼎中，栖鸟烈火之上。故建议皇上"宽锲薄之禁，后冶铸之议"[2]。桓帝遂罢铸大钱之议。

灵帝刘宏12岁即帝位，性喜钱财，公开卖官敛财。光和元年（公元178年），张贴卖官榜于鸿都门，随官衔高低而定价不同，卖公卿官爵竟价高达1000万钱（即1000万枚五铢钱）。当时灵帝以庐江、南阳二郡太守羊续清廉，拟提升他为太尉，但羊续无钱买官，不能任太尉。另有巨

---

[1] 见《晋书·食货志》。
[2] 见《后汉书·刘陶传》。

鹿太守司马直亦为清官，灵帝欲擢升他，并声明可减价300万钱，司马直极为气愤，托病辞归，并于途中极陈卖官之弊，并以死谏君王。灵帝漠视舆论之反对，不到十年，卖官所得，已积五铢钱巨万，于是在西园建造"万金堂"，用以藏钱。时人多有嘲笑者。

中平三年（时灵帝即位已届20年），铸造了一种新的五铢钱，为了区别贮藏于万金堂的五铢钱，便在铸钱背面之方孔四角凸连一条直线至边缘，称为"四出文钱"。识者讥笑曰："岂非京师破坏，四出散于四方乎？"[①]意即灵帝搜刮自百姓的钱财像"四出文"那样向四方失散了[②]。

东汉末年，董卓挟持汉献帝至长安，于初平元年铸造小钱，时为公元190年，献帝即位之第四年，于是破坏了汉代的五铢钱制度。《通典》《通鉴》记载曰："献帝初平元年，董卓坏五铢钱，更铸小钱，大五分。尽取洛阳及长安铜人飞廉之属，充鼓铸。其钱无轮廓文章，不便时人，由是货贱物贵，谷一斛至数万钱，曹公罢之，还用五铢。"事实上，董卓改铸的"小钱"钱文仍称"五铢"，但由于钱币的大幅度减重，遂促使物价腾升，破坏了钱币的流通。于是荀悦为文申论恢复五铢钱的流通[③]。

自汉武帝建立五铢钱制度后，首次为王莽货币改制而破坏，至东汉光武朝时马援建议恢复五铢钱制。初平三年董卓伏诛，至荀悦提出，是第二次恢复流通五铢钱。此后至魏文帝黄初二年以谷贵又罢五铢钱。

八、汉代黄金存量及用途

1. 汉代黄金存量极丰

中国是世界上最早发现黄金的国家之一。在夏、商、周三代时已经从出土文物中证实有制作黄金的器物了。如河南辉县琉璃阁周墓葬中发现了商代早期的多片金叶。在北京市平谷县刘家河商代中期墓葬中，发

[①] 见《通典·食货八·钱币上·汉》。
[②] 此种"四出文钱"，正面亦镌有"五铢"两字，故又称"四出五铢"。
[③] 见荀悦著《申鉴》。

现有金臂钏和金箔残片。更早的如在甘肃省玉门火烧沟的墓葬中发现了夏代的金银器。

中国早期的黄金产地是河南、山西、河北等省。《山海经》中记载中国早期的黄金产地极多。其他地域大致包括今日的河南、湖北，以及山西、陕西的南部；四川省西北部；湖南、江西的北部。此外《管子·地数篇》也记载了黄金的产地，如山东的莱州及河南的汝水地区均有产金。

夏、商、周三代的采金方法，主要乃自水沙中淘采出自然金。如发现的商代不规则的金叶，可能是未经冶炼而加以锤制的自然金。

周代以后，黄金除采自水沙外，已有采自山中金矿脉表层的岩金了。

秦代以黄金为上币，下币为铜钱（半两钱），并将黄金的计量单位改周代的金为"镒"。

至两汉，政府储存黄金之多亦为后代所不及，帝王常以黄金赏赐大臣。以前诸节已有述。据历史记载，西汉初期，使用黄金总量达100万斤以上。到王莽新朝时尚有金数10万斤[1]。留存民间的尚不计在内。

文景之时，晁错反对开采金矿，理由是，"夫珠玉金银，饥不可食，寒不可衣"，因此主张明君当"贵五谷而贱金玉"[2]。元帝时贡禹亦反对开采金属矿，他提出的理由是由于"铸钱采铜"，造成每年有十万人不耕作，人民盗铸钱者极多，弄得"民心动摇，弃本逐末"，耕种者日少。因此当时法令时开放时禁止。由于汉文帝赐邓通铜山，因此造成私人独占铜矿之现象颇多[3]，且有汉代大臣私藏工匠以便冶炼及加工黄金器物。

2. 汉代黄金用途广

产金之矿床处有时常见金色的光芒裸露在外，所以其易找到何处有金矿。《史记·天官书》载："金宝之上皆有气，不可不察。"

汉代出口的金是各种不规则的圆形金饼，可能是当时的黄金形制。到汉武帝太始二年，改黄金形制为马蹄形与麟趾形，以示吉祥。

---

[1] 见《汉书·王莽传》。汉代之一斤，约合今之222.73克，则王莽时70万斤金即今之156吨。
[2] 见《汉书·食货志》。
[3] 按：产铜矿处常有与金矿共生者。金与铜的熔点几乎相同。铜为摄氏1083度，金稍低，为1063度。

武帝以后，马蹄金、麟趾金和饼金同时流通，互不影响。此种形制的黄金一直通行到魏晋南朝时代。《三国志·陈矫传》注引："（魏）文帝以金五饼授矫。"

周代黄金称一斤为一金；秦改周制，以一镒为一金；汉复用周名，仍以一斤为一金。照《汉书·萧望之传》所记，一斤金称一金；秦制一镒为12两。

汉时黄金一斤值万钱；朱提银（银质之最佳者）八两为一流，值1580钱；普通的银一流值1000钱[1]。依此换算汉代金银之比价是一与七或一与十之比。

王莽朝末年时，旱蝗灾祸频生，农业歉收，百物腾贵，米一石至万钱；马一匹需百金[2]。可见当时金价不甚稳定，乃是随市场货物之多寡而上下浮动其价。

汉代黄金之主要用途，一是用以赏赐臣下，如汉高祖曾以黄金四万斤命陈平执行反间计，使楚霸王项羽对其大将钟离昧起疑心[3]。汉高祖初定都关中时，各赐功臣黄金500金以资鼓励[4]。文帝即位时，诸大臣诛吕后亲属有功，赐周勃5000金；陈平、灌婴各2000金；刘章、刘揭各1000金。此外，又如御外敌有功，赐金立功之将军更多[5]。

由于汉代及王莽时多次更改币制，对铸造之钱币不及黄金受重视。当时帝王常以黄金赐臣下外，一般人士也用黄金作贿赂及馈赠之用。

汉代黄金又一用途是用来扩张版图，征服边疆各民族。如武帝击溃匈奴，收服西方36属国，灭南越赵佗。同时武帝又大造园庭宫殿，均须用大量黄金作战费及赏赐、抚恤之用。

此外亦有用黄金作帝王陵墓之陪葬物者。如武帝茂陵内即埋有大量金银；曹操发梁孝王墓，取得数万金。另外，黄金亦可买官赎罪。

---

[1] 见《汉书·食货志》。
[2] 见《史记·平准书》。
[3] 见《史记·陈平传》。
[4] 见《汉书·食货志》。
[5] 见《史记·平准书》和《匈奴列传》。

3. 汉代黄金亦可当做货币

由于黄金的用途广泛，且深受人们喜爱。汉代黄金一斤值万钱，却无明文规定是货币。事实上却以货币形式流通于市场，但无特定的货币形制。用时是按重量支付，甚至要剪割使用。所以它非货币，但都又当它是货币。

《汉书·食货志》云："珠玉龟贝银锡之属，为器饰宝藏，不为币，然各随时而轻重无常。"意即金跟其他饰物一样并非法定货币，但不仅可以通用，且其价格乃以市场货物多寡而时高时低。

汉时黄金作装饰品用已不仅是耳环等饰物，其使用面已扩大及于人死后的"金缕玉衣"和"金缕面罩"，以及"错金嵌玉铜杖首"等。

黄金亦可作折付"酎金"之用，那是各地诸侯须向天子进贡的祭祀费用，前文已论及，不赘。

汉代前期如文、景帝时国富民丰，至汉武帝后期对外大张挞伐，内部大兴土木，以致国库耗竭存金，遂以卖官赎罪之法收回民间黄金。

此后，由于各方需求黄金量增多，政府必须储存大量黄金以应付市场的需求，王莽时遂决定实行黄金国有政策，命令"列侯以下不得挟黄金，输御史受直"。意即私人不准藏金，有金须送交御史收回等值的钱。

由于人民有强烈的黄金欲，因此制造假金之风盛行。《汉书·景帝纪》曰："先时多作伪金，伪金终不可成，而徒损费，转相诳耀，穷则起为盗贼，故定其律（指判死刑）也。"可见当时用死刑也遏制不了制造伪金之风。

至东汉，私人冶炼黄金者仍多。如"光武皇后弟郭况家，工冶之声不绝，人谓之郭氏之室，不雨而雷，东京谓况家为琼厨金穴"[①]。可见富豪之多金。

东汉末年，废少帝立献帝，并挟帝迁都长安有篡位野心的董卓，其生前修筑郿坞广聚金银珠宝，死后灭族抄家，郿坞藏金仅三万斤而已，与西汉之库存多金相去不可以道里计。此与汉末禁开金属矿有关。

刘备定蜀赏赐诸葛亮、关羽、法正诸功臣，每人仅500金而已[②]。与

[①] 见《记事珠》。

[②] 见《三国志·蜀书》。

西汉时帝王赏赐功臣动辄以数万斤金至数十万斤金,已相差极为悬殊。

当时刘备以铸钱缺铜,竟收集帐钩铜等熔化使用,连铜亦奇缺,更遑论金了。

九、东汉大田庄俨如王国

东汉后期,一般豪强世族,贵族外戚或富商成为大地主者,均有其独立体系的庄园称霸于一地。如光武帝之樊姓外祖,有田300余顷;皇后阴丽华的母家,有田700余顷。皇族宗室中如济南王康(光武子)即有田800顷,奴婢1400余人。

巨商中亦有成大地主者,他们往往"连栋数百,膏田满野,奴婢千群,徒附万计。船车贾贩,周于四方;废居积贮,满于都城。琦赂宝货,巨室不能容;马牛羊豕,山谷不能受"[①]。

这些大田庄,不但有耕地,而且也占有山林川泽。如东汉后期的中常侍苏康和管霸,便拥有"天下良田美业,山林湖泽"[②]。

当时崔寔著有《四民月令》一书。崔氏为河北涿郡大姓,自西汉起累世为官。后迁洛阳,此书即说明了崔宅经营田庄的活动纪录。田庄以从事农业为主,但亦兼及手工业(农产品加工)及商业的经营。书中叙述了该田庄一年内的有关经济、社会、教育甚至军事等各项活动。包括种植蔬菜、竹木、花果及蚕桑、纺织、制酱、酿醋、织麻布、做饴糖、制衣鞋、漂染、缝纫、酿造、建筑、农田水利、采集野生植物、狩猎、制药及制造农具、工具及武器等各项事务。

由于田庄的土地广,故需要大量雇工及奴婢为主人从事农业、手工业及商业等活动。在地主家长统治下,为一个自给自足的社会集团,俨如一个小王国。

而且田庄可以自订刑法,"有不顺命,罚之无疑"。庄园并训练"部曲"和"家兵",以防庄园外贫民之袭击。庄园修筑坞堡,以保障地主

---

① 见《后汉书·仲长统传》。
② 见《后汉书·刘佑传》。

之安全。坞堡四周有围墙及深沟，以利防守。崔寔书中描述道："上家累巨亿之赀①。斥地侔封君之土，行苞苴②以乱执政，养剑客以威黔首，专杀不辜……父子低首，奴事富人；躬帅妻孥，为之服役。故富者席余而日炽，贫者蹶短而岁踧，历代为虏，犹不赡于衣食，生有终身之勤，死有暴骨之忧。"庄园内的地主与佃农，常是同姓或同宗，表面上是宗族姻亲，但事实上贫富极为悬殊。这仍是西汉以来所无法解决的社会问题。

十、两汉奴婢众多，工作广待遇优

两汉时期，豪族大户多畜养奴婢，构成了不可忽视之巨大劳动生产力量。其来源有因家贫自卖为奴者，如《汉书·高帝纪》载："民以饥饿自卖为人奴婢者，皆免为庶人。"又如栾布"时穷困，卖佣于齐"③。

亦有因豪强胁迫而为奴者，如《王莽传》载："奸虐之人，因缘为利，至略卖人妻子。"又如："梁冀又起别第于城西，以纳奸亡。或取良人，悉为奴婢，至数千人。"④

或有因犯罪而没入为奴者，如《汉书·杜固传》云："民犯铸钱，伍人相坐，没入为官奴婢。"甚至有连妻子一并没入为奴者，如《汉书·食货志》云："私铸作泉布者，与妻子没入为官奴婢。"

王莽时没入为官奴婢之数量极大，如："关东大饥，民犯铸钱，伍人相坐，没入为官奴婢以十万数。"⑤

亦有因战争被俘虏为奴者，如《汉书·金日䃅传》云："日䃅以父不降见杀，与母阏氏、弟伦俱没入官，输黄门养马。"又如《后汉书·西羌传》云："安定降羌烧何种，胁诸羌数百人反叛，郡兵击灭之，悉没入弱口为奴婢。"

---

① 赀即资财。
② 苞苴即贿赂。
③ 见《汉书·栾布传》。
④ 见《后汉书·梁冀传》。
⑤ 见《汉书·王莽传》。

至汉代，奴婢之总人数，《汉书·贡禹传》记为"诸官奴婢十万余人。"至《王莽传》载："没入为官奴婢以十万数。"至于正确的总人数，史籍无记载，尤其是私奴婢，只散见于《史记》《汉书》等书中所记，并无总数统计，大体上官私奴婢合计，有数十万人之众，比诸西汉5959万余人，比例上并不算多。

至于奴婢的劳动力，分配于多种职业岗位上。有为富豪田耕者，如《史记·平准书》云："敢犯令，没入田僮。"此处说明触犯法令者没入为田耕之奴。又如《后汉书·马援传》云："防兄弟贵盛，奴婢各千人以上，资产巨亿，皆买京师膏腴美田。"

马防兄弟各有千人以上奴婢，又有膏腴美田，无疑是畜奴为之田耕。又如光武子济南王"康遂多殖财货，大修宫室，奴婢至千四百人，厩马千二百匹，私田八百顷，奢侈恣欲，游观无节"①。其畜奴也是为了耕作。

两汉时之奴婢为豪强工作之范围甚广，除耕种田地外，亦有从事畜牧者。如《汉书·景帝纪》载："太仆牧师诸苑三十六所，分布北边西边，以郎为苑监，官奴婢三万人，养马三十万匹。"由上述知36所马苑，以三万官奴婢牧养30万匹马。每人照顾十匹马。又如武帝时，"其没入奴婢，分诸苑养狗马禽兽"②。可知没入之官奴婢，职司畜牧。

亦有从事煮盐冶铁者，如四川有卓氏，冶铁致富，"富至僮千人"③。又有齐地之刁间，收取桀黠奴，"使之逐鱼盐商贾之利，终得其力，起富数千万"④。说明刁间利用奴婢而成为巨富。

亦有从事手工业及经商者。如西汉张安世为富平侯，食邑万户，夫人自纺织，家童700人，皆从事手工业生产及经商⑤。如后汉樊宏"管理产业，物无所弃，课役童隶，各得其宜，故能财利岁倍"⑥。

---

① 见《后汉书·光武十王列传》。
② 见《汉书·食货志》。
③ 见《史记·货殖列传》。
④ 同上。
⑤ 见《汉书·张汤传》。
⑥ 见《后汉书·樊宏传》。

亦有家贫从事各项杂役者，如匡衡为人作佣工①，申屠蟠作漆工，公沙穆为人舂粟②。

亦有从事漕运者，如《史记·平准书》载："徒奴婢众，而下河漕度四百万石。"

亦有从事建筑业者，如济南安王康有奴婢1400人，为之修建宫室③；惠帝时"发诸侯王列侯徒隶二万人，城长安"④；汉武帝时，召募国人有能贡献奴婢的，可免除终身劳役，原来已任"郎"的，可增加他的官秩⑤。

奴婢亦有出任战士者，称为"苍头"。《史记·苏秦列传》载："今闻大王之卒，武士二十万，苍头二十万，奋击二十万，厮徒十万。"其中"苍头二十万"，即是由奴婢所组编的士卒。史籍亦有使奴仆兵披甲上战场为步兵者；王莽时有所谓"猪突豨勇"的"锐卒"，亦由奴婢及死罪囚等组成⑥。

汉代之奴婢亦有担任"俳优"、"女乐"、"伎乐"及"女倡"者，以供人歌舞娱乐。

由上可见汉代奴婢之工作范围甚广。

不过，中国的所谓奴婢，其实绝不同于西方罗马帝国时代的奴隶，照《韩非子》所记述，中国的奴婢衣食丰厚，并有薪酬。

中国之奴婢亦可由卑贱之地位升迁至富贵。如卫青原为家僮卫媪之子，少年时父使牧羊。一日有相士谓青有封侯之相，卫青笑曰："人奴之生，得无笞骂即足，安得封侯乎？"后果拜为车骑将军，赐爵关内侯⑦。

又如卫子夫，亦卫媪所生，卫青同母姊，后贵为孝武卫皇后⑧；赵飞燕，本为长安宫人（即官婢），后贵为孝成赵皇后⑨；又如季布，朱家买之而为奴，高祖赦之而拜为郎中，惠帝时擢升为中郎将；栾布为酒人保，

---

① 见《汉书》。
② 见《后汉书》。
③ 同上。
④ 见《汉书》。
⑤ 见《史记·平准书》。
⑥ 见《汉书·元后传》和《王莽传》。
⑦ 见《汉书·卫青传》。
⑧ 见《汉书·外戚传》。
⑨ 同上。

曾为人略卖为奴，文帝时为燕相，后以军功封俞侯①；胡人金日䃅曾没入为官奴，但后拜光禄大夫②。

其他奴婢虽无上述诸人之飞黄腾达，但待遇亦不俗，亦有饮美酒作乐者，如："昭信与去从十余奴博饮游敖。"③此言以广川王昭信后地位与十余奴婢饮宴游乐。奴婢之受重视可知。

又如，昌邑王"与从官宫奴夜饮，湛沔于酒"④。此言昌邑王未被废时与官奴们沉迷于酒。

奴婢多有穿绫罗绸缎者，如《汉书·霍光传》云："侍婢以五采丝挽髻，游戏第中。"又："至有走卒奴婢被绮縠，着珠玑。"⑤又："其徒御仆妾，皆服文组彩牒，锦绣绮纨。"⑥

又如灵帝时后宫彩女⑦数千余人，每日衣食之费要耗去数百斤金之多⑧，可见奴婢享受之丰盛。

两汉奴婢虽可如货品一般随意赠人，不守规矩时亦会遭受笞击、棰楚、炙灼、黥面或腐刑之痛苦虐待，然亦受到政府之保护。如光武帝曾下诏"天地之性人为贵，其杀奴婢，不得减罪"；王莽亦诏令"奴婢曰私属，皆不得买卖"。王莽子获曾杀奴婢，"莽切责获，令自杀"⑨。光武帝曾下令凡炙灼奴婢者当判罪，可见奴婢受到人身保障，其待遇与罗马之奴隶绝不能相比。

---

① 见《史记·季布栾布传》。
② 见《汉书》。
③ 见《汉书·景十三王传》。
④ 见《汉书·霍光传》。"湛沔"即荒迷。
⑤ 见《后汉书·安帝纪》。
⑥ 见《后汉书·王符传》。
⑦ "彩女"为女奴婢之一。
⑧ 见《后汉书·宦者传》。
⑨ 见《汉书·王莽传》。

第八章

魏晋南北朝时期经济

（公元 220—589 年）

一、三国时期的屯田制度

1. 曹操屯田统一中原

东汉末年,由于战乱频仍,饥荒连年,最大的困扰就是缺乏粮食。当时历史记载道:"自遭荒乱,率乏粮谷。诸军并起,无终岁之计,饥则寇略,饱则弃余,瓦解流离,无敌自破者不可胜数。"①

当时各方军队没有敌军的攻击便已自行瓦解,主要就是缺粮。当时在河北的袁绍军队,士兵靠桑葚维生;在长江淮河一带的袁术军队靠蒲草螺肉果腹。因此造成人民互相残食,流离失所,当时一石谷的价钱竟贵至50余万钱,造成州里萧条的悲惨现象。于是曹操提出意见说:"夫定国之术,在于强兵足食,秦人以急农兼天下,孝武以屯田定西域,此先代之良式也。"②

曹操之意,秦以农事为急务,故能统一天下;汉武帝以屯田之策平定西域,于是曹操取了羽林监颍川枣祗的屯田建议。委任峻为典农中郎将。募民屯田许下③,得谷百万斛④,于是在州郡遍置田官,将所产积贮于当地,以便征伐四方时食用,使无运粮之辛劳。

曹操在献帝初平三年,攻克兖州(今河北、山东)收编黄巾降卒30万,军力大增。继又灭吕布、袁绍,征服三郡乌垣。至建安十三年,曹操以汉献帝名义废三公,自己为丞相。赤壁战败后,致力于经营内部,西进

---

① 见《三国志·魏书·武帝纪》。
② 见《三国志·魏书·武帝纪》。
③ 今河南省许昌一带,建安初,曹操迎献帝都在此。
④ 三国时二斛米为一石。

关中,平定陇右,中原遂得统一而稳定。这成功的因素主要是靠屯田政策。

屯田政策的成功,乃前有羽林监枣祗,后有典农中郎将任峻,使曹操与北方群雄混战之际,能推行大规模之屯田以恢复农业生产。枣祗提出,命令地方官将官牛出租,鼓励农民独立生产,成为郡县之编户。同时以所获黄巾资业,包括黄巾士卒及其家属,及大量之无业流民,加以编组,扩大其屯田事业,不但有"军屯",而且创立了"民屯",前者以佃兵或屯兵为主;后者以屯田客、屯户为主。

所谓"募民屯田许下",便是应募而来的屯田户。如此几年经营,使"所在积粟,仓廪皆满","军国之饶,起于枣祗而成于任峻"。曹操之能统一中原,枣祗、任峻两人之功实不可没。

2. 邓艾屯田极为成功

当时出了一位能臣邓艾。邓艾著有《济河论》,他特别重视水利灌溉,认为"田良水少,不足以尽地利,宜开河渠,可以引水浇灌,大积军粮,又通运漕之道"。

上述计划为司马宣王(懿)所同意,邓艾遂于正始二年,"开广漕渠,每东南有事,大军兴众,泛舟而下,达于江、淮,资食有储而无水害"[1]。

邓艾以骁勇多智而灭蜀(时为后主刘禅),遂官封太尉,增邑二万户[2],封子二人亭侯,各食邑千户。

其实,邓艾最伟大之处是他所建议的极为出色的屯田计划。

齐王曹芳正始年间(公元204—249年),未攻打蜀国前,计划攻打东吴。邓艾提议使用边防军在淮河两岸屯田,"五里置一营,且佃且守"[3];"自寿春到京师,农官兵田,鸡犬之声,阡陌相属"[4]。其办法是:曹军在淮北屯兵二万,淮南三万,共屯五万人,名叫"十二分休",即战时由一万人种田,四万人打仗;平时则一万人休息,四万人种田。

---

[1] 见《三国志·魏书·邓艾传》。
[2] 邓艾在嘉平元年因击退蜀国姜维而赐爵关内侯。
[3] 见《三国志·魏书·邓艾传》。
[4] 见《晋书·食货志》。

"计除众费"后,即4万人每年可完成生产500万斛米的任务。即每人年产120斛米(两斛为一石),即10万兵连战五年仍有饭吃。

曹操认为,用此法攻打吴国,无往而不利。遂依计而行,其后吴、蜀两国亦仿效。

曹魏屯田政策颇为全面,不仅在中央、前线屯田,亦在后方(陕西)屯田,有流亡人种田处,即派一屯田都尉管理之。

但有一问题是:春秋时作战者为贵族,汉代作战有义务兵,现在则相反,由军队种田,非农民当兵,所种的田在战争前线的区域,为无主荒田。田地属于政府,人民无私有土地权;收获物属于军队,非属私人。

照社会法律言,兵无公民身份;在经济学上说,种者无所有权,如同王莽时将土地收归国有,成为"耕者无其地"了。

3. 孙吴屯田民无饥岁

三国时,孙吴所据有的长江中下游和岭南地区,在汉代尚无屯田设施。

吴国孙权称帝达50余年之久,国富民安。冯熙曾描述孙吴"带甲百万,谷帛如山,稻田沃野,民无饥岁,所谓金城汤池,强富之国也"[1]。陆凯指出吴国之"先帝战士,不给他役,使春唯知农,秋唯收稻,江渚有事,责其死效"[2]。说明了吴兵既战且耕的特性。

吴国有不少将军带兵屯田,《三国志·诸葛瑾传》载:"赤乌中[3],诸郡出部伍,新都都尉陈表,吴郡都尉顾承,各率所领人会佃毗陵,男女各数万口。陈表病死,孙权以诸葛融为代表,后代父瑾领摄。"又如《三国志·满宠传》云:"孙权遣兵数千家佃于江北,至八月,满宠以为田向收熟,男女布野,其屯卫兵去城远者数百里,可掩击也。"以上都是属于兵屯或军屯。

吴将朱桓"与人一面,数十年不忘,部曲万口,妻子尽识之。爱养吏士,赡护六亲,俸禄产业,皆与共分"[4]。朱桓在孙权登位后九年任前将军,

---

[1] 见《三国志·吴书·孙权传》。
[2] 见《三国志·吴书·陆凯传》。
[3] 公元238—250年。
[4] 见《三国志·吴书·朱桓传》。

率领部曲万人，连家眷共同生活，其实亦是一种兵屯。

建安十九年（公元214年），吕蒙击俘曹魏部属数万人，孙权因此擢封吕蒙为庐江太守，并将所得人马分而予之，另有赐寻阳屯田600户[①]。可见孙吴初期已有屯田之制。

孙权之重视农耕，可见诸华核上末帝孙皓之疏谏："大皇帝（孙权）览前代之如彼，察今势之如此，故广开农桑之业，积不訾之储，恤民重役，务养战士，是以大小感恩，各思竭命。"[②] 黄武五年时，"陆逊以所在少谷，表令诸将增广农亩。孙权报曰：甚善。今孤父子亲自受田，车中八牛以为四耦，虽未及古人，亦欲与众均等其劳也"[③]。孙权以帝王身份将驾车之牛用作农耕，其重视农业可见。但由于东吴常将屯田赐与臣属，因此使屯田易于衰败。

4. 蜀汉军屯为时短暂

蜀汉之有军屯较曹魏、孙吴为晚。

蜀国地处四川，由于"土地肥美，有江水沃野，山林竹木，蔬食果实之饶。民食稻鱼，亡凶年忧"[④]。是故境内一直无民屯出现。有之则在蜀汉后期，诸葛亮与姜维与北方之曹魏战争时，才有军屯出现。

东汉末年，益州是沃野千里，天府之土。连诸葛亮的《隆中对》也这样说。但不过十年左右，后主刘禅建兴五年（公元237年）诸葛亮《出师表》已改称"今天下三分，益州疲弊"；翌年《后出师表》则称"今民穷兵疲"。这可能由于刘备用兵损耗所致。刘备死后，"南中诸郡，并皆叛乱"。

包括牂柯的朱褒、益州的雍闿和越巂的高定都起来反蜀汉，诸葛亮用了一年时间"务农殖谷，闭关息民"，才出兵南中，把乱事平定。因此造成"民穷兵疲"。

[①] 见《三国志·吴书·吕蒙传》。
[②] 见《三国志·吴书·华核传》。
[③] 见《三国志·吴书·孙权传》。
[④] 见《汉书·地理志》。

在此以前，蜀汉恃着天府之国，物产富饶，所以没有想到要屯田。直至诸葛亮对付曹魏，以攻作守。自建兴六年开始，多次北伐曹魏，均因粮尽退军。有时大后方并不缺粮，但苦于"道远运艰"。所以司马懿讥笑说："亮每以粮少为恨，归必积谷，以吾料之，非三稔不能动矣。"①意即诸葛亮必须三年后才能出兵了。

本来早在建兴五年，诸葛亮已派赵子龙在赤崖屯田，可能兵多粮少，仍不敷食用②。至十年，诸葛亮"劝农于黄沙③，作流马木牛毕，教兵讲武。十一年冬，亮使诸军运米，集于斜谷口，治斜谷邸阁"④。此处记述一面练兵，一面屯垦，约两年后，才兵精粮足，再图北伐。《诸葛亮传》亦载曰："亮每患粮不继，使己志不申，是以分兵屯田，为久驻之基，耕者杂于渭滨居民之间，而百姓安堵，军无私焉。"此时蜀军已在汉中、关中屯田，但因为时短暂，成效恐不著。

此后姜维继诸葛亮遗志，自延熙十二年至景耀五年，十余年间，多次出兵北伐，又得羌胡拥戴协助，战事亦因缺粮而失利。姜维遂于景耀五年率部在沓中（今甘肃东南）种麦，有长期作战之决心，魏少帝闻而心惊。翌年曹魏以18万大军攻蜀，使刘禅投降，姜维部众闻讯愤怒不已，屯田计划亦落了空。

二、西晋的土地制度

1. 品官占田制按官阶占田

三国时代虽然局面大乱，但曹操、诸葛亮及司马懿诸人仍然记得秦汉之制度，天下平定后便思改制，这是历史传统，历史不能扭曲的力量仍在。到了西晋，将屯田都尉取消，派县令（县长）主其事，再还田于民，使耕者有其田，又定出另一套经济制度。

---

① 见《晋书·宣帝纪》。
② 见《读史方舆纪要》。
③ 今陕西勉县东。
④ 见《三国志·蜀书·刘后主传》。

晋朝在中国历史上可以说是最坏的朝代，但在制度上仍是有它的一套。它定出了两个制度：品官占田制和户调制。先说品官占田制。

官有高低不同品级，每一官员可占有之田亩数量受到限制，亦即董仲舒的"限民名田"。

"名田"即"占田"。不过董仲舒并未实行，只提出建议而已。

依照《晋书·食货志》的记载，官品第一至第九者[①]各以贵贱占田。即第一品者，可占田50顷（即5000亩）；第二品，45顷；第三品，40顷；第四品，35顷；第五品，30顷；第六品，25顷；第七品，20顷；第八品，15顷；第九品，10顷。凡各品官员占有之田超过上述顷数者应缴出还给政府。品官限田后，田地开放出来，各官又可以品之高卑，荫其亲属，多者及九族，少者三世（即三代）。

上述各品官所拥有之田可免赋税；九品官可荫三代，所荫之亲属所拥有的田不会太多，但亦可免赋税。这与西汉董仲舒的"限民名田"有所不同，因后者须缴纳赋税。

至于西晋所定第九品的范围扩及下列官吏：包括举辇、迹禽、前驱、由基、强弩、司马、羽林郎、殿中冗从武贲、持钑冗从武贲、命中武贲及武骑等。其各品官可拥有的佃客如下：官品第一、第二者，佃客无过五十户；第三品，十户；第四品，七户；第五品，五户；第六品，三户；第七品，二户；第八、九品，一户。

但后来考诸实际，大官占田超过了上述限额的甚多。如司徒王戎，"园田水碓[②]，周遍天下"[③]。西州大姓强弩将军庞宗因犯法而被没收的田地即有200余顷之多[④]。

2. 户调制有名无实

户调制是当时对平民而言的一种土地制度。田地出产所收的叫"税"；

[①] 此时之官制仍沿袭曹魏时之九品中正制。
[②] 水碓为粮食加工之场所。
[③] 见《晋书》。
[④] 见《晋书·张辅传》。

"赋"是用作军费的;"租"又不同,另外又有所谓"贡"。"调"者,"征调"、"调发"、"调兴"(动员)之意,但现在作为"调官职"之"调",已与"调"的原意有别。此处的"户调制"是为了军事上的调动而来。

户调制开始于袁绍,当时黄河北岸、山东等地满布黄巾士卒,袁绍在河北一带,因军队需要粮饷,便向每一户征收军事费用。这是中央政府解体后一种乱世的临时办法。曹操平袁绍后,仍沿用此法,但征费较轻。当时每亩只收粟四升;每户人口不管多少,收绢二匹,丝绵二斤[1],这就是户调制的开始。

晋武帝平吴后,制户调之式,但与曹操时不同的是,曹操时期先讲年租,再讲"户调";西晋则是先讲"户调"。其制如下:

> 丁男之户,岁输绢三匹,绵三斤;女及次丁男为户者半输。其诸边郡,或三分之二,远者三分之一。夷人输宾布,户一匹,远者或一丈。
>
> 男子一人占田七十亩,女子三十亩。其外,丁男课田五十亩,丁女二十亩,次丁男半之,女则不课。男女年十六以上,至六十,为正丁,十五以下至十三,六十一以上至六十五,为次丁;十二以下,六十六以上,为老小,不事。远夷不课田者,输义米,户三斛,远者五斗,极远者输算钱,人二十八文。[2]

上述制度,男丁分配70亩,女子30亩,即每户仍是100亩占田;"课"指要田租[3]。上文中较难讲者是"其外"一语,乃随上文"岁输"而来,即每岁输绢、绵以外,尚得有课田之数。即100亩中,其中70亩收获交给中央政府,即田租很重,达十分之七[4]。

西晋的"户调制",其实是王莽的"王田制"和曹操的"屯田制"的综合体。

"户调"两字首次见诸《三国志·魏志·赵俨传》。曹操得河北时,下

---

[1] 可见黄河北岸此时已养蚕。
[2] 见《晋书·食货志》。
[3] 今日所谓"课程表"、"课"指所要的,"程"指分量,此"课程表"之名乃随赋税制度而来。
[4] 钱穆师认为此种讲法乃其最大之发现,并谓吕思勉先生亦甚钦佩此见解。

令每亩征收田租四升，每户出绢二匹，绵二斤，即分田租与户调两项征收；西晋则"户调"在前，下兼"田租"，由于时局稍趋安定，已由兵屯变为农民。即曹魏之屯田制，土地属于政府，屯田者无土地所有权。

西晋户调制时，则由西晋政府将土地分配给农民，并规定一个确定的土地占有数量。即男丁占田70亩，女丁30亩。每户共占田100亩，决非占田170亩。近人有说，照《晋书·食货志》所说"男子占田七十亩，女子三十亩，其外，丁男课田五十亩，丁女二十亩"，以为每户可占田170亩的解法，是错误的。因为照该文字的解释，是在其占地100亩之内以70亩为课田。"课田"是课其田租之意，意即农民除了输绢输绵以外，还要再课田租，即是课十分之七的田租之意。

西晋泰始四年，傅玄向晋武帝司马炎上疏，谓："旧兵持官牛者，官得六分，士得四分，自持私牛者，与官中分。今一朝减持官牛者官得八分，士得二分，持私牛及无牛者官得七分，士得三分，人失其所，必不欢乐。臣愚以为，宜佃兵持官牛者与四分，持私牛者与官中分。"

由此可见，晋室当时规定由政府供应牛只给农民者，政府收田租八份，自取二份；自有耕牛者，政府收取七份，自取三份。但当时西晋并未接受傅玄之建议，故"户调制仍依私牛及无牛例收租"，故即100亩课田70亩。

另一证明是当时屯田是"岁责六十斛"，即每人每年缴60斛。此制已甚为宽大。至晋朝，则每100亩抽取70亩之田租了。汉代曾征收十分之五的田租，西晋则为十分之七。

西晋订出户调制不到30年，天下大乱，故有其制而无其实，可能并无推行此制。

三、魏晋南北朝各时期屯田情况

1. 西晋军屯藉以灭吴

晋武帝司马炎即位16年后，运用军屯以灭吴，统一中国后，民屯已废，但军屯仍维持了一段时间。

司马炎未即帝位，曹魏已灭蜀汉。时为魏末咸熙元年（公元264年），"罢屯田官，以均政役，诸典农皆为太守，都尉皆为令长"①。此时曹魏政权已为司马氏所掌握。

晋武帝泰始二年，"罢农官为郡县"②。时为西晋建国后一年，此后即未再有典农官，即屯田都尉一类的官，亦已经改为县令（长），即已在魏境内无民屯了。

西晋太康元年（公元280年）灭吴后，吴地会稽、无锡、丹徒、武进及延陵等县均废除了典农官，而只设郡县长官，亦即废除了民屯。但军屯即使在统一中国后，仍有实施。

三国时，蜀汉只有北方边境设有军屯，但蜀亡后却在益州有了军屯。因晋武帝咸宁三年诏令益州刺史"罢屯田兵，大作舟船，为伐吴计"③。当晋军进兵长江下游时，奉命出屯当涂的吴将沈莹说："晋治水军于蜀久矣……必悉益州之众，浮江而下。"④足见此时西晋经营蜀地已历多时，益州军屯为晋所设无疑。

据《晋书·王浑传》载："吴人大佃皖城，图为边害，王浑遣扬州刺史应绰督淮南诸军攻破之，并破诸别屯，焚其积谷百八十余万斛，稻苗四千余顷，船六百余艘。"可见晋、吴国境两方均有军屯。

晋泰始五年，荆州刺史羊祜命襄阳地区士兵垦田800余顷，多年的屯垦，已积存粮足用十年以上⑤。

同时在京师洛阳附近，于咸宁元年（公元275年）诏令河南伊川地区"代田兵种稻，奴婢各五十人为一屯，屯置司马，使皆如屯田法"⑥。足见晋立国十余年来，新城一直有田兵种稻，显然是为军屯。同时，《晋书·食货志》亦记述晋初在豫州境内亦仍有军屯。

《北史·崔昂传》云："屯田之设，其来尚矣……司马晋平吴，兵因取给。"确切说明了西晋的灭吴是仰仗了军屯的成功。

---

① 见《三国志·魏书·陈留王纪》。
② 见《晋书·武帝纪》。
③ 见《华阳国志》。
④ 见《三国志·吴书·孙皓传》。
⑤ 见《晋书·羊祜传》。
⑥ 见《晋书·食货志》。

2. 东晋历朝多军屯

西晋历时51年而亡，东晋继起，历时103载，其间亦有多处屯田。

晋元帝司马睿即位后，为巩固江东政权，便下诏"课督农功"。并要求全国将士除要任外，均须赴农，"使军各自佃作，即以为廪"①，并以地方官吏上缴粮之多寡作为成绩的考核。大臣应詹更上书献议学习汉代赵充国和蜀诸葛亮屯田渭滨以抗魏的经验，将安徽寿县作为军屯模范区。

当时祖逖请准北伐，朝廷只给1000人之粮，布3000匹，并且不供应铠仗与人力，得自行招募。祖逖遂"躬自俭约，劝督农桑"，并佃于安徽亳县之北，一面军屯，一面应战，卒使"黄河以南，尽为晋土"②。同时在荆州（鄂、湘、蜀、黔）方面亦有散兵佃作，足见于此时期军屯有卓著成绩。

晋明帝时，温峤建议在长江沿岸垦荒，"诸外州郡将兵者及都督府非临敌之军，且田且守"。由两军轮流更休耕耘，政府多有采纳③。又陶侃为荆州刺史时，亦"勤务稼穑，虽戎陈武士皆劝厉之。是以军民勤于农稼"④。楚"百姓勤于农殖"，说明荆州军民并耕，成绩可观。

晋成帝时有北伐意，荆州刺史庾翼率四万军自武昌至襄阳，并命其子庾方在襄阳"缮修军器，大佃积谷"，凭屯田以解决军粮。

迨后晋穆帝北伐，命殷浩"开长江以西畩田⑤千余顷，以为军储"⑥。殷浩"沐雨栉风，广开屯田"，一面又命部将荀羡率军"北镇淮阴，屯田于东阳之石鳖"⑦，成绩斐然。

至晋孝武帝时，由于苻坚统一北方，荆州刺史桓冲虑其南下，便移

---

① 见《晋书·食货志》。
② 见《晋书·祖逖传》和《蔡谟传》。
③ 见《晋书·温峤传》。
④ 见《世说新语·政事篇》。
⑤ "畩田"即烧野草而垦殖。
⑥ 见《晋书·殷浩传》。
⑦ 见《晋书·荀羡传》。

镇上明①，命士卒在长江北岸屯田②。

东晋末年，刘裕掌政，下令"州郡县屯田池塞，诸非军国所质，利入守宰者，今一切除之"③。可见当时荆州以外地区，屯田数不为少。

3. 南朝屯田政策

东晋末年，北方之后秦高祖姚兴死。刘裕派毛修之修复芍陂④，在此屯田数千顷，以积蓄军粮⑤。

南朝宋文帝刘义隆时，派刘义欣守寿阳，"芍陂良田万顷，堤堰久坏，秋夏常苦旱"，乃修理以利灌溉。宋文帝并在盱眙⑥一带设淮南都督，开创屯田，以供军粮⑦。

南齐高帝萧道成亦极重视屯田，命垣崇祖在寿春修浚芍陂屯田，努力垦殖，以平残丑⑧。

南齐至明帝时，淮南部分地区为北魏所占。尚书令徐孝嗣以淮南诸镇，皆取给京师，但漕运艰涩。建议州郡戍主帅以下，均须农垦，务使足食，则江南自丰⑨。惜南齐因内争而未能实行。

南朝宋孝武帝刘裕时，以北魏常来侵边，尚书右丞徐爱亦提议屯田，主张军队"且田且守，若使坚壁而春垦辍耕，清野而秋登莫拟，私无生业，公成虚罄。救之之术，唯在尽力防卫，来必拒战，去则邀蹑，据险保隘，易为首尾。胡马既退，则民丰廪实……臣以为威虏之方，在于积粟塞下。若使边民失业，列镇寡储，非唯无以远图，亦不能制其侵抄"⑩。惜此议未能切实执行。

---

① 上明即今湖北宜都县一带。
② 见《晋书·桓冲传》。
③ 见《宋书·武帝纪》。
④ 芍陂在今安徽寿县南，亦名安丰塘，春秋楚相孙叔敖所造，后汉王景、曹操曾有开浚，后废。
⑤ 见《宋书·毛修之传》。
⑥ 安徽凤阳县东。
⑦ 见《宋书》。
⑧ 见《南齐书·垣崇祖传》。
⑨ 见《南齐书·徐孝嗣传》。
⑩ 见《宋书·徐爱传》。

南朝后梁国力颇盛,曾越国境至淮北,修整芍陂,增产粮食以供前线①。夏侯亶以豫州刺史守寿阳,轻刑薄赋,务农省役,民始安定。

后其弟夔继任,率万余军人于苍陵立堰,溉田千余顷,岁收谷百余万石,以充储备②。夏侯兄弟极受人民拥戴。

南朝中版图最小的陈朝,提出"莱荒垦辟,亦停租税"、"有能垦起荒田,不问顷亩少多,依旧蠲税"等奖励③。因此,造成当时的岭南地区"火耕水耨,弥亘原野",而江南则"烧田云色暗,古树雪花明"④,南方的垦殖开荒遂发展迅速。

4. 北魏屯田成效卓著

北魏近200年间(公元338—534年),对于屯田,无论军屯或民屯,均极为重视,成绩亦较南朝为佳。拓跋氏定都平城(山西大同)不久,即派"元仪屯田于河北五原,至于椁阳塞外⑤"⑥。史籍记载这次屯田是荒地的垦辟。北魏道武帝拓跋珪登国十年(公元395年),后燕慕容宝"来寇五原,造舟收谷"。掠去谷物有100余万斛,足见该地区屯田成效不俗。

北魏当时在内蒙古一带屯田,主要为防御盘踞于蒙古新疆地区的柔然族。北魏太武帝拓跋焘时期的宁夏镇将刁雍说:"总勒戎马,以防不虞,督课诸屯,以为储积。"因此开掘新渠,使水充足,可溉官、私田四万余顷。致使"官课常充,民亦丰赡"⑦。

北魏孝文帝初年,为防北寇,每岁秋冬得派兵戍边,至春班师,人民劳累,决非久计。遂募健卒三万人,长驻边塞,"冬则讲武,春则种殖,并戍并耕"⑧。可谓正式的军屯。至宣武帝,"发河北数州田兵二万五丁人,

---

① 见《梁书·裴邃传》。
② 见《梁书·夏侯亶传》。
③ 见《陈书·宣帝纪》。
④ 见《陈书·徐仆射集·全陈诗》。
⑤ 今内蒙古地区。
⑥ 见《魏书·食货志》。
⑦ 见《魏书·刁雍传》。
⑧ 见《魏书·源贺传》。

通缘淮戍兵共五万余人，去沿淮一带，广开屯田"[1]。由于范绍为宁远将军，身兼营田大使，勤于劝督，因此连年丰收。

宣武帝时屯田淮南北的士卒，秋播麦而春种粟稻，"随其土宜，水陆兼用，必使地无遗利，兵无余力"，已较曹魏屯田时为进步。

照《刁雍传》的记载，当时北魏的军屯，除了供应军粮外，还得交纳田租给政府，有剩余的才分配给田兵的家眷。有时不够交租，兵眷还得挨饿。开渠灌田后才使产量增加，改善了生活。

北魏亦重视军屯。照杜佑《通典》所载，北魏明帝正光年间（公元520年）以前，户口已比西晋武帝太康年间（公元280年）时倍增，意即已由245万户增至500余万户。当时既然"取州郡户十分之一以为屯民"，即每户四口计，50余万户即为200万。

余人参加民屯，并设"农官"治理。屯田用耕牛由政府供给，规定一夫之田，每年收租60斛。《魏书·食货志》还说："自此公私丰赡，虽时有水旱，不为灾也。"可见北魏屯田相当成功。

5. 北朝屯田更胜南朝

北朝的东魏孝静帝历时18年便禅位北齐。由于西魏在河南一带屯田的成功，大臣崔昂向孝静帝建议在幽州、安州、徐州、兖州、扬州及豫州等地[2]派遣农官广设屯田，以解决转运粮食的困难，使能"仓廪充实，供军济国"[3]。

后来普遍设置屯田，使东魏南、西、北三方面的边防都有了就地供粮的方便。

到北齐执政，虽为时不足30年，但极重屯田，中央规定"缘边城守之地，堪垦食者，皆营屯田"。并设置农正的官员，强制河北冀州、定州及瀛州之无业者迁徙到北京、范阳去垦荒地。

---

[1] 见《魏书·范绍传》。
[2] 上述各州即今辽宁、安徽、山东、江苏、江西、浙江、河南等地。
[3] 见《北史·崔昂传》。

政府并以各地屯田收入多寡作为考绩以褒贬之[①]。如嵇晔建议修整在幽州涿县附近的旧陂,在长城附近屯田,岁收稻粟数十万石。至孝昭帝皇建年间(公元535—561年),又在河南沁阳一带屯田,以供应对抗北周的军队所需粮食。

北齐设有"屯田客郎中"、"尚书屯田郎"及"屯田曹"等官,处理诸州屯田等事[②]。又如直属王室的司农寺,也设置典农署以管屯田,可见对屯田之重视。

同时,西魏(公元535—556年)与北周(公元556—581年)亦广泛设置屯田。如北周文帝宇文泰重用苏绰为大行台左丞、度支尚书兼司农卿,作《六条诏书》,力主"尽地利","无问少长,但能操持农器者,皆令就田,垦发以时,勿失其所"。苏绰协助文帝使北周迈向富强之途,"并置屯田,以资军国",苏绰并命司农少卿薛善监领陕西韩城地区的屯田,一面在当地派8000工役冶铁铸造兵器,贡献甚大。

北周之能灭北齐,除借助江南陈国的兵力牵制北齐外,屯田的成功亦为主因之一。

综上言之,北朝的魏、齐、周诸国,均积极推行屯田,除粟、麦外,更种植稻,成绩较诸南朝尤胜一筹。

四、魏晋南北朝赋役制度

1. 东晋赋役繁苛税种多

曹操击败黄巾得降卒30万,继而挟献帝迁都许昌。遂募民大规模屯田于许昌一带,得谷100万斛。其屯田收租之法是,将官田[③]出租给佃户,如佃户用官牛耕田,则政府分六成,佃户分四成;如自持私牛,则政府与佃户各分五成。佃户亦可免除徭役[④]。

[①] 见《隋书·食货志》。
[②] 见《隋书·百官志》。
[③] 待开垦的荒弃土地。
[④] 见《晋书》。

曹魏并在每一州郡设置田官，如严匡为颍川郡典农中郎将，陈登为徐州典农校尉。《三国志·晋书·食货志》说："魏武之初，岁有数千万斛，以充兵戎之用。"

屯田不但增加中央政府的收入，亦可协补地方日常开支，据《三国志·魏书》记载，曹操要在邺城（今河南）建造宫室，命并州刺史梁习从上党供应木材。梁习便请求"置屯田都尉二人，领客六百夫"，以耕种菽粟，将所得作为准备供应木材的费用。可见屯田亦有助于地方财政。

曹操对非屯田的农民，另订立一套租调制度。规定每亩收田租四升，每户缴纳绢二匹、绵二斤。但不得再摊派其他实物，并令郡国守相监察，勿使豪强逃租而造成弱民的负担加重[①]。以当时亩收三斛计，每亩纳田租四升并加绢绵，田租并不算重。

此后两晋的户调制，大体上沿袭自曹魏制度，不过所纳田租与绢、绵有所增减而已。西晋户调制，前节已述及。兹再略述东晋之田租及户调。

西晋亡，东晋司马睿在建康（南京）即位，仍沿用西晋旧制，但疆土只有半壁南方，而移居南方的北方世家豪族又有免赋役的优待，因此国家税收日少。遂于晋成帝咸和五年（公元330年）实行"度田收租制"。规定亩收十分之一，每亩税米三升。但此法为豪强所反对，弄致田赋积欠达50余万斛。至晋哀帝，田租减为亩收二升。但此处显然"升"字为"斗"字之误。因既然说明"度百姓田，取十分之一"，即每亩"三升"为每亩收入的十分之一的话，则每亩共收30升（三斗）而已，实不合逻辑。故以"亩收三斗"较为合理。

至孝武帝司马曜废"度田收租"而改为"按丁税米"，由初期的每丁三斛增至五石。而《隋书·食货志》比《晋书》所记还要多加"禄米"二石，共计每丁七石。所谓"禄米"是为供给郡、县官的秩禄所需，所以东晋之田租比前朝更重。此中原因由于王公豪族的荫户可以免除课役，以及豪强大户的逃匿田租所致有关。

至于土著或蛮夷所居之山地或荒僻之处，因无有蓄积粮米，政府

[①] 见《三国志·魏书·武帝纪》。

便准以马、牛、羊、翡翠、明珠、犀角、象牙等牲口产物纳贡,以裨国用①。

东晋农民除田租外,尚有户调。规定"丁男调布、绢各二丈,丝三两、绵八两、禄绢八尺、禄绵三两二分"。丁女则照上述减半收取。

至于东晋的徭役,据《隋书·食货志》所记,是"男丁每岁役不过二十日"。除了丁男每岁服役不超过20日外,又得为漕运而每"十八人出一运丁役之"。可见当时需要漕运役夫亦甚为殷切。丹阳尹提及当时杂役有60项之多。

关于自中州流亡到江左的侨民,政府只宣布可任意"乐输",并无规定数量,以示对侨民因逃亡而给予优待。至哀帝时,桓温下令"土断",侨民居住之地便须编户以便征收租调,以免当地土人负担过重。

综上所述,东晋丁男租调共计租米七石,布二丈、绢二丈八尺、丝三两、绵十一两二分。遂促使不少人故意弄残身体或削发为僧以避徭役,鳏寡则不敢妻娶②。此外,尚有很多摊派,如"修城钱"、"送故钱"、"商税"③、"过津费"④等。清代厘金费只收百分之一而已。中国之有田宅房契税、交易税均始自东晋。

2. 南朝宋武文二帝轻赋役

南朝宋武帝(高祖)刘裕是一位好皇帝。他经过两次北征,巩固了政权。他有刘穆之辅政,犹如刘邦之有萧何。

刘穆之"内总朝政,外供军旅,决断如流,事无壅滞"。他首先杀了虐民官尚书左仆射王愉及其子荆州刺史王绥,继杀"有田万顷,奴婢数千人"的大族刁逵。杀一以儆百,政风大振。并将刁逵财富分给百姓,民心大快。

刘裕又宽施了一连串的利民措施。如义熙八年(公元412年)赦免

---

① 见《隋书·食货志》。
② 见《晋书》。
③ 商税是买卖奴婢、牛马、田宅者,值一万钱抽税400钱。
④ 火炭、鱼、薪之类过津者收十分之一。

判刑五年以下的囚犯①。义熙九年下令禁绝豪强霸占山泽，人民均可共享山泽湖水之利②。永初元年（公元420年）又大赦天下，以前被流徙远地的人户可回本乡，并可免除两年租调。

刘裕又大力整饬赋役，例如义熙八年下令荆州、江州人民除履行租税调役外，地方官员不得滥征浮额杂项。以前凡郡守县令所享有的屯田养鱼收益，现一概废除。以前中央向上述两州征收的木材、皮毛一律停征。

义熙十年，减轻人民劳役，让人民有休养生息的机会。

义熙十一年，免除荆州、雍州人民租税。

永初元年，中央政府不再向郡县征调造船木材及运船。以后由中央的"都水台"自行负责办理。中央各部门所需物资，不得向民间勒索，须自备款购买；并豁免前欠之租调及债项。

义熙十一年下令荆州、雍州、西局、蛮府等地区之吏及军人，年在12岁以下、60岁以上及孤幼、单丁与家人中需扶养者都遣散为民，穷独者且由政府长期救济。

刘裕又对以前避重役而自伤残的人士免除了冶铁的劳役。永初二年又下令限制地方政府滥征兵役，使兵户减少，人民可专心耕种。

综合宋武帝刘裕掌政十余年来，整顿赋役，减轻人民负担，以纾民困，为长江流域经济发展奠定了良好的基础。

南朝宋刘裕卒后，由其子刘义符为少帝，但登位两年即被废。继由刘裕三子义隆继任为文帝，掌政达30年之久。

宋文帝亦能善承父志，致力农桑，奖励力田。从义熙到元嘉40多年间，是南朝史上赋役最轻的一段日子。

元嘉八年（公元431年），文帝诏令各郡县地方长官注意劝农，要使做到地无遗利；并每年选出地方上模范农民，以示鼓励。

文帝并遵行刘裕的赋役政策，元嘉元年即下诏减荆州、湘州租调之半。

元嘉十二年诏免遭受水灾的各郡欠课。

---

① 囚犯乃无辜平民。
② 见《宋书》。

元嘉十七年下令以前所给扬州与南徐州百姓的田地、口粮、种子，兖州、豫州、青州及徐州连年须缴的租谷，全部减免半数。该地如歉收五成的则全部免租谷，并从宽减收百姓的各种欠项；禁止人民分享山泽之利的地区要解禁；征用老弱服役的措施要废除，一切法令要从宽，并要公平。

宋文帝亦似乃父般重视救济，对百姓慷慨施赈。如元嘉十二年丹阳、淮南、吴兴及义兴等地大水，连首都建康亦全城水浸，文帝特从其他州郡拨米数百万斛以济上述灾区。二十年时有州郡水灾，文帝遣使开仓赈恤，拨发粮食和种子；二十五年因多处冰雪经旬，薪米腾贵，文帝命建康及秣陵之营署拨赐柴米。

根据《宋书·王弘传》所记，文帝并对人民服役年龄作了一次合理的调整。依照旧制，男丁13岁要服半役，16岁则全役。在元嘉初年调整为15至16岁宜为半丁，17岁为全丁①。

文帝晚年欲继承乃父遗志，于元嘉二十七年仓卒出师北伐，因此覆师丧旅，并使广陵一万多户人家为北魏掳走。徐、豫、青、冀、兖各州之人民惨遭杀戮者无数，宋财政亦濒临破产。

皇命减百官俸禄三分之一，并向民间富有者借用资财四分之一，事息归还②，可谓中国最早出现的战时公债。但宋文帝仍坚持不向人民增加租调，可谓善政。

宋武帝刘裕、文帝义隆两朝政绩，《宋书》有两篇史评，颇多称道。一篇是《良吏传序》，其大意谓：高祖（宋武帝刘裕）平民出身，已知民事艰难。他在安帝义熙年间入朝作宰相，留心吏职。由于两次北伐，日耗千金，因此未能宽减赋役，但他仍在这方面作了不少工作。他本人生活极为俭朴。清简寡欲，不重丝竹之音，舆马之饰，因而能连年出征。太祖宋文帝刘义隆幼年宽仁，继位后于元嘉七年，宋军攻占虎牢、洛阳等地，大军出征，军费出自国库，并不征用民众服役，亦不加重人民负担，

---

① 半丁即半役，全丁即全役。
② 富民家资满50万、僧尼满20万者，得借给政府四分之一。

因此国内安宁。执政30年来，每年只征收正额赋役，而无额外需索。人民安于自己的工作，守宰六年更换一次。虽然做到家给人足非易事，但亦无人死于饥寒。城乡歌谣舞蹈，到处成群，确是宋世之盛世。

另一篇史评记载在孔季恭、羊玄保及沈县庆等的传后评语，大意如下：史臣道，自从义熙十一年司马休之外逃后秦，刘裕平江陵并取得东晋政权后，一直至元嘉末年，共39载，不用兵车，民不外劳，役宽而政务清简，人民繁息，余粮满仓，夜不闭户，可谓南北朝之极盛之期。此时地广野丰，民勤本业，一岁丰收，使数郡忘饥。会稽郡带海傍湖，良田亦数十万顷，膏腴上地，亩值一斤黄金，即使长安一带亦不能比。荆州拥有南楚地区之富，扬州有全吴之沃及鱼盐杞梓之利，丝绵布帛足供全国衣着所需。

元嘉中期，水灾为患，太祖省费减用，开仓廪以赈之，因此能安然度过。宋孝武帝刘骏末年，积旱成灾，虽弊同往困，但救济工作不及元嘉时期，故灾情虽未及元嘉之半，但死亡者却加倍。

以上两则史评均称道了刘裕、义隆父子两朝的德政，使政经情况趋于安定繁荣。惜文帝为太子刘劭所杀，孝武帝刘骏继位，以后继位者，更一代不如一代。

东晋以后之户调是丁男调布绢各二丈、丝三两、绵八两、禄绢八尺、禄绵三两二分，但刘骏竟加至"民户岁输布四匹"①。将户调增至四倍，安得不民穷财尽。

3. 南齐高武两帝政绩尚佳

萧道成篡宋而成立南齐王朝，史称齐高帝，时为公元479年。高帝躬自俭朴，将宫廷器物的铜饰改为铁制。但在位四年中，值得称道的，仅为"检籍"②一事而已。由于当时的户口非常混乱，有的在户籍注明有爵位，以图免役；有的窜改年岁；有的有户存而不见有册籍；有的在册籍上注死亡而实在未死者；有人在家而册籍上注明从役者；有的册籍上注明称残废而实乃健康者，目的为了逃避赋役，各县长官因受贿而不核实，

---

① 布、绢各二丈相当一匹。
② 检籍即清理户口册籍。

亦不更正。

由于户籍不实，使少数百姓的赋役加重，地方官吏因收受贿赂而任刁民窜改户籍。高帝下令"检籍"是为了"均役"。因此责成各县令（长）亲自审查，改正后报送到州。但由于吏治腐败，依然"货贿潜通"，自宋明帝泰始三年至后废帝元征四年，历时11年中，更正的户籍不足四万，工作迟缓，效果并不理想。

至武帝萧赜永明八年，处罚不诚实巧户戍守边境（淮水沿岸）十年，但因刑罚过重而怨声载道，武帝不得已撤回原议，准许谪役边境者归回本土①。

武帝在位11年中，可说做了一些整饬吏治的事，废除了多项杂税，如即位后即免除"修城钱"②。

永明六年时，免除了向州、郡、县官"送故钱"的陋习③。

永明十一年废除"三调"中的"杂调"。据胡三省解释：三调指"调租"（即田租）、"调布"（即户调），以上为正项赋税；另一项为"杂调"④。

所谓"杂调"，即包括上述提及的"修城钱"和"送故钱"，此外又有"塘役钱"⑤、"丁税一千"⑥及"滂役"⑦等。

南齐以后诸帝，乏善足陈，到了末年，君主荒淫，赋役无度，已无善政可言。

4. 梁武帝废杂调谬赋

萧衍未建梁朝时，已是方镇之统领，颇知民间疾苦，及登位为梁武帝，减省赋役，使民得以休养生息。

---

① 见《南齐书·虞玩之传》。
② 亦称遣城钱。
③ 送故钱又称作"恤"，即方镇离任时带走若干兵户，州郡县地方官仍须负责给付粮饷以外，还向人民摊派一笔钱，送给离职的方镇作为补贴金。
④ 杂调包括一切经常性和临时性的多种摊派及实物和劳役的征发。另有形形色色的捐税。
⑤ 此种杂调指会稽地区人民因塘陂桥路损坏时付出的修理费用。
⑥ 此指齐高帝建元元年须付的军费摊派。
⑦ "滂役"为了供给杂使。意即替政府做杂工。

梁武帝定都建康后，废除齐末杂调谬赋，淫刑滥役。如逋布、口钱、宿债等项，一概豁免，给鳏寡孤独不能存活者每人谷五斛。

天监初年，米价波动甚剧，由元年（公元502年）大旱斗米5000至四年丰收斛米30。此时期梁武帝对赋役处理的要项如下：大致来说，西晋的租调按资产定户等定税额。东晋的田租，起初是按亩征收，后改为按丁征收；户调则仍按户等征收。本来此法较为公平，但征收官吏计算资产时过于苛严，如尺高桑树，便计算税款，屋未建成，便得照新屋房产呈报，因此弄得人民不敢建屋植树。且地方官吏作弊，富者行贿得益，穷者受害益深，武帝遂改"去人赀，计丁征布"，以解民困。时为天监元年。

天监十六年，免贫户一年之"三调"（包括田租、户调及杂调）；无田者给予田地；产子之家可免役；平冤狱；赈济孤老鳏寡。

普通六年（公元525年），梁朝收复若干地区，北魏荆州及徐州刺史率部归，诏令新附民众可永远免役。

大通元年（公元527年），鼓励流亡者复业，并可免役五年，家贫者并免收一年之"三调"。孝弟力田者赐爵一级①。

大同四年（公元538年），对全国部分地区②赦免宿债及一年之"三调"。大同七年停止各郡县役使女丁③。

综上所述，梁武帝废除了繁重的杂调，足见体恤民困。即使天监四年大举北伐，王公以下均得缴纳租谷，以助军资，但并不增加平民的租调，十分难得。故梁武帝时代，较诸宋、齐两代的赋役，已轻省得多了。但武帝晚年，因年届古稀，处事已甚糊涂，因此为侯景所害，诚可叹息。

5. 五胡十六国赋役概况

五胡十六国时代④，田租的缴纳，仍然是以八二分乃至六四分，即政

---

① 见《南史》。
② 当时南充等12个州饥馑。
③ 本来妇女不必服役，由于前朝徭役繁重，且逃役者日多，因此有征用女子服役。见《梁书·武帝纪》。
④ 指成汉、前赵、后赵、后秦、西秦、前燕、后燕、西燕、南燕、北燕、前凉、后凉、南凉、北凉、西凉及夏十六国。

府得八成或六成，人民得二成或四成。

前燕明帝慕容皝较五胡各朝看重农事。他亲自巡行郡县，劝督农桑。由于政事较清明，使四方人士来归，并以牧牛供给贫家，供给苑中种田，政府收取八成，耕种的佃户得二成。有牛无地之佃户，亦在苑中种田，则政府收七成，佃户得三成。后由记室参军封裕向慕容皝劝谏道：

> 臣闻圣王之宰国也，薄赋而藏于百姓，分之以三等之田，十一而税之；寒者衣之，饥者食之，使家给人足。自永嘉丧乱，百姓流亡，中原萧条，千里无烟，饥寒流陨①，相继沟壑。……故九州岛之人，塞表②殊类，襁负万里，若赤子之归慈父，流人之多旧土十倍有余③，人殷地狭，故无田者十有四焉。宜省罢诸苑，以业流人。人至而无资产者，赐之以牧牛。人既殿下之人，牛岂失乎！善藏者藏于百姓……（魏晋时期）持官牛田者官得六分，百姓得四分；私牛而官田者与官中分，百姓安之，人皆悦乐。臣犹曰非明王之道，而况增乎！④

明帝遂取消苑囿，以给百姓无田地者。贫者各赐牧牛一头，若有余力，可依魏晋之制多取牛与田垦殖之。大体言之，当时北方田租，情况多为持官牛者，官六私四，有私牛者，官私各半。

魏孝文帝太和十一年，大臣李彪请立农官，取州郡户十分之一为屯田，一夫之田岁纳租60斛。以亩收一石计，60斛即是六四收租。

至于五胡时期兵役，多为胡人部族兵，汉人并不受重视，必需时才用抽丁办法。

后赵石虎讨前燕慕容皝时，下令五丁取三，四丁取二。征士五人出车一乘，牛二头，米十五斛，绢十匹。调不办者腰斩。

到北魏时，政治渐上轨道，处理赋役北朝较南朝为有办法。

---

① 流陨即流离死亡。
② 塞表指塞外与内地。
③ 前燕因逃亡者来归而人口大增。
④ 见《晋书》。

6. 北魏前期租调概况

北魏拓跋氏统一北方中国后，即放弃传统的游牧生活，而推行农业生产作为国家的经济重点发展。太武帝拓跋焘太延五年（公元439年），景穆太子监国时下了一道命令，大意是：地方主管官员应勤督农桑，并须造报户籍清册，其上写明家别人数及课种土地面积，以凭考核。并规定了牛工和人工的换工办法和标准，借以解决贫户因缺乏耕牛而不能耕种之苦，并免使有牛人家向无牛贫户苛索租牛的重租。并规定各户在其耕种田地上写明标志，作为是否种足课田面积的考核。此年即拓跋焘统一北方之年，即北魏推动重农政策之开始。

北魏前期大致承袭西晋的租调制度。北魏对天下户籍的"九品混通"，亦即西晋的"九品相通"，其每户征收户调是：帛二匹、絮二斤、丝一斤、粟二十石。又另缴帛一匹二丈，交给州库，以供调外之费[①]。

不过，北魏的田租是按户征收（与东晋同），但西晋则是按亩征收，为两者不同之处。北魏实际上是把租与调合并为一。此外，北魏另征收一项附加税——一匹二丈帛。

但北魏有时视民情的需要，亦有特别的措施。如太武帝拓跋焘延和三年（公元434年）时，曾经下诏说："频年屡征，有事西北。运输之役，百姓勤劳，废失农业，遭罹水旱，致使生民贫富不均，未得家给人足，或有寒穷不能自赡者。其令州郡县隐括[②]贫富，以为三级。其富者租赋如常，中者（中等人家）复二年，下穷者复三年。"

此处即照顾到贫穷农户，中贫者可免缴两年的租调，下贫者则免三年，亦是北魏政府对人民的一种善政。

拓跋弘献文帝时下诏，凡上三品户须将租粮缴纳到京师；中三品户则可缴纳到他州；下三品户本州即可，由纳税户负责运送，亦可折交运脚，实际上减低了中下等户的负担。

除了上述的正常租调以外，北魏还有不少额外的赋税，包括下列各种：

[①] 见《魏书·食货志》。
[②] 隐括即调查登记。

a. 额外之田赋：明元帝拓跋嗣泰常三年（公元418年），命诸州征发民租，每户50石，并将征得之粮储存于定、相、冀三州。孝文帝延兴三年（公元473年），拓跋弘率大军南侵，诏令各州郡人民，凡十丁抽一助战，并每户收租50石。

b. 军马之赋：明元帝拓跋嗣永兴五年（公元413年），下诏每60户必须出戎马一匹。八年后，即泰常六年，改为每60户输戎马一匹，大牛一头。另外，凡拥有羊100头的，亦当输戎马一匹。征收战马乃拓跋嗣准备南侵之用①。本来，据《魏书·食货志》载，拓跋焘太武帝时，已平陕西甘肃一带，以河西广大水草牧地，畜养战马200余万匹，骆驼100余万头以及牛羊无数。牧畜已不为少。

c. 运畜之赋：太武帝拓跋焘始光二年（公元425年），诏令十户出大牛一头，以便运粟塞外。此时期亦有征驴运粮的。此运粮制度为时颇长，直至北齐，历时170年左右。

d. 经常性的杂调：文成帝拓跋濬太安年间（公元455—459年），因历年来增加杂调相当于正赋的十分之五。文成帝有废除意，而尚书毛法仁以为军国急需，劝谏不可废。帝意以为"使地利无穷，民力不竭，百姓有余，吾孰与不足"。遂废除之，但不久又恢复。至献文帝时才废，人民负担遂稍轻②。

e. 官吏索需：由于孝文帝元宏在太和八年（公元484年）前，百官不给俸禄，因此变相向人民需索更苛。史遂有"初来单马执鞭，返去从车百辆"的记载③，农民负担益重。

f. 徭役：如明元帝泰常八年，筑长城自河北省赤城至绥远五原凡2000余里以防柔然族南侵；道武帝时建鹿苑于南台阴以便皇族行猎；泰常六年发6000人，筑猎苑于山西省的白登；文成帝和平年间发5000人治河西猎道于山西太原之北。繁重的徭役遂拖慢了农业的生产。

---

① 见《魏书·太宗纪》。
② 见《魏书》。
③ 见《北史》。

五、北魏的均田制度

从每一朝代土地制度、租税制度及其户籍可看出该时代的农业经济情况。

汉代的地租分公私两种，公的由政府收，收三十分之一；私的由地主私人收，要收百分之五十。

到魏晋南北朝时代，不是耕者有其地，土地是政府的。如北魏的均田制，租税要收百分之六十。

封建社会有平民与贵族之分。即称为公民的，历史上叫"编户"。东汉以后，户口册不同，分为"士族"与"庶"两种。"士族"即官员，分成品级，自己可拥有田地，且可荫亲属，称为"荫户"。"庶"要向政府缴纳百分之六十租税，但"士族"可不出。"荫户"（即私属户）亦可不出。

荫户有两种：一种是荫亲（包括父、伯、堂兄等），九品官可荫三代，一品官可荫九族；另一种是"荫客"，即士族所属的部曲户。因此当时所编的户口册亦分为两种，要出租税的编入"白册"，不必出租税的编入"黄册"。

"士族"与"荫户"不必出税，编入"黄册"；"庶"要出税，编入"白册"。"士族"固可免租税，但规定可拥有的田亩数量有限；毛病乃出在士族可荫庇他人免税，因此就有人冒充为荫户借以免税。一个士族的大家庭就可拥有几千户"荫户"。因此政府的租税少收，政府便向"庶"（穷苦人民为多）拼命搜刮，穷苦的"庶"民只得依靠"士族"做"荫户"，政府租税所得就更少。南朝、北朝的情形大致上均如此。

因此政府不得不想法改革此种有弊病的制度。北魏是鲜卑人拓跋氏[①]掌政。孝文帝时[②]便思改革变法。

外国人统治外国人必得与本地人合作。古今莫不如此。如英国人统治香港虽高明，仍要借中国人之帮助。孝文帝聘用中国人（汉人），因汉人读书较多，其改革方法合乎中国历史文化精神。北魏行均田制，不论官民贫富，一律平均摊派赋税。

[①] 魏孝文帝时改姓元。
[②] 此时距太祖道武帝拓跋珪已有100年，如以高祖昭成帝拓跋什翼健开始计算，则已有140年。

北朝最重要的制度是北魏的均田制度。魏孝文帝初年，因"民困饥流散，豪右多有占夺"，有李安世上疏倡均田之议。目的为要使雄擅之家，不但有膏腴之美，而且也要使单陋之夫，亦有顷亩之分。使贫微得恤，贪欲可抑。于是孝文帝依照此疏先立三长。

据《魏书》记载，立三长同时定调法，调法正须与均田相辅而行。而在孝文帝太和九年十月正式下均田诏。大意谓："富强者并兼山泽，贫弱者望绝一廛，致令地有遗利，民无余财。今遣使者，循行州郡，与牧守均给天下之田，还以生死为断。"

实行均田制的第一步是整理户籍。于十年二月，遂立党、里、邻三长，定民户籍。所谓"三长"，即五家一邻长，五邻一里长，五里一党长。

在未立三长前，人民对户籍多有隐冒（或称荫冒），30、50家方为一户，谓之荫附。荫附者不必服官役，但任强豪征敛，倍于公赋。当时大臣多不赞同立三长，但太后则认为"立三长则课有常准，赋有常分，包荫之户可出，侥幸之人可止，何为不可？"于是确立三长以管理户籍。是年京都大饥，韩麒麟上表陈时务请孝文帝制定天下男女计口授田。

接着第二步是针对荫户而发。即每成立一家，即予田耕种，犹如商鞅之法，提倡小家庭制度。此种小家庭不但是伦理的，而且含有政治性与国家性，消弭了豪强所搞的"百室合户"或"千丁共籍"的荫冒。

第三步是人民获得政府所分给的田，可减轻缴纳租税，但政府仍不吃亏。

均田制的条文是：

> 诸男夫年十五以上，受露田四十亩，妇人二十亩，奴婢依良。丁牛一头受田三十亩，限四牛。所受之田率倍之，二易之田再倍之，以供耕休及还受之盈缩。人年及课则受田，老免及身没则还田。奴婢、牛随有无以还受。

> 诸桑田不在还受之限，但通入倍田分。

> 诸受田者，男夫一人给田二十亩，课莳余，种桑五十树，枣五株，榆三根。奴各依良。

> 诸应还之田，不得种桑榆枣果。

> 诸桑田皆为世业，身终不还。有盈者无受无还，不足者受种如法。盈者得卖其盈，不足者得买所不足。不得卖其分，亦不得买过所足。

北魏均田制之用意并不在田亩之绝对均给，只求富者有一限度，贫者亦有最低之水平。按均田制所定，男丁（15—70岁）可受露田40亩，妇人20亩，夫妇合共得60亩。

所谓"奴各依良"，指奴婢与良民待遇相同，是一种大优待。汉代奴婢加倍收税，但此时为了鼓励人人报户口，故特加优待，即夫妇加奴婢共四人，共可分得露田120亩。

照均田制中所说"丁牛一头，受田三十亩，限四牛"是指精壮之牛，而非牛犊或老牛，丁牛一头可受田30亩，每户限报四牛，即四头牛可共得田120亩。

所谓"所受之田，率倍之"是指照规定加一倍给田，即四人可分得田240亩。为何"所受之田，率倍之"呢？是希望人民都报户口，故特别优待之。此乃暂时性之规定，为要安定民心，以作立国久远之计。

但政府收租只收40亩，并不收80亩；丁牛收租亦只收30亩，亦非收60亩。此乃政府为了使人民乐于呈报户口。

牛老时或奴婢死后则须将田还给政府。

丁牛有限而奴婢无限，又授田可以一倍再倍。若以一夫一妇十奴四牛计，其田已在1000亩外。北齐河清三年诏，奴婢受田，亲王限300人，嗣王200人。……七品以上80人，八品以下至庶人60人。以此推论，可见奴婢受田之多。况且为了鼓励呈报户籍，北魏是不限奴婢人数的。同时亦为使"荫冒"绝迹，使田租尽归政府。

所谓"露田"，"露"或是荫冒之反义。以其属于朝臣，故称"露"。以其为露田，所以须还受。以其须还受，故不得种桑榆。以其不种桑榆，始称露田。唐杜佑《通典》注"不栽树，故曰露"。杜佑虽是制度家，但这一点不一定对。以下这讲法当较佳：因当时有荫户、露户两种，露户无遮荫，要纳租税，故称露田。

桑田是调，男夫一人20亩，奴婢亦同。不是抽田租，而是出丝、绵、绢，故给桑田，种桑为养蚕；榆树作材料用；枣树作食物。桑树六七年者最盛，太幼或太老已不可用，故桑田不必还政府。在40亩露田中，加倍之40亩中，有20亩是桑田，实际上60亩要抽赋税，20亩桑田叫"民调"，不称抽赋税，即60亩地（以一亩产一石计），两夫妇只缴纳二石粟，一匹帛。

北魏之所以实行均田制，其最高意义是要将门第社会中之豪强荫冒一概消除，与西晋户调制略有相似之处，可以说是中央政府与豪强争夺民众的一种措施行动，目的使人人脱离门户大族的豪强，亦不再向豪强纳租税，故有此种加倍分田地的优待，将门第化解，由于门第的反对，因此政府仍让门第养奴婢。故丁牛有限制，而奴婢可无限制。亲房可养奴300名，即有田地9000亩。普通庶民可拥有奴婢60名，亦仍可分给田地。

政府要取消门第而不可能，因此允许拥有奴婢，成为编户。遂不受门第豪强之反对，遂得确立此一均田制度。

此种制度可用两句话概括之，即"同富约之不均，一齐民于编户"。即不论贫富，一律征收赋税。一切人民平等，官与民同样是国家公民，政治上轨道了，中国（在北方）统一了。此乃魏孝文帝根据中国读书人而改革经济制度，故寓独特的历史文化精神，与西洋不同。

北魏之均田制度，目的为要改变原有的强宗大族所形成的政策。

其实，此均田制并不平均，并且还有一点，所谓"奴任耕，婢任绩者，八口当未娶者四"。即八人当未成丁四人，八个奴婢只要出一夫一妇之赋税。此乃对贵族大地主之通融优待办法，但实际上并不是，乃是一种政策。

东魏[①]有云："初给人田，权贵皆占良美，贫弱咸受瘠薄。"这是不公平现象。但从前的农民是荫户，现在整理户籍后均变成公民，这是历史的大转变，而非革命。是政府减轻了赋税，使人民乐于报户口。赋税减轻后，八奴只须出二人之赋税，乃政府经济政策。

另一方面，农民因减轻租税而脱离豪强之荫户而乐于出作公民；同时优待贵族使不反对，因此使政府反而不够钱用。于是政府另订一法，即在州郡户口中十分之一作为屯田，每丁收取60斛。证明当时100亩田地征收60斛粮。

---

① 北魏分东、西魏。

其实北魏的三长与均田制,尚有一层重要意义,即北魏本是一个部落封建制度的国家,等到三长与均田制实施后,则政体上逐渐从氏族封建变为郡县一统。因而使胡、汉势力逐渐倒转,即一切依汉族制度而行。

北魏宗室封郡为王公者90余人,部落大人封县为列侯者190多人。此种世袭封爵,具有浓厚封建意味之割裂。但三长均田制实行后,则已成为中央一统之郡县制。同时并分置州郡,于是中国士族[①]逐渐得势,而诸胡部落大人逐渐失其地位。因此魏孝文帝命鲜卑氏族全改汉姓,氏族在政治上之优越地位于是消失。

当时南方虽然多次提出要使侨寓"土断",及厘正户籍,然执政者为要保全士族的特权,剥下益上,反不如北方政治理论之公平。因此北方的均田制做成了规模,但南方的黄籍积弊,却难以清理,此为北朝胜于南朝之显例。

关于均田制下之租额。据《魏书·食货志》载,李冲上言立三长,并定调法如下:"其民调,一夫一妇帛一匹,粟二石。民年十五以上未娶者,四人出一夫一妇之调。耕牛二十头,当奴婢八。"这种所谓调,包括田租在内。一夫一妇60亩,倍田不计,纳粟二石,以亩收一石计,60亩收二石,即与汉代三十税一相同。若以当时税收惯例,100亩收60斛比论,相差已到18倍。

照旧调之制,户以九品混通计,户调帛二匹,絮二斤,丝一斤,粟二十石,又入帛一匹二丈,供调外费,比起现制是非常重。但当时30、50家方为一户,其荫冒者皆归豪强所有。所以均田法之租调,对当时农民大有利,故此制易于推行,因人民均可得均徭省赋之益也。

富豪亦有受惠,因奴婢受田与良民同,且所调甚少。政府因推行此制而课调骤减。太和十一年韩麒麟奏此制不可久。十二年大旱,遂用李彪议,仍取州郡户十分之一为屯田,一夫岁纳60斛。孝昌二年,税京师田租亩五升,借贷公田者亩一斗。亩五升,夫妇60亩为三石,较孝文帝时增一石。亩一斗,则60亩税六石,亦不过税十分之一。但豪强荫户,

---

① 中央政府之官吏。

一切归公，政府亦不吃亏。

由于北魏均田制颇得民心，于政府、豪强及农民三方均有利，故到北齐、北周，仍沿袭此制。

北齐之制，人一床（即一夫一妇）垦租二石，义租五斗[①]。于正租外再加义租。正租由中央国库收取，义租给郡县地方政府，设立粮仓名富人仓，以备天旱灾之需。此乃于政府收入外，并注意到平民灾荒时救济之准备。

此制度亦为此后之隋唐所取法。如隋文帝开皇五年间之义仓，乃工部尚书长孙平奏请诸州百姓及军人劝课当社所共立。在收获之日，随各户所得，劝课出粟及麦给社，建仓储存之。诏定税不过一石，中户不过七斗，下户不过四斗。唐太宗时，诏亩税二升粟麦稌稻，商贾分为九等出粟，自五石以至五斗。天宝年间，天下已积诸色米9600余万石，而义仓得6300余万石。

此种义租义仓，与汉代常平仓不同者，前者为由民间输给，后者则由官籴，但都可说是关心民食之良政。此制首先起于魏之李彪。《魏书·释老志》有僧祇户僧祇粟，于饥荒之年赈给饥民，意义相同。

此时由于租税减轻，社会经济繁荣，民间学术文化得以发展。如北齐引进名儒，授皇太子诸王经术等。

北周租额，较之北魏北齐稍重。其制度为：由司均掌田里之政令。凡每宅十人以上者，每宅四亩；五人以上者，每宅三亩；有室者田140亩，丁者100亩。并由司赋掌赋均之政令，凡18至64岁或轻疾者皆须赋。有室者岁不过绢一匹，绵八两，粟五斛。丁者缴半。今依照有室者授田140亩，亦即魏制的露田男40亩妇人20亩，加倍共120亩，再加上桑田20亩。但北魏只须二石，而北周增至五斛，相比已重。但比起晋代，只及十几分之一。比起古代之十一之税，也只及四分之一或五分之一。

此后隋、唐两代之能复兴，实乃建基于北魏之均田制与西魏之府兵制。盖均田制使经济上贵族与庶民的不平等取消；府兵制则在种族上使胡人

[①] 奴婢准半，牛租一斗，义米五升。

与汉人的隔阂取消,北方经济解决此两大难题后,农民抬头,北周遂完成了统一复兴之大业。

六、魏晋南北朝的工业发展

1. 官营工业机构概况

曹魏时期,政府设置司金中郎将、司金都尉等官职[①],以主持政府设立冶铁机构。蜀汉与曹魏相同;孙吴虽无此官职,但亦设置不少冶铸机构于江南各地。

曹魏时,复将盐铁直接由中央控制,由大司农管理,以促使冶铁工业的迅速恢复,并禁止私人制造器物[②]。

孙吴亦有少府管理的宫廷作坊,如同曹魏一般,并由女囚犯担任纺织。

蜀汉的官方织锦工业相当发达。左思的《蜀都赋》描写了成都的"伎巧之家",便是指由锦工管理的织锦工业。

当时的铜铁金银等矿藏开采全由官府控制,以保证官府工业的原料不虞匮乏。即使是"竹"也由政府控制,因竹不但可作建筑材料及用品,亦可作弓箭兵器。

至于晋代的政府工业组织,西晋时有少府和卫尉,其属下设多个部门,分别掌管重要的工业机构[③],雇用众多工匠。东晋时,渡江后只设一尚方,官方工业机构已大为简省。

南朝的官方工业机构大致与魏晋同。刘宋时沿用晋制,设置左、右尚方令丞的官,以制造兵器。至东晋,仅设一尚方而已。宋武帝时,将东晋时之尚方称右尚方,另设左尚方。复废帝时,于右尚方下设中署,主管织绶、裦衣、补浣等。少府属下有东冶、南冶,各设令丞以掌工徒鼓铸。少府下亦有掌染之官、土木之官。

---

① 司金者,主理金属的铁之意。
② 见《史记·周勃世家》。
③ 见《晋书·职官志》。

南齐、梁、陈各朝制度，大体沿袭前代。即在中央政府属下，设矿冶、兵器、金银镂刻、纺织、染业、土木杂工等机构。南朝的地方政府，亦遍设手工作坊。

北魏初期沿用南朝旧制设少府，至孝武帝时改定百官，少府改称太府。

北齐大致上亦依照北魏官制。《隋书》载北齐"太府寺，掌金帛府库、营造器物"。下辖左中右三尚方，主管乐器、丝局、绸绫、染署及矿冶等局。太府亦统领各郡县的官府作坊及矿冶。

北周亦设织染、冶铸、城郭宫室、木工、军器等制作机构，官府工业组织，甚为齐备。

2. 冶炼工业趋于成熟

魏晋南北朝时期的冶金工业（冶铜及冶铁）其实较之前代有相当的发展。

由于西晋时有"八王之乱"，使黄河流域的社会经济遭受破坏，使北方冶铁业亦受破坏。但有关兵器铸造的冶铁工业则在五胡十六国时仍有发展。如后赵的武帝石虎在河南渑池建立冶铁工业；南燕的世宗慕容德在山东博兴县铸造兵器。

北齐与北周时期的冶金工业管理系统已甚为完整，可见亦有发展。如北周的冶铁铸造工业甚具规模。《周书》记载："于夏阳[①]诸山置铁冶，每月役八千人营造军器。"北魏则在河南浚县以锻炼军刀最为著名，并在山东各地铸造军器[②]。

南方的冶金工业，到东晋时期才有发展。此时江南诸郡县有冶金者均设冶令或丞的官。至梁代，将管理冶金业的少府地位提高至如同尚书左丞。此时期，南北两方的冶铁工业兼有官营与民营两种。

在魏晋南北朝的后半期，北方的民间冶铁工业，随着北魏太武帝的灭北燕而统一中国，因战乱减少，农业生产加快而增铸铁的农具。因此

[①] 今陕西韩城。
[②] 见《魏书·道武帝纪》。

东晋南北朝时，在陕西、河南、山东等地，冶铁工业甚为兴盛。

而长江流域以南地区，由于东汉末年人力物力的南移，使南方冶铁工业大盛，今日之江苏、浙江、安徽、江西及福建等地，均是鼓铸之地。此外如湖北黄陂、广州均有冶铁工业。如北魏时已有低硅灰口铁，可谓冶铁技术上一大突破。又如当时已能将生铁铸件经脱碳热处理而造成"铸铁脱碳钢"亦是极为出色的创新。

南北朝时南方有新的炼钢法，更有新的灌钢技术产生，即将生铁与熟铁按比例配合，再经熟熔炼和渗碳而成钢，是相当进步的炼钢术。梁代陶弘景的《名医别录》中便记载了"钢铁是杂炼生鍒作刀镰者"。

中国古代的炼钢冶铁工业，大致上可以说是在战国时代兴起，在两汉时期发展，而到了南北朝时期臻于成熟。

魏晋南北朝时期，北方的铜矿多在河南、山东两省。如河南陕县铜青谷，每斗铜矿可得铜五两四铢；苇池谷的每斗得铜五两；鸾帐山的每斗得铜四两。河南沁阳的王屋山铜矿每斗可得铜八两。又如山东沂水县及桓台县亦产铜甚多。产铜矿处，便有开铸钱币[①]。

至于该时间南方的产铜地区，乃在四川、湖北及江苏三省。如南齐时刘悛"献四川蒙山铜一片，又铜石一片。上从之。遣使入蜀铸钱，得千余万"[②]。

又如《水经注》记载四川灵道县有铜山。《太平寰宇记》载，今湖北鄂城县一带亦有铜矿，自晋、宋、梁、陈以来，常在该处设炉烹炼。从上述情况看，当时的冶铜业已相当兴盛。虽然产铜不少，但当时却甚缺铜，其原因有下列几点：

a. 南北朝时众多的佛教寺庙需要大量的铜铸造铜佛铜钟，耗铜极多。

b. 采铜技术受到限制，一般只能开采较浅的铜矿矿床，较易采尽旧有铜矿，而新铜矿又不易即时大量找到。

c. 政府较重视于军事用的冶铁工业，而对冶铜业较为忽视。

按照历史记载，白铜与黄铜均为中国所发明。如魏人钟会《刍荛论》

---

① 见《魏书》。
② 见《南齐书·刘悛传》。

中即载有"鍮石"。鍮石即黄铜。白铜是铜与镍或铜与砷的合金。东晋常璩《华阳国志》载，云南省"堂螂县，因山而得名也，出银、铅、白铜、杂药"。即证明中国在第4世纪已有白铜。且在秦汉时期，新疆西面的大夏已用白铜铸币，至今尚有当年遗存的"大夏真兴"铜钱。

由于镍矿石与铜矿石常有共生现象，因此古代中国常有冶炼铜镍的合金。

早在西汉时期，中国已有冶炼铜与锌的合金，即所谓黄铜了。《汉书·景帝纪》载："铸钱伪黄金弃市律。"又西汉刘安《淮南子》中有"饵丹阳之伪金"语，此所指之"伪黄金"及"伪金"实即黄铜冒充黄金之意。

3. 炼丹改进制瓷工业

一般来说，先秦已有瓷器，即商周时代低温烧成的彩陶，所谓青釉器，可以说是粗瓷的开端，但严格来说，较为精致的青釉器，是在高温中烧成的，当在东汉晚期或魏晋时期。先秦时期的青釉器，可说是陶器，即瓷器的前身。

三国时期青釉瓷器已有重要的发展。据《青藤集》载："柳元谷以所得晋太康[①]间冢中杯及瓦券来易余手绘二首。"晋之瓷器可易青藤之名画，其瓷器精美已可想见。

本世纪初江苏宜兴曾出土晋代周处墓中的瓷器，瓷质灰白坚实，彩釉光滑，形状美观，可知晋初已有很高造诣。至南北朝，此种青釉瓷生产大增。苏、浙、豫、皖、粤、蜀各省均有发现。

南北朝时，政府设立烧制陶瓷的机构，有东西甄官瓦署，各设督令之官，以司其事，其制品较魏晋更为进步。江西之景德镇，自汉代已设立窑场烧制。

至陈代至德元年（公元583年）由于在建康（今南京）兴建宫殿，诏令景德镇烧制大量陶瓷器备用，推动了陶瓷工业的发展。北魏与北齐，亦设甄官署，当时在关中和洛阳烧制的"关中窑"和"洛京陶"，甚为著名。

[①] 公元3世纪末。按：明代大画家徐渭，又号青藤道人，著有《青藤集》，其画作价值巨万。今之绍兴市有徐渭故居。

晋代早期出产缥色瓷器，称为"缥瓷"，色泽淡青的彩釉，产于浙江温州。即所谓"器择陶拣，出自东瓯"，堪称精品之一种。《景德镇陶录》云："瓯，越也。自晋已陶，其瓷青，当时著尚。"后来的"天青"、"峰翠"等名器，亦自"缥瓷"发展而来。"缥瓷"多用作实用的器皿，如茶具、餐具等。在1200度左右摄氏高温烧成，多带青白或灰绿色，与北方所产白瓷成为中国瓷器两大派别。

魏晋南北朝是炼丹术特别发达的时期，如魏伯阳、葛洪、陶弘景等均是当时炼丹著名人物，故而亦丰富了烧瓷的釉与胎原料的配制技术，使烧瓷的原料加工技术有了长足进步。

4. 蜀锦多产闻名全国

魏晋南北朝时期的纺织业，有官营亦有家庭式的经营。官府生产的纺织品多为奢侈品。如《三国志·魏志》记载："罢尚方御府、百工技巧、靡丽无益之物。"又如《魏书》载："其御府衣服、金银、珠玉、绫罗、锦绣，太官杂器，太仆乘具，内库弓矢，出其太半。"有时宫廷所雇用的织工，多达五六百人。产品对民生毫无裨益，多为贵族消费品。

由于中国古代的传统男耕女织生活，遂造成了农村衣食自给自足的自然经济。曹魏建安九年（公元204年）曾下令除亩收田租四升外，每户当出绢二匹，绵二斤。西晋时规定每年每户应纳绢三匹，绵三斤，可见魏晋时代的家庭纺织工业已相当发达。

上述时期之纺织工业主要是丝织业。其发展较蓬勃的地区包括河南、河北、山东、四川、浙江等地。左思《魏都赋》云："锦绣襄邑，罗绮朝歌，锦绩房子，缣总清河。"

又《蜀都赋》云："阛阓之里，伎巧之家；百室离房，机杼相和；贝锦斐成，濯色江波；黄润比筒，赢金所过。"曹操曾说："吾前遣人到蜀买锦。"[1]《隋书》亦云："蜀人多工巧，绫锦雕镂之妙，殆侔于上国。"足见四川地区织锦事业之发达。

---

[1] 见《后汉书》。

此一时期对纺织工业亦有所改进。如《三国志·魏志》记载马钧对绫机的改进，缩短了纺织的工时。

南北朝时有描写织妇诗曰："调丝时绕腕，易镊乍牵衣；鸣梭逐动钏，红妆映落晖。"①

当时的纺织工业，即使是家庭的手工业，亦有所改进，至于织工精巧的丝织物，乃由北方传播至南方。

丝织物可说是当时政府财政上的重要收入之一。如蜀汉败亡时，有锦绮彩绢各20万匹为邓艾军中所搜去，此种贵重丝织物数量之巨，原为对外输出的蜀锦，实为蜀汉政府的重要财政收入②。

此一时期，除丝织物外，亦产麻布，如江南人喜用麻布；新疆的吐鲁番一带，却盛产棉织物，产量亦巨。

5. 西晋藤纸通行全国

自从东汉蔡伦发明造纸以后，至魏晋南北朝对造纸业已有所改进。如东晋时用大麻造纸，纸色洁白，纸质坚韧。1500年前晋安帝时用大麻造成的纸抄写佛经，至今不黄不脆，当时长时期使用麻造的纸，由于古时已认识到麻造的纸纤维特佳。

西晋时又有用藤造纸。张华《博物志》云："剡溪③古藤甚多，可造纸，故即名纸为剡藤。"至东晋时，藤纸产量大增，制纸成本亦降低，当时王羲之担任会稽内史，谢安向他求纸作信笺文书等用途，王羲之即将库存藤纸九万张，悉数赠之④，因当时土纸不及藤纸质佳。当时藤纸一直营销到长安、洛阳等地。

唐舒元舆《悲剡溪古藤》文曰："剡溪上绵四五百里，多古藤。溪

---

① 见郭茂倩《乐府诗集》。
② 见《三国志·蜀志》。
③ 剡溪在浙江嵊县，李白诗中曾有提及，即使今日，浙江省新昌、嵊县、余杭及天台等县，山野亦多产藤，人多斩藤制杖。按：嵊县今改称嵊州市。王羲之墓在今嵊州市金庭镇（清代及民国时称嵊县后山镇）。清代嵊县属绍兴府，今绍兴有兰亭、流觞曲水等名胜，市区内则有题扇桥、躲婆弄、笔飞弄、戒珠讲寺、书圣陈列馆等，均为纪念书圣王羲之古迹。
④ 见《太平御览》。

中多纸工，刀斧斩伐无时，擘剥皮肌，以给其业。异日过数十百郡，洎东雒（洛阳）西雍（长安），历见言书文者，皆以剡纸相夸。"当时桓玄①曾下令：凡一向用简帛者，一律改用黄纸②。可见当时纸已普遍使用。

西晋时候尚有一种"苔纸"（又名发笺），纸浆加入一种绿色苔纹或如黑色发菜一般的纤维物质，使纸面带有黑色或浅绿色的纹理。晋武帝曾赐赠张华此类纸张，为独特之艺术造纸。

南北朝时，中国新疆、内蒙古及东北等地出产椵树皮所造之纸，纸质较粗。但此时期河北亦产精美之纸。正如徐陵《玉台新咏》所记："五色花笺，河北胶东之纸。"梁代萧绎《咏纸》诗曰："皎白犹霜雪，方正若布棋；宣情且记事，宁同鱼网时。"当时很多书艺家，即能自己造纸。此时造纸术进步，已有五色纸出现。

中国南方，竹为造纸的主要原料。晋代王羲之献之父子同为中国大书法家，主要是用会稽竖纹竹纸。到了唐宋，南方各省已普遍用竹造纸。

6. 产盐业多为官管

三国时代，盐亦以官卖为主。魏、蜀、吴三国均有司盐之官。以司盐都尉、司盐校尉官职较高，司盐监丞则较低。

晋代沿袭魏制，将盐务隶于度支尚书③，以后唐代盐务隶属于尚书省，亦秉承此意。自东汉末年至西晋，一直以专卖制为主。东晋至南朝则为征税制。北朝的东魏与齐则仍行专卖制。

南朝宋、齐、梁各代准人民制盐，因此煮盐业甚发达。至陈文帝（公元6世纪中）时，将盐收归官营。当时产盐最盛者，江南为吴郡、浙江海盐等地。所谓"海滨广斥，盐田相望"，即指江南多产盐④。江北产盐

---

① 东晋名将，曾在建康自立为帝，国号楚。
② 见《太平御览》。
③ 度支尚书即财政部长。
④ 见《吴郡记》。

最多之地，厥为江苏盐县，当地有盐亭123所，当地人民"以鱼盐为业，略不耕种，擅利巨海，用致饶沃。公私商运，充实四远，舳舻往来，恒以千计"[1]。

四川产井盐亦有名。朐忍县有盐井100所，使巴川食盐足以自给。郦道元《水经注》记述当时又有岩盐，谓："有石煮以为盐，石大者如升，小者如拳，煮之，水竭盐成。"可见四川产盐之丰盛。

北朝制盐业由官府主持，河东郡有盐池，《水经注》曰："今池水东西七十里，南北七十里，紫色澄渟，潭而不流，水出石盐，自然印成，朝取夕复，终无减损。池西又有一池，谓之女盐泽，东西二十五里，南北二十里，在猗氏故城南。"此盐池已早有官府管理。

北魏孝文帝曾"开盐池之禁，与民共之"，但为豪强垄断，贫民受害，遂再改为官营。

东魏北齐时期，海盐增产，《魏书》曰："自迁邺后，于沧、瀛、幽、青四州之境，傍海煮盐。沧州[2]置灶一千四百八十四，瀛州置灶四百五十二，幽州置灶一百八十，青州置灶五百四十六。又于邯郸[3]置灶四，计终岁合收盐二十万九千七百二斛四升。军国所资，得以周赡矣。"于是海盐的收入成为当时主要财政来源。北周制盐业仍由官营，有海盐、池盐、形盐（掘地而得）及饴盐，民众取之，皆须纳税[4]。

7. 造船业及制茶业均盛

江南多水泽，因此南朝的造船业颇发达，且较前朝有较大发展。陶季直《京邦记》记载："宋孝武度六合，龙舟翔凤以下，三千四十五艘，舟航之盛，三代二京无比。"足见刘宋时造战船极盛。陈朝时华皎亦在湘州造金翅大舰200艘。当时民间造船业亦甚发达，因此隋文帝恐吴越之间私造的大船因势力结众而造成乱事，遂下令江南凡有三丈以上之船，

---

[1] 见《南兖州记》。
[2] 今河北南皮县。
[3] 河北邯郸县。
[4] 见《隋书》。

悉由官府没收①。

隋代前后的船，载重量达万斛至二万斛。据《唐御览》所记，孙吴时外来之船可载六七百人，载物可万斛。《颜氏家训》中说明南朝已有载重二万斛之大船。当时船速亦甚快，每船棹手有100余人者，《梁书》载"捷如风电"云。

南北朝时，战船之装备已相当完整。当时另造火舫、火车，以加强海战军力。此时之战船上已装拍竿，以攻击敌船。故隋灭陈以前，杨素所造大船，各船装置六枝拍竿，其技艺乃袭用南朝。

南齐祖冲之乃当时大发明家，他发明千里船，可日行百余里，其法今已失传。此外，又发明水碓磨，可用水力推动碓和磨。他又创制指南车。《南齐书·祖冲之传》云："以诸葛亮有木牛流马，乃造一器，不因风水，施机自运，不劳人力。"

南朝制造漆器也相当流行。南齐时有刺史崔庆绪者，死后"家财千万，散与宗族，漆器题为'日'字，'日'字之器，流乎远近"②。可见漆器之多。

南方产茶亦盛，唐代陆羽《茶经》中亦提到茶为南方之佳木。所谓茶者，槚、蔎、茗、荈，都是茶的别称。古代亦有宴饮时以茶代酒者。如吴主孙皓"或密赐茶荈以当酒"③。

晋代士人饮茶甚为流行，《刘琨致弟书》说："吾体中烦闷，常仰真茶，汝可信致之。"至南朝，饮茶更为盛行，制茶业亦随之而发达。《齐民要术》中已有详述。

七、魏晋南北朝的黄金使用情况

1. 金银饰物手工制作精巧

魏晋南北朝时期的金矿银矿亦多。北方的金银矿藏，以山东、陕西、

---

① 《隋书·高祖纪》。
② 见《南齐书·崔慰祖传》。
③ 见《三国志·吴书·韦曜传》。

山西为主。如山东的金乡县多山，"所治名金山，凿而得金"[①]。陕西郑（汉中）"旧有金户千余家"[②]。《魏书》又载："长安骊山有银矿，二石得银七两。"《水经注》载陕西临潼一带"其阴多金"。《魏书》载："（山西大同）白登山有银矿，八石得银七两。"

至于南方的金、银矿藏，主要产于云南、四川、江西及江苏四省。如《水经注》载："兰仓水[③]出金沙，越人收以为黄金。"又四川绵县的潺山，水源有金银矿，洗取火合之，以成金银。又如江西德兴亦"出黄金，凿土十余丈，披沙，所得，大如豆，小如粟米"[④]。又江苏吴县地区，"晋宋间凿石得金"[⑤]。可见当时金银产区分布之广。

当时用金量亦颇多，尤以铸造佛像及有关佛教器物，颇为耗金。如《魏书》载，当时"天宫寺造释迦立像，高四十三尺，用赤金[⑥]十万斤，黄金六百斤"[⑦]。不但耗铜量大，耗金亦多。又如"铸铜为大鼓，飞帘、翁仲、铜驼、龙兽之属，皆以黄金饰之，列于宫殿之前"[⑧]。

魏晋南北朝时以金银制造赐赠大臣者亦多。在书中有赐金100斤的记载。豆代田"以战功获赐奴婢十五口，黄金百斤，银百斤"[⑨]。又《隋书》载："梁初，交、广之域，全以金银为货。"《南史·武陵王纪传》载："武陵王纪镇蜀，既东下，以黄金一斤为饼，百饼为蓰。"可见当时金银器物制造和赐与的普遍。

当时黄金之用途，除了铸造佛像及佛寺饰物及金银器物赐赠外，尚有铸造货币及打制装饰品。如《说郛》中记及的各种金饰物，有灯钩锁、交刀、镜、环钮等；又如《邺中记》载有镶嵌金银的斗帐、香炉、屏风等。上述所制作的金银器物极为精巧，如当时的"薄打纯金如蝉翼，二面彩漆，

[①] 见《晋书》。
[②] 见《魏书》。
[③] 云南永平县。
[④] 见《晋书·地道记》。
[⑤] 见《读史方舆纪要》。
[⑥] 即黄铜。
[⑦] 见《魏书》。
[⑧] 见《晋书》。
[⑨] 见《魏书·豆代田传》。

画列仙、奇鸟、异兽"。一面显现出当时工艺的卓越，同时表示皇家豪富的奢靡铺张。

2. 金饰的货币用途

魏晋南北朝，战乱的频繁，产金量随之减少。由于此一时期金银的使用开始兴盛，主要是南方为交、广之地，是为中国海上贸易集中之区，北方则为河西地区，是为中国的陆路贸易大门，因此黄金仍有生产。

东汉以后，帝王赐与黄金给臣民虽已减少，但掘金者仍多。如汉中有金户千余家，常以汉水之沙淘金，生产不断[①]。

东晋产金以梁州（陕西、西川）、益州（四川）及宁州（云南）三地为主。取金之法除了沙中淘洗外，尚有火熔法。陶弘景《重修政和证类本草》言："金之所生，处处皆有。梁、益、宁三州多有，出水沙中。建平、晋安亦有金沙，出石中。"建平与晋安均在今福建省，可见除上述三州外，福建亦产金，《魏书》中亦有提及。

五胡十六国中，产金较为积极而技术也有所提高的是前秦世祖苻坚时期，苻坚允许民间可以自由开采黄金白银。前秦灭前燕、前凉及代国，疆域扩展至陕、甘、冀、鲁、豫、蜀、黔、苏、皖、鄂各省，且均为古产金之地。

除前秦外，尚有夏国世祖的赫连勃勃，他曾设将作大匠，制作黄金装饰物，并曾用铜铸造大鼓、铜驼、龙兽等物，对于炼铜业和黄金加工技术均有发展。

总的来说，两晋南北朝时，黄金仍保持了当作货币的作用，但用器饰的形式来流通。如南齐高帝萧道成建元二年（公元480年）时，帝赠周盘龙金钗20枚[②]。上述金钗的器饰即是当作货币之用。

白银在汉代，除汉武帝与王莽时曾当作货币外，民间仅当作宝藏。魏晋以后，因黄金供应不足，遂用白银补充之，故用银者渐多。

[①] 见《魏书·食货志》。
[②] 见《建康实录·齐国卷》。

汉代金银的形式，除武帝的麟趾裹蹄外，就是圆形的饼，如《三国志·魏志》中所载的"赐银千饼，绢千匹"等记载甚多。南北朝时多为模仿笏的铤形，为长方形的板，故后代称白银一铤为一笏，当时也有将金银铸成饼形的，亦有铸成钱形的。

如北魏孝文帝之子汝南王悦曾有散银钱的故事。如近代在六朝墓中曾掘出银铸的五铢钱。可见当时的金银饼、金银铤及金银钱，均具有货币的作用。

3. 佛教用黄金最多

魏晋南北朝时产金量较汉代为少。因此黄金的计算单位已由"斤"而改为"两"，如《晋书·食货志》记"愍皇时斗米二金"，即《愍帝纪》所记的"斗米值金二两"。当时帝王赏赐臣下已不用黄金，而改用铜钱、布帛、绢、谷米等。如《北史·高昂传》云："西魏赏斩昂首者，布绢万段，岁岁稍与之。"可见当时已不用黄金，且是分期付给。

汉代帝王婚嫁用金，如"汉高后制，聘后黄金二百斤、马十二匹。夫人，金五十斤、马四匹"。但到了曹魏，王娶妃时已改用绢190匹。晋则用绢300匹。到东晋时，康帝纳褚皇后，孝武纳皇后，亦只有白雁、白羊、酒米、马、绢、钱等物，不用黄金。此因为产金量少之故。

魏晋南北朝时，黄金之主要用途，一是用于佛教方面。自东汉明帝时，佛教由印度传入中国后，至魏晋，民间信佛者众，至南北朝而极盛。因此耗金甚多，如修寺庙、铸佛像、修石窟、写佛经，在在需金。如《南齐书·萧颖胄传》："长沙寺僧铸黄金为龙，数千两，埋土中。"又如《梁书》记："都下佛寺五百余所，穷极宏丽，僧尼十余万，资产丰沃。所在郡县，不可胜言。"

当时用黄金铸佛像，耗金极多。如《魏书》记载用黄金600斤铸天宫寺释迦立像。一般佛像用鎏金或贴金，费金量亦巨大。如宋明帝造丈四金像，梁武帝造丈八铜像，魏孝明帝为河南洛阳永宁寺造丈八金像一座及普通金像十座。又如用泥金[①]写佛经。

[①] 用金箔和胶水制成。

如从《魏书·释老志》所记，自魏文成帝兴光年间至魏孝文帝，京城内新旧佛寺凡100所，僧尼2000余人。四方诸寺等6478所，僧尼77258人。20余年间，佛教即有如此之盛，其他朝代通算在内，其影响巨大可知。

此一时代黄金之另一主要用途是私人穿金戴玉的个人享受，如晋武帝时石崇之富有，连室内、台阶均贴以金箔。此时期之黄金已大量流入民间富豪及士大夫手上。如梁武帝时，临川王萧宏宅中，搜出藏金银之库房有30间之多。

4. 两广地区金银使用情况

曹魏时期由中央政府的大司农和少府掌管金帛钱财。到魏晋南北朝时仍然沿袭旧制。梁代时，大司农改名为司农卿；少府改为少府卿，各官皆冠以"卿"字，以示划一。北齐时则由司农寺、太府寺卿及少卿等大臣掌管金帛府库。

魏晋南北朝时，朝中大臣占有山林水泽的极多。有多种措施如帝王的"赐田"；本身向朝廷请求的"求田"；或用放高利贷逼穷民用山泽抵押的"悬券"。当时刁协、萧宏、萧子良等都占有大量山泽的出产物，包括金银矿藏①。当时政府虽有禁令，但不能禁。

当时产金量虽较汉代为低，但黄金制成品却极为精致，此乃由于加工技艺有进步。同时由于此时期的人重享受，讲奢侈，求精巧。如《北史·薛灯传》记："文帝又造二欹器②，一为二仙人共持一钵；同处一盘，钵盖有山，山有香气，一仙人又持金缾（缾同瓶）以临器上，倾水灌山，则出于缾而注乎器，烟气通发山中，谓之仙人欹器；一为二荷同处一盘，相去盈尺，中有莲，下垂器上，以水注荷，则出于莲而盈乎器，为凫雁蟾蜍以饰之……"文中说明金瓶是黄金制品，由于王室所用，可能全为金制，无疑是金制器皿的精品。此一时期的黄金制成饰物器具有三个特色：

---

① 见《晋书》。
② 欹器乃古代汲水之具，原为陶制。

一是可用金丝编缀成器物的手工业兴起；

二是用宝石、珍珠、琥珀等镶嵌在金饰中已增多；

三是造型比前朝更加优美。

但在南齐时，高帝却贱视黄金。他说："使我临天下十年，当使黄金与土同价"，于是"器物免用黄金"[1]。

这一时期，由于丝绸之路上的一些国家如大月氏、安息、大秦、南天竺、扶南等国均重视使用金银，同中国的交、广地区[2]全用金银交易。

《隋书·食货志》记曰："梁初惟京师及三吴、荆、郢、江、湘、梁、益用钱，其余州郡则杂以谷帛交易，交广之域则全以金银为货。"因而促成当时之开发黄金及黄金制品手工业的发展。

八、魏晋南北朝时期的货币

1. 刘宋铸钱刻上年号

魏晋南北朝时期，各朝多有铸造钱币。三国时，曹魏除沿用东汉之五铢钱外，刘蜀与孙吴均曾铸钱。

蜀国铸有"直百五铢"和"直百"两种铜钱。前者铜质差，制作粗劣；后者精细，却不多见。

吴国铸有"大泉五百"与"大泉当千"两种铜钱。但字体模糊，轻重不一，由于质量差，其真实价值远在面值之下。

曹魏至文帝时曾废除五铢钱，令以谷帛代币。至明帝时，民间多用湿谷薄绢充数牟利，欲禁无从，遂再恢复五铢钱的使用。

西晋时沿用魏之五铢钱；东晋则用吴国旧钱。但吴兴沈充曾另铸小钱，称"沈郎钱"者，是谓小五铢钱，乃仿汉初之榆荚半两而设计铸成，制作精良。

五胡十六国战乱时期，却出了几种名贵古钱。如"太平百钱"、"新泉"、

---

[1] 见《南齐书·高帝本纪》。
[2] 交州、广州即今日广西、广东地区。

"丰货钱"等,可以媲美汉代盛世之钱币精品,足见当时铸钱技术已甚卓越。

南朝刘宋时,铸造"四铢钱",但民间盗铸者多,或剪凿古钱取铜。孝武帝(公元454年)时,镶造"孝建四铢钱",为中国钱币上镌刻年号的创始者。此钱形式小而轻,并非刘宋时期之佳币,其佳者当为"四铢钱"及"当两五铢钱",最劣者厥为"鹅眼钱"及"线环钱"。

南齐时政府曾派人往四川蜀山铸钱得千余万,后以太费人力物力而止。

梁武帝萧衍初铸五铢钱,重仅四铢余。又有"女钱",无轮廓。另有"大吉五铢"、"大富五铢"及"大通五铢"三种,但传世不多。

陈朝铸五铢钱,以一当"梁鹅眼钱十"。后又铸"大货六铢钱",为六朝钱币之最精者,可惜不久即废,仅流通五铢钱而已。

北魏、北齐、北周均曾铸钱。北魏之官铸钱有"太和五铢"、"五铢"及"永安五铢"三种,北朝钱币记年号始于此。北齐文宣帝时铸造"常平五铢钱",但私铸极多。北周有"布泉"、"五行大布"及"永通万国"三种,制作皆精。后者最后铸,大小不一,小品有铅质的,大品有银质的,但均少见,篆法精工,为周钱之冠。

2. 钱币轻薄质差之弊

魏晋南北朝时代的人,生活上可算十分自由写意,但弊在国家不统一,社会不安定,贫富不平均,所以不算是一个好的时代。今日的英国,三岛仍不统一,可见也称不上好,只是有殖民地而已。所以,如有人要崇拜欧洲,则不如看看自己国家的南朝时代,欣赏自己的魏晋时期。

南朝之所以不受世人重视,主要乃在政治上、制度上、人格上及社会各方面。在经济上言,南朝是相当富庶。

南朝经济旺盛,主要不靠农业,乃靠商业。

南朝时商业繁荣,大体上仍行使货币,甚至钱币不够用。自魏文帝黄初二年至明帝的六年间,废五铢钱而不用,而以谷、帛(即米、绢)代替货币,但当时有人将谷掺水,将帛织薄,因此有人提议复用五铢钱,因钱币的量与质不易变更。但东汉末年这段时间,由于黄巾、董卓作乱,使用五铢钱者已少。

当时北方人民跑到南方时不带钱币。南方孙吴用"赤乌钱",分大小两种。此时南方繁荣,孙吴所造钱不够使用。当时流亡政府亦不铸钱。而吴兴沈充造"沈郎钱",说明长江流域亦用钱币。虽有私钱,仍不够用,因此造成钱贵现象。当时西南地区(今云南、贵州、四川)有铜鼓。两广夷人喜铜鼓,长江地区之人带钱来广东购货,将钱铸造铜鼓,因此钱币更少,当时南方以使用赤乌钱、沈郎钱为主。至晋桓元(桓温之子)主张废钱,但孔琳之反对,谓谷帛不能当作货币。

由晋而宋,其时钱币大乱。宋制二铢钱,钱小而薄,易造假币,粗制滥造,不磨光,亦无边,当时人称"鹅眼钱"。1000个钱相叠不过三寸,薄而小。较鹅眼钱更差者是"綖环钱"。此种钱入水可浮,握手能碎,钱不能数。双手可拿几十万钱,一万钱只能买一斗米。此种情况,在南宋末年亦出现过。

齐时再改钱币。孔𫖮说:"铸钱之弊,在轻重屡更,重钱患难用,而难用为无累。轻钱弊盗铸,而盗铸为祸深。"孔氏评论中国钱币,可谓一言道尽。他主张再造五铢钱,此钱不轻不重,轻重可法也。

从以上所论,南朝大致使用货币。至梁朝初,除京师、三吴、荆、郢(荆、郢乃湖北大都)、江西、湖南、梁、益(梁、益为四川大都)地区用钱外,其余各地则兼用谷、帛交易,两广地区则全用金银为货币[①]。南朝商业繁盛,除普遍使用钱币外,甚至不够应用也可资证明。

九、豪强垄断与贫富不均

1. 北来侨郡霸占山水资源

魏晋时期北方之强宗大族为逃避五胡乱华,来到南方,从而开放长江流域,可谓忠贞之士,故受政府优待。当时北人逃难南方是带领整个家族,甚至连部曲,共有几万人或数千人成一族团。如孔氏家族一到南方,漫山遍野,占地住下后,全是一个家族,俨如一个家乡。并无杂姓,

---

[①] 三国时人有逃难至安南、辽宁等地者。

已较一县为大。政府便以该族团之原居地命名，仍称"山东孔家"，以示不忘其本，谓之"侨郡"。正如香港之有"太子道"、"英皇道"；台北有"中山路"；昔日上海有"大英马路"。当时政府不管辖侨郡事务，侨郡之户口册为白册，受政府优待免赋税劳役。由于侨郡之北人不能再回北方，政府遂将户口册重编，名曰"土断"。与本地居民同等待遇，已不能再算寄居之侨郡。因此，南方掀起了社会大变动。

强宗大族到了南方，数千人的族团聚居而成侨郡，圈地而居，人是强宗之部曲；地亦为其所属，成了新贵族，等于周代之封建。但其不同处是，周之封建是在黄河流域，是在河边的大平原上，国不过百里；但北方来的侨郡是住在长江旁的丘陵地带，附近是小山丘，逃来者圈山地而住，但山地之物产富于北方平原。可饲养鸡、猪，山上产竹、笋，湖中有鱼，亦可植莲。于是北方人一住下来叫做"封略山泽"（略即分割），或称"占山封水"，亦谓"固吝山泽"或"占山护泽"。

当时侨郡所占之地都是连山带水，不光是平原。当时有言曰："富强者兼岭而占，贫弱者薪苏无托。"①此种情况与北方汉代之"富者田连阡陌，贫者无立锥之地"相似。可见此时南方之土地问题与农业关系小，与商业关系大也。

2. 帝王官僚营商积财如山

南朝时，北方人到长江流域来建立侨郡，往往占山封水，规模极大。如当时有孔灵符者，极为富有，他在永兴建立别墅，此为中国有别墅之始。此别墅周围33里，占水陆地积达265顷，含带二山，又有果园九处，可见面积之大。

谢灵运《山居赋》云："南山则夹渠二田，周岭三苑，九泉别涧，五谷异巘，群峰参差出其间，连岫复陆成其坂，众流灌溉以环近，诸堤拥抑以接远。"上述只是个普通的山庄而已，在当时算不得什么。

梁代时，贵族中有一人名司徒竟陵王者，于宣城、临城、定陵三县

---

① "薪苏无托"即连割草之地也没有。

地区内封山泽数百里。可见南朝时期之"封",不比战国贵族为差。又如当时王羲之游憩之地的兰亭①,亦是山水最佳之地。文人雅士种花写字,吟诗绘画,此种悠闲生活要有经济基础才可谈得上。这种可称为新贵族,他们的财富用之不尽,田中不但种稻,也种姜,湖中种菱种莲,田地水泽种植副产物,自己吃用不尽,加上树木、果园的出产,就用来经商出售,即成为所谓官僚资本。此种官僚资本从东汉末年起,做官的经商,造成官商合流。如晋人石崇,曾任荆州刺史及卫尉等官,以使客航海致富,在河阳地区兴建金谷别墅,王恺、羊琇以奢靡相尚。当时有人说他"百道营生,积财如山",是西晋的最富有者,是一个做官兼经商的典型例子。

南北朝时,商业以南方较为发达。梁代沈约曾说:"事有讹变,奸敝代起,昏作役苦,故稿人去而从商,商子事逸,末业流而浸广。泉货所通,非复始造之意。于是竞收罕至之珍,远蓄未名之货,明珠翠羽,无足而驰;丝罽文犀,飞不待翼。天下荡荡,咸以弃本为事。"②证明当时人已喜从商而舍农事,将罕见物品当作商品买卖。由于豪族王室生活之奢侈,自然趋向爱好珍奇宝玩。

当时南北互市及对外通商,多由官府经营。即贵为帝王亦学作商贾。宋少帝刘义符"于华林园为列肆,亲自酤卖,又开渎聚土,以象破冈埭,与左右引船唱呼,以为欢乐"③。齐东昏侯萧宝卷云:"于苑中立市,太官每旦进酒肉杂肴,使宫人屠酤,潘氏为市令,帝为市魁,执罚争者,就潘氏判决。"④由于帝王之倡导,因此富豪热衷经商者更多。

刘宋时,益州刺史刘道济部属营商聚敛,并冶铸铁器贵卖,禁民私铸,百姓怨恨。刘宋以下各代莫不如此。如南齐豫王萧嶷为荆州刺史时,曾禁止高官经商,仍不能禁绝。如梁代时,郢州刺史曹景宗"在州,鬻货聚敛"而刺史多有经商致富者。

当时,广州为对外贸易之港口,有外舶来货,《梁书·王僧孺传》云:

---

① 地在今浙江绍兴,旧为山阴、会稽两县所合并。
② 见《宋书·谢灵运传论》。
③ 见《宋书·少帝纪》。
④ 潘氏为妃嫔之一。见《南齐书·东昏侯纪》。

"州郡以半价就市，又买而即卖，其利数倍，历政以为常。"

当时之交易，多有用金银作货币者，以黄金一斤为饼，百饼为篋。银为金之五倍计，由于高官豪强主持商业，因此往往不纳关市之税。南朝民间商业亦相当普遍。如刘宋时有山阴（今绍兴）人戴法兴因家贫以贩纻葛为业。郭原平以贩瓜为业。南齐时，傅琰为山阴令时，有卖针、卖糖之老妇来县衙打官司者。

会稽有陈氏三女于西湖采摘菱莼至市场售卖[①]。梁时亦有浙江余姚人贩瓦器者，可见南朝时私人小商贩甚多。

3. 社会贫穷黑暗时期

魏晋南北朝可称为中国历史的中衰期，亦可说是黑暗时期。在中国历史上评价最佳者，当推汉、唐两代。此种标准的评定当由多读典籍始可决定。

但南北朝时期亦有好几方面优于汉代的。

首先是南北朝的诗赋文章比汉代发达。

其次是艺术方面，汉代不及南北朝。如王羲之之书法已攀登中国书法艺术的最高峰，不但前无古人，且是后无来者，是永远没有了。正如希腊之雕刻超绝古今中外一样。至于绘画方面是低于唐，却仍高出于汉。

第三是建筑方面，南朝亦极佳。园林建造可说是世界上最了不起的超绝建筑艺术，西洋的简单建筑，远有不及。

第四是哲学方面，魏晋亦高于汉，汉无哲学，只是董仲舒、贾谊的实际经学而已。如王弼24岁去世，是一位了不起的哲学家。

第五是宗教。所谓"南朝四百八十寺，多少楼台烟雨中"。一派宗教盛况，亦是汉代所无。按照西洋眼光来看，亦是极其伟大的文化。

综上所述，在文学、艺术、建筑、哲学及宗教各方面，汉代均不及魏晋南北朝，上述所产生的文学、艺术、宗教及建筑等各项成就，均由经济资源富裕所带动，可见南北朝时代是富有的朝代，但问题在于当时

---

① 见《南齐书·韩灵敏传》。

社会不平等，南北又不能统一，遂为世人所轻视。

王羲之写字，一辈子生活无忧，才可专注精神于书法艺术，这乃靠其有良好的经济背景。但在历史上，此一时期却是一中衰期，在中国通史中，南北经济史可以略而不讲。但拿中国经济史的眼光来看，农民大众当时没饭吃，社会黑暗，因此，魏晋南北朝在中国历史上的评价甚低。这种观点，其实比西洋人的看法为高。因为西洋人只看伟大的建筑艺术、伟大的雕刻艺术，却忽略了贫穷黑暗的一面，忽略了垂死挣扎的奴隶。

十、南北朝商业发展

1. 南朝商旅繁耕夫少

南朝时农业较少而商业旺盛。有下列各点可以证明。

颜之推《颜氏家训》中有两句话说："昔在江南，不信有千人毡帐①，及来河北，不信有二万斛船②，皆实验也。"南朝时之长江，一船可装二万斛谷，可载如此多之商品，可见容量大得惊人。

又《晋书·五行志》载：有一次大风，"贡使商旅，方舟万计，漂败流断，骸胔相望"。此处至少有几千条船，为南朝内部经商而来往。尚有国际贸易，即南朝对北朝之间的经商。当时田租轻，田多由贵族所占。造成贵族官僚资本大做生意，此亦为南朝靠商业立国之一证。

北朝在文化上没有什么了不起，较南朝为逊色。只有千人毡帐而已。南朝是金粉世界，较意大利中古时期之大城市为出色。当时可派官员到安南；二万斛大商船可直达成都。但仍为中国人所看不起，称其为黑暗时期，因为，这是站在儒家和老庄思想的观念来批评历史的。其实，南朝在生活及文化上是相当有趣味的。比起西方文化，有过之而无不及。

南朝商业很盛，以官僚资本经商者众。《宋书·孔觊传》载：他有两位弟弟孔道存与孔徵，兼善营商，某年请假东还，觊到洲头亲自迎接，

---

① 毡帐即帐篷。
② 此处所谓"二万斛船"，即可载重二万担之船。古代一担为三十多斤。

带来的行李竟有一千余条船①，所载为绵、绢、纸、席等货品。孔觊见了，假装很高兴的样子，说道："我正十分困乏，得此可得帮助。"便命货品抬上岸边放置，此时遂厉声责备道存等曰："你们既然做了官，何以又要经商？"说毕命左右取火烧之。

梁武帝有兄弟王宏，别无本领，却善聚敛。其住处有关锁甚严之库房100间。有人密告武帝，疑所藏为铠仗兵器。一日，武帝偕友检视其库，才知30余间中藏钱三亿余万，余屋则贮布、绢、绵、漆、蜜、纻、蜡、朱砂、黄屑及杂货，无法计数，帝知非铠仗，遂大悦。可知当时官僚经商敛财之一斑。

由上述可见南朝"商旅转繁"而"耕夫日少"，实重商而抑农。

2. 南朝抽商税证商业繁荣

南朝由于商业发达，故亦重视抽取商业税。据《隋书·食货志》载：晋自过江后，凡买卖奴婢、马牛、田宅，凡有契据者，所值一万钱，官府抽商税400钱。由卖者出300钱；买者出100钱。如无契券，则随物估值，亦收百分之四，宋、齐、梁、陈无不如此。此时造成人人竞为商贩，不事耕种。

政府因而对一切买卖均抽商税，名为重农抑商，实际上是侵削民众之利。

自东晋至陈，并在交通要道路口设置关津，以便抽取商税。如南京市之西有石头津，其东有方山津。各津设津主一人，贼曹②一人，直水五人，以检察禁物及亡叛者。凡禁物不准通过，如属荻炭、鱼、薪之类，则抽十分之一商税给官府。当时方山津甚少禁货，故检察甚简。当时秦淮河之北设大市，其余小市十余所，可见水陆运输货物甚盛。大市设置官司，税敛甚重，人民苦之。

当时广州地区抽得商税甚丰，均以钱计算，可见广州商业之盛。

南朝经商之路，主要分为四条：一条自南京至江苏彭城；一条至淮北；

---

① 一说"辎重十余船"。
② 津即关卡；贼曹即巡警主脑。

一条至湖北，即自今之平汉铁路经鸡公山到信阳、襄阳；一条则到长江流域之终点成都。

梁末陈初之间，有位三教九流的道士奇人名陆法和者，他有部曲数千人，一律称为弟子。其实这些部属，养着他们为了协助经商。陆法和当时在湖北任职刺史。他做官不重法律，以道术为重。当时要抽商税，但他主张"列肆之内，不立市丞①。但以空槛②，钥在道间，上开一孔受钱，贾客店人，随货多少，计其估限，自委槛中。行掌之司，夕方开取，条其孔目，输之于库③"。

当时南朝有条规则，即军人、士人④，并无关市之税。但其他人则不得免税。

3. 生活奢靡碍南朝统一

南朝建都建康（今南京），由于政府经济靠商业税收为主，对商人亦常有多种优待与鼓励，商人不但致富，亦可任官。且其属下仆役亦可由主人保荐做官，或受主人荫庇以逃避赋役。如宋时徐堪之，有"门生⑤千余人，皆三吴富人之子，姿质端妍，衣服鲜丽。每出入行游，途巷盈满。泥雨日，悉以后车载之"⑥。这批门生，均为富人之子，日常生活享受舒适，且有机会踏入仕途。

又如宋"张畅遣门生荀僧宝下都。僧宝有私货，止巴陵不时下"⑦。此处说明门生中常有经商者。

又有经商而进入仕途者。如建康有一名仆役周石珍，以贩绢为业，到梁代天监年间，官至宣传左右⑧。

---

① 可见其他城市设立专官。
② 即空柜。
③ 即贾商按照自己商货价将税钱投入钱柜之孔内，夜间由税官开柜取钱，计账后送存库中。
④ 读书人及二品清官。当时由士族充当的官叫清官；寒人充当者为浊官。
⑤ 门生即仆役。
⑥ 见《宋书·徐堪之传》。
⑦ 见《宋书·张畅传》。
⑧ 宣传左右乃传达命令之近侍。

亦有贫苦得富人资助,后以商贩致富而递升为大臣者。有吴郡人陆验、徐驎,少年贫苦,落魄无行,乃投靠同邑富人郁吉卿,吉卿贷以钱米,使陆验能为商贩,遂获利千金。乃到建康,散货以事权贵。有人告于武帝,验遂与徐驎同受拔擢,升迁至少府丞、大市令[①]。

亦有商人事王族任官而致富者。有何妥者,西城(今陕西安康县)人,其父何细胡,因通商而入蜀,遂迁居四川郫县,因事梁武陵王纪得宠而任职管金帛之官,因而致富,人称西州大贾[②]。故南朝经商者,不但不受歧视,且可任官致富,一般亦官亦商者,生活日趋享受舒适,因此而乐不思蜀,此实为南朝不能统一中国之主因。

至于另一原因,厥为当时并无农民服义务兵役。乃在战时发奴为兵,即自大贵族之部曲中抽取,又为贵族所不悦,因此南朝无充足兵力,遂使中原不能恢复。

南朝田租,征收困难。收租首要在调查户口,但户口混乱,查核不易。桓帝时虽竭力调查,仍无结果;"土断政策"推行亦不易。国家税收遂以商业为主,官僚商业尤为发达。

4. 北朝经济稍逊南朝

北朝在商业上言,并无南朝般活跃蓬勃。北朝是"异族统治"时代,但此四字亦非准确,可称"胡汉合作"。此乃由于汉人之影响力相当大。中国历史上有三个时期为"异族统治"时期,即北朝、元代(正统异族)及清代(汉代之满族)。北朝时乃是中国文化插入了异族统治。

北魏在孝文帝时,开始有较盛的商业兴起。五胡乱华乃在东晋时期,宋、齐、梁、陈时才是北朝开始。五胡时期,前秦苻坚统一北方,政治已初上轨道,此时建都长安,自长安至各地修筑道路,道路两旁植以槐、柳。20里有一亭,40里有一驿。

当时有赞歌道:

[①] 见《南史·恩幸陆验传》。
[②] 见《隋书·儒林何妥传》。

> 长安大街，夹树杨槐；
> 下走朱轮，上有鸾栖。
> 英彦云集，诲我萌黎。

说明了当时像样的物质建设，且此时虽是五胡时期，但仍保有中国的士大夫传统，相当注重教育。苻坚自淝水之战失败后，北方分裂，魏遂崛起。北魏建都平城（今山西大同市东）。由于五胡时洛阳、长安已趋荒凉，新的城市遂崛起于塞外的大同。北魏建都大同时因地处边塞，社会落后，尚未使用货币，至孝文帝时迁都洛阳，遂加重建。故北方经济大体说来，可分两个时期：第一时期为前秦苻坚时，第二时期为北魏孝文帝时。

前秦苻坚时虽亦有家累千金之富人，如当时有商人赵掇、丁妃、邹瓮等，车服排场，等同王侯[①]。但一般来说，农商均有待发展。如当时苻坚以关中水旱时生，遂号召王侯以下之豪望、富室僮隶三万人，开浚浦水之上源。凿山起堤，通渠引渎，以灌溉山岗丘陵地区的咸地，百姓才蒙受其利[②]。

北魏商业所以兴盛，因当时官将经营商业。如崔宽袭爵武陵公，镇西将军，拜陕城（今河南陕县）镇将。当时因陕西地区出产漆、蜡、竹、木等甚丰，便经常运往南方贩卖，家产丰富[③]。又如公孙轨出任虎牢镇将，发民驴以运粮。轨令驴主皆加绢一匹，民谚讥说："驴背上加了绢，瘦弱也变成强壮。"使轨单马执鞭而来，从车百辆南归[④]。可见当时官僚资本之盛。

5. 官员奢华凌驾帝王

北魏时代的达官王侯，生活之豪侈骄奢，为汉晋以来所未有。正光年间（公元520—524年），元雍为丞相，可谓位极人臣，富兼山海。当时他所居住的第宅，可比拟帝宫。白壁丹楹，飞檐反宇，雕栋画梁，一派富丽堂皇。服侍之人，僮仆6000，歌伎500，史称隋珠照日，罗衣从风。

[①] 见《晋书·苻坚传》。
[②] 见《晋书》。
[③] 见《魏书》。
[④] 同上。

出则随从喝道,仪仗成行;入则歌姬舞女,击筑吹笙,丝管吹奏,连宵尽日。竹林鱼池,芳草如积,珍木连阴,其规模之宏伟,宛如皇家花园。

元雍饮食极为讲究,每饭必具海陆珍馐,一餐所费数万钱。陈留侯李崇曾对人道:"商阳(即元雍)一食,敌我千日。"李崇当时为尚书令,亦僮仆1000人,富倾天下。但他却性多俭吝,恶衣粗食,食常无肉。日常只有"韭茹"、"韭菹"①两味菜肴而已。其友人李元佑对人说:"李令公②一食十八种。"人问其故,元佑答以"二九(韭)一十八",闻者大笑。

当时皇族宗室所居之地在洛水、邙山之间,约30方里地,名为寿丘里,民间称为王子坊。当时的帝族王侯,外戚公主,拥有山海之富,川林之饶。高台芳榭,家家而筑;花林曲池,园园而有。莫不桃李夏绿,竹柏冬青。此中尤以河间王琛最为豪首,常与元雍争竞斗富。曾建文柏堂,形如帝殿,玉井金罐,彩缋为绳,置歌妓300,尽皆国色。琛在秦州,多无政绩。但尝遣使远赴西域波斯等地,求得名马凡十余匹,马槽用银,锁环用金,诸王服其豪富。

河间王琛尝对人说:"晋世石崇,只是一位庶姓而已,竟然可以雉头狐腋,画卵雕薪。我乃大魏天王,难道不可以侈华吗?"琛常在自宅会见宗室,金银宝器,陈列堂前,另有水晶钵、玛瑙琉璃碗、赤玉卮数十件,匠工精妙,皆从西域而来。此时国家殷富,库藏盈溢,钱绢露积于廊者不可胜数。某次,太后赐百官以绢,章武王融、陈留侯李崇因负绢过重,蹶倒伤踝,唯侍中崔光只取两匹,朝贵服其清廉③。

十一、魏晋南北朝之寺院经济

1. 洛阳佛刹甲天下

从后魏杨衒之所撰《洛阳伽蓝记》一书,知洛阳当时一般僧寺及洛阳一般人事情况,可看出洛阳当时之佛教在北方所占分量之重要性。

---

① 韭菹即韭制之酸菜。
② "令公"即对尚书令之尊称。
③ 见《洛阳伽蓝记》。

南北朝时，佛教对当时社会经济影响甚大，北朝尤甚。书中记曰："招提栉比，宝塔骈罗，京城表里，凡有一千余寺。"此处说明当时洛阳地区有佛寺1000余座，较南京多了一倍。如描写其中一座永宁寺的盛况：该寺有九级浮屠，高90丈，每层高10丈，其上有刹①，高亦10丈，共高1000尺，人距洛阳100里处远望，即可见该塔。刹上有一瓶，瓶大可容25石，瓶之四周挂有承露金盘，共挂30重，每一金盘挂有铎，上下共有120铎。

该塔四面开窗，每面有三门六窗。塔之每层四面共有12门，24窗，门均金漆，窗上挂铃，共5400铃（铃较铎为小）。该寺院共拥有僧房与楼观1000余间，大雄宝殿乃其中之一间。栋梁雕花，窗用刺绣，用绢纱刺绣之花纹有稀疏之空，可通空气。永宁寺之建筑装饰为洛阳1000余寺院中具有代表者，亦借此可窥见北朝大都市之繁盛景象，寺中僧人之众概可想见。古罗马时期之大建筑物恐亦无类似此等之佛寺。

另如永明寺，有百国沙门②凡3000余众，当时西域有数十国，新疆亦然，均有僧人奔赴该寺，全寺僧众可能达一万。

又如瑶光寺有民房500余间。据《魏书·皇后传》记：当时的宣武皇后高氏、孝明皇后胡氏及众多妃嫔出家后为尼，均居此寺中。

又如高阳王寺，其壮丽足与帝宫匹敌。此处列刹相望，宝塔高峻。四月初八日，京师仕女，多至河间寺观其廊庑绮丽，无不叹息，以为蓬莱仙室，亦不过如此。

当时寺院经济兴旺，各物不假外求，俨然为一独立之城邦。

2. 南北朝佛寺经济可自足

魏晋南北朝时，由于宗教对久经战乱的社会人生特别需要，故造成佛教特别兴盛。就东晋南朝来说，东晋100余年间，有佛寺1700余所。到梁代时，佛寺增至2800余座。梁武帝萧衍曾三次入同泰寺为僧，僧寺经济也配合其他条件而日益盛大。

---

① 刹即塔上之柱，置于塔顶。如佛寺无塔者，则于殿顶置刹。
② 百国沙门即自外国来之和尚。

北朝寺院经济亦盛,僧人并向西域及海外各国通商。当时陆路通向西域各国,海路则由交、广地区[①]出发。自孙吴执政后才划分为交州(安南)及广州(两广)两区。在《洛阳伽蓝记》中提及云:"西夷附化者,万有余家,门巷修整,闾阖填列。"即当时外国人侨居洛阳者一万余家,市况热闹,成为国际贸易中心的商业重镇。又如凉州(今甘肃)亦为重要都市,中国大批读书人聚居该地,再向北即到辽东。以凉州、辽东两地人文荟萃而到平城(今山西大同)。后魏道武帝建都于此,文化受中国读书人之影响而提高。至魏孝文帝借口南伐,迁都洛阳,积极汉化。

五胡十六国时,割据称王者,多信奉佛教。如后赵之石虎、石勒,笃信天竺沙门佛图澄,尊他为"大和尚",向他咨询军国大事。

前秦苻坚,师事沙门道安。又如南燕慕容德、后秦姚兴,信佛甚笃。至北魏武帝时,益发崇信佛教,于京师平城建立佛寺,其子明元皇帝更为笃信佛法,其孙太武帝平凉州后,与西域各国接触更密。佛寺兴建更多,由于帝至长安寺院中发现藏有武器,遂发动灭佛之举。但至文成帝时,又恢复佛寺如故。

当时北方大寺院,有僧房多达数千间之寺院,可藏军火,可练刀枪拳术;投靠僧寺之民众,政府无法干预;献米若干给寺僧后,即成为"僧祇户",政府不能再加管治。寺中有库房,有当铺,有市场,可经商,寺内可买到广东之柑,广西之柚,百货蔬果,应有尽有。和尚之精壮者可任兵丁,故北方之寺院和尚已有能力可以造反。

寺院经济之可以独立自足,主要是寺院拥有土地园林。如魏孝文帝为祖母文明太后兴建报德寺,此地盘本为帝王游猎之区,拥有庞大土地,建寺后自然全归该寺所有。自孝文帝迁都洛阳后,京师地区民间土地已有三分之一为寺僧所占有。其他各州镇僧寺亦然。《魏书·释老志》云:"自迁都以来,年逾二纪,寺夺民居,三分且一,非但京邑如此,天下州镇僧寺亦然,侵夺细民,广占田宅。"

当时寺院土地来源除侵夺民众田宅外,其他尚有帝王封赐或贵族官

[①] 当时广州是交州之一部分。

僚所赠。如当时洛阳之寺院，拥有大片果园，故"京师寺皆种杂果"。如龙华寺、追圣寺，更是"园林茂盛，莫之与争"。如劝学里内的大觉寺三宝寺内，四周有果园，产珍果，有含消梨，每枚重达十斤；承光寺内所产水果，美味冠于京师；又如白马寺所产葡萄，颗粒比红枣还大，所产石榴，亦极美味，有"白马甜榴，一实值牛"之誉。又如宝光寺内园地宽广，果菜青葱，京师游人常有折藕摘瓜以为乐趣者。京师既为人烟辐辏之地，寺院尚有如此宽阔园地，则四方寺院，占地之广更为庞大，寺院所产珍果，除供奉王室及自享外，余均运市场销售。

北魏寺院占地既广，至齐、周各代续有发展，此种寺院之土地私有制，于实行均田制后益形扩大，造成此后均田制度被破坏之因素之一。

寺院既有大量土地，必具备大量的劳动力。当时寺院有上座、有寺主，为一寺之主。其下僧尼徒众数以千百计，有种田者、挑水者、烧火者……多来自农村。亦有未曾剃度而归附寺院者，当上寺院之"僧祇户"或"寺户"，成为寺院经济中的劳动主力。

北魏献文帝时，凡民间有能岁输谷60斛给僧曹者，即成为僧祇户；输粟者称为"僧祇粟"。荒年歉收，由寺院赈给饥民。又有民犯重罪及官奴来归寺者，可成为"佛图户"，以担任寺院洒扫工作，并岁兼营田输粟。后者隶属于一寺，前者不属于个别寺院，乃属于僧曹，但两者均须向僧曹和寺院交纳租粟。僧祇户岁交60斛，与政府屯田户所纳相同。

3. 寺院财势大，魏、周两灭佛

北朝佛寺除有丰盛的粮果收获及僧祇户缴纳的谷物作为主要经济基础外，另一重要经济来源即来自僧尼所发放的高利贷。

当时僧曹所收之僧祇粟，本是作为济施之用。即所谓"山林僧尼，随以给施；民有窘弊，亦即赈之"。但僧尼并未以僧祇粟用于赈济贫民，却用来放高利贷。造成"主司冒利，规取赢息，及其征责，不计水旱，或偿利过本，或翻改券契，侵蠹贫下，莫知纪极。细民嗟毒，岁月滋深"[①]。

[①] 见《魏书·释老志》。

即僧尼向贫民借贷所收取之利息比本钱要多。政府虽曾下令禁止，但无实效。农民贫户在高利贷之压力下，遂不得已转为属于寺院之附户。

贫民归附于寺院后①，又可逃避政府的力役兵役。于是出家为僧尼者或为寺院佛图户者日多，僧尼竟达200万人。至东魏、北齐时，于是"乃有缁衣之众，参半于平俗；黄服之徒，数过于正户；所以国给为此不充，王用因兹取乏"②。遂造成了僧尼多于民众之现象，政府及王室税收剧减，不敷应用。据《续高僧传》所载，寺院人口达400余万，其中附户达200万人，可谓骇人。如北周时，长安清禅寺即有寺户70余家之多。

由于寺院拥有大量土地与人力，寺户与僧尼又可免纳赋税，使国家税收蒙受损失，遂使主政者对寺院势力不得不加以限制。其条规如下：如需新建寺院，须有50僧人一寺，向政府申请获准者，否则以违敕论罪。建寺土地，如属侵盗官地，便得归还政府。

如经查明为无籍之僧③时，北魏孝文帝延兴年间（公元471—476年）下令各寺院不准收容；太和年间（公元477—499年），政府曾遣无籍僧人1327人还俗。其孙孝明帝时，因僧徒附户过多，下令奴婢不得出家，诸王亲贵亦不准代为请求，犯者以违旨论；如有僧尼剃度他人奴婢者，则移500里外为僧。并下令寺主及地方州镇里党，不得私度僧人，违者寺主发配远方，地方官降级或免职。政府如此严禁奴婢出家或私度为僧，目的为限制寺院劳动力太多。但上述禁令，并无实效。因此有魏、周两次灭佛事件。

十二、洛阳名都为商业贸易地

洛阳在曹魏、西晋、北魏建都以前，东周及东汉即已建都于此；北魏以后，隋、唐、后梁、后唐亦先后在此建都，有"九朝故都"之称。东周时，洛阳已成"天下名都"。当时已有用陶、石、骨及铜制作的精致

---

① 即成为"佛图户"。
② 见《广弘明集》。
③ 私度为僧者。

工艺品，供王室贵族享用。周时洛邑人已"喜为商贾，不好仕宦"。东汉光武帝定都洛阳后，修治水利，开凿阳渠，疏浚汴河，使江淮地区运粮到洛阳更为便利，因而成为全国最大工商业都市。该地区商人要比农夫多十倍。

曹丕灭汉献帝，公元221年正式迁都洛阳。公元265年，司马炎亦以洛阳为西晋之京都，历时近100年。晋武帝为兴建太庙，采伐荆山之木，华山之石，铸柱十二，涂以黄金，镂以百物，缀以明珠。惠帝时洛阳虽经破坏，但仍有锦帛400万，珠宝金银100余斛。

洛阳商业相当繁盛。有金市、马市、羊市，王族、官僚均有经商贸利。当时曹植创作《洛神赋》，左思写下《三都赋》，人们争相誊抄，造成洛阳纸贵。陈寿的《三国志》，司马彪的《续汉书》，也都在洛阳完成。石崇与王恺斗富，也在洛阳。

北魏崛起后，自平城（山西大同）迁都洛阳。此时洛阳比魏晋时规模更大，东西横20里，南北纵15里，宫殿位于旧城偏西北之地。西阳门外有大市[①]。《长安巷坊志》书中有详细记述。

洛阳之西阳门外有大市，周围八里。分成东、南、西、北四市，东面接洛阳都，有"通商里"与"达货里"，为洛阳正式市场。此市场中人多为工巧屠贩，其中有大商人刘宝最为富有。人称"产匹铜山，家藏金穴"。他在全国各州郡均开设分店，其店中商品，定价全国一律。各地均养马一匹，有如今日之大型百货商店。

当时有文形容："宅宇逾制，楼观出云；车马服饰，拟于王者。"可见商业之盛。洛阳西市有"退酤"、"治觞"两里，专门卖酒。有刘白堕者，善酿酒。六月时酒亦不坏，喝醉者一月不醒，故送客或出京时均用此酒。因酒带往远路，故称"鹤觞"，亦称"骑驴酒"。

此外，洛阳南市有"调音"与"乐律"两里，有伎女唱歌跳舞，以供市民娱乐。

北市有"慈孝"与"奉终"两里，专卖棺木及出租丧事之车辆。

[①] 中国古代凡大都市，是"都"与"市"分开，住宅区称"都"，商业区称"市"。

此外，市内分别有屠宰、食盐、粟米及金融等各种行业，各类商品应有尽有。有的巨商富贾有控制物价、垄断市场能力。

洛阳城南有四通市，为国际贸易集散市场。城中有万余户商家来自中亚细亚及古罗马（古称大秦国）。此处亦为洛水、伊河地区的水产物集散地。民歌有云："洛鲤伊纺，贵于牛羊。"当时欲享美味海鲜，也非洛阳莫属。

洛阳附近有"准财里"、"金肆里"，为富有之人住宅区，政府对该地区之奢华享受，曾加抑止，但并无收效。

洛阳北门有北邙山，此山低矮，王侯公卿多葬于此，故墓中多陪葬之明器。时至今日，当地人仍有将墓中掘出之泥人泥马或石碑出售。唐代诗人多有吟咏北邙山者，王建诗曰："北邙山头少闲土，尽是洛阳人旧墓；旧墓人家归葬多，堆着黄金无置处。"又："朝朝车马送葬回，还起大宅与高台。"张籍亦有诗云："洛阳北门北邙道，丧车辚辚入秋草。"读此诗可知富豪丧葬于此之概况。

北魏旧都原有云冈石窟（在今山西大同县西），始建于北魏文成帝时，石窟有五，每窟刻有巨佛一座，小佛像无数，巨佛高七丈，由一巨石雕成。造型奇伟，雕刻工致，震惊世界艺坛。北魏迁都后，又在洛阳城南25里处建造龙门石窟。

此地有青山对峙，伊水北流，俨然一座天然门阙，古称"伊阙"。石窟有三，其规模较云冈略小，但亦动用了80万2360名工人建造。唐代诗人白居易称赞："洛阳四郊山水之胜，龙门首焉！"

龙门石窟开创于北魏太和年间，历经东、西魏、北齐、北周、隋、唐、五代及宋诸朝，增补历时500余年，大小窟龛如蜂巢般密布于伊河两岸之山壁，长达两里。佛像十万余尊，造像题记与碑刻3600余品。龙门石窟亦为中国雕刻艺术之瑰宝，闻名于世。

十三、北朝重视技工军事

北魏统治者原属鲜卑族，鲜卑族人向来全国皆兵。自北魏迁都洛阳后，北方仍设六镇屯军。长城内外居民生活习俗相差极为悬殊，居住旧都大同者骑马射箭，迁居洛阳者念佛讲经。因此北边六镇①之族人凭借勇悍善战之习性，战胜了迁居洛阳享受安逸之汉化鲜卑族人，遂分裂为西魏与东魏。

北朝除宗教问题外，尚有一事特别重要，厥为北朝文化史中之大问题，即重工而轻农商。

中国工人生产，商人经商，汉代已有相当发展。至南北朝时，工商业更盛，对盐铁则不及汉代之重视。读《史记·货殖列传》，知中国工商业已一代比一代进步。

又如手工业的进步，亦促进了商业的繁盛。以纺织业言，南北朝时已有一脚可操控十支纺纱的机器了，已比汉代为先进。此时发明之水磨，不仅可磨食粮五谷，且可用四马推磨；并用风力使铁炉熔铁。自外族入主中国后，北朝特别重视工人，并鼓励科技的发明。如魏陈留王时，刘徽注《九章算术》，至今仍为中国古代数学名著。晋何承天为著名历学家，以考订《元嘉历》闻名于时。南朝宋时祖冲之改造铜机，圆转不穷；又造欹器②以献竟陵王萧子良；更造一器，不因风水，施机自运，不劳人力；又造千里船，可日行100余里。扶风马钧，亦机械制造专家，天下之名巧匠，曾创制"指南车"，以定物之轻重；制"翻车"以灌园，使儿童亦可操作，其巧百倍于常。其他如农业学家后魏贾思勰撰《齐民要术》为当政者所最欣赏及重视者。

北朝某帝曾下诏，百工技巧须传授家传技艺，但不准进学校受教育，实则重视工人。自北朝鲜卑人迁大同建都后，凡有一技之长之百工巧匠③，有十余万人跟随迁徙至中央政府所在地，可见倍受重视。故大体上言，北朝重视宗教而不重教育，重视工人而不重农商，北朝亦轻农而重牧。

---

① 今内蒙古河套至张家口一带。
② 此种古器，水满时即倾倒。
③ 如福建漆器、广州象牙球等专业技工。

北魏孝文帝时,黄河南北有千里大牧场,专养马而无牛羊。北朝末年,黄河流域有马三四百万匹。其当时之重视工业、军事与宗教,实与今日之西方国家相同。

第九章
隋代经济
（公元 581—618 年）

一、隋代开丰衣足食之世

中国经过魏晋南北朝400年来的分崩动乱，至隋复告统一。隋自文帝坚、炀帝广至恭帝侗三朝，历时38年。如以文帝开皇九年灭陈统一中国算起，至恭帝灭亡，不过29年。隋代国祚虽短，但自汉代以来，论人口繁殖之众，仓廪府库之盛，常推隋为第一。

今且以西晋以来之人口作一比较。

晋武帝太康元年有245万9804户，共1616万3863人。

宋武帝大明八年有90万6870户，共468万5501人。

陈朝有50万户，总共200万人。

魏孝文帝迁都洛阳后，其人口较西晋太康超出一倍略多，约500万户。

北齐有303万2528户，共2000万6880人。

北周有359万户，共900万9604人。

到了隋炀帝大业二年，已增至890万7536户，共4601万9956人。

以上合计北齐、北周之户数662万余户，已比魏孝文迁洛时之户口多出100余万户，较之陈朝多出12倍，以人口计，比陈朝多出15倍，较西晋太康全国统一时已超出一倍。此为当时北方政治已上轨道之证明。

隋文帝接替后周政权之初，有359万9604户，但到26年以后的隋炀帝大业二年时，已增至890万7536户。此乃由于隋臣高颎[①]整顿户籍之成功。他使浮逃人口归于编户，增强隋代实力。《通典》谓高颎沿袭北魏

[①] 高颎为河北景县人，初仕北周，隋初为相府司录，后为尚书左仆射，兼纳言。执政近20年。

均田制以来用意,使隋代资储遍于天下,人俗康阜,致使隋朝国计富足,甲于以前诸朝。

兹将上述各朝户数与人数列表如下:

年号/朝代	户数	人数
晋武帝太康元年	245万9804户	1616万3863人
宋武帝大明八年	90万6870户	468万5501人
陈朝	50万户	200万人
北齐	303万2528户	2000万6880人
北周	359万户	900万9604人
隋炀帝大业二年	890万7536户	4601万9956人

二、探讨隋代致富原因

隋代赋税多沿袭北周制度。但北周之酒榷、市税及盐池盐井之禁,隋开皇三年已尽废除。即使隋所行之赋调,亦相当轻。

隋代调制输绢一匹者减为二丈。力役亦有轻减,《隋书·经籍志》云:"开皇三年正月,帝入新宫。初令军人以二十一成丁。减十二番每岁为二十日役。"开皇九年平陈后,该地区免租税十年,其他各州亦免除当年租税。开皇"十年五月,又以宇内无事,益宽徭赋。百姓年五十者,输庸停役[①]。十二年诏河北、河东今年田租三分减一,兵减半,功调全免"。

隋虽多次减免赋税徭役,但极富有。《通典》记载隋代国库之富裕曰:"隋氏西京太仓,东京含嘉仓、洛口仓,华州永丰仓,陕州太原仓,储米粟多者千万石,少者不减数百万石,天下义仓,又皆充满。京都及并州库布帛各数千万,而锡赉勋庸,并出丰厚,亦魏晋以降之未有。"

---

① 输庸停役即免役收庸。

《通鉴·炀帝大业二年纪》云:"九月,置洛口仓于巩东南原上,筑仓城,周回二十余里,穿三千窖,窖容八千石以还,置监管并镇兵千人。十二月,置回洛仓于洛阳北七里,仓城周回十里,穿三百窖。"

由上述记载,足见隋代粮食布帛储存之丰盛。隋文帝既然轻徭薄赋,何以又如此空前富裕?其原因有下列数端:首先,周灭齐,隋灭陈,均未经过大规模之战祸,天下之宁静和平,已有相当长的时间;其次,自宇文泰、苏绰以来,北朝君臣大体均能注意吏治,隋代仍然承袭了此良好的风气。

文帝受禅登位,有臣下杨尚希上奏,谓当时郡国倍多于古,如不足百里之地,竟数县并置;或户不满千,却由两郡分管,造成人少官多,十羊九牧之现象。文帝嘉许之,遂罢天下诸郡。又如当时刺史多由武将担任,并不称职。柳彧上表谏之,遂多为罢免;文帝又遣发柳彧持节巡河北52州,奏免长吏赃污不称职者200余人。又如开皇三年,度支尚书长孙平奏令民间立义仓,于是州里富足。

不过,隋代致富原因之更为重要者,便是中央政令之统一,与社会阶级之消融。中国古代之贵族封建,以及魏晋以来之门第特权,至此已全部消除,整个社会同处一平等地位,而同属于一政权管辖之下,致使下层之负担尚甚轻,而上层之收入已甚足。

隋代与西汉政府有一显著不同之点,厥为西汉积高祖、惠帝、文帝及景帝三世四帝60年之休养生息,至汉武帝而始盛。隋代则文帝初定天下,便已富足。此乃由于汉初尚未脱封建遗蜕,有异姓同姓诸王侯,自韩彭葅醢,直至吴楚称兵,财富不能集于中朝。中央政权所能直接管辖者,不足全国版图三分之一。

中央王室虽恭俭,而诸王侯封君莫不骄奢放纵,自与隋代初年形势大不相同。

隋文帝生活节俭,勤于吏治而无大度,有一事可以看出。开皇十四年大旱,是时仓库盈溢,却不放赈济民。连唐太宗亦批评其"不怜百姓而惜仓库"。文帝在一味省钱的原则下,认为办教育亦是浪费国家资财,于是州县废除太学四门,国子监学生只留70人。

隋代末年，天下储积足五六十年，遂使炀帝大肆挥霍。其荦荦大者有下列各项：

1. 炀帝即位，营建东都，每月役丁200万。
2. 元年开通济渠，引谷水、洛水达黄河，引黄河入汴水，引汴水入泗水以达淮河。此项军国大计，魏孝文帝亦已先有此意，至炀帝而实现。此乃为贯通中国南北两方新形势之伟大工程。
3. 炀帝遂南游扬州。渠阔40步，渠旁筑御道。自长安到江都沿途筑离宫40余所。建造四层高的龙船，高45尺，长200尺，挽船士八万，舳舻相连接达200里，骑兵巡护两岸。
4. 三年，率甲士50万北巡榆林，筑长城。
5. 四年，又筑长城；开永济渠，引沁水南达黄河，北通涿郡，共征用了河北诸郡男女100余万人。
6. 六年，通江南河，自京口至余杭，长800里，阔十丈余。
7. 八年，亲率逾百万兵征高丽。渡辽河的30万人还者不足十分之一。九年、十年再伐高丽。

炀帝恃富饶，而奢华无道，遂致灭亡。

三、隋代土地分配及赋徭概况

隋文帝开皇九年，全国有人口890万7536户，全国所垦田地计共1940万4267顷，平均每户垦田二顷余。但实际分田方法按官民等级有所不同，且亦有君王特赐功臣者。

自诸王以下至都督[①]按等级不同，最多可分给100顷永业田[②]，最少为40亩。

至于分配给丁男、中男之永业田与露田[③]皆与后齐之制相同，即一夫

[①] 都督指领兵将帅或地方最高长官。
[②] 永业田为隋、唐行均田制时分给男丁种植桑、麻等树木的世业田，相当于北魏、北齐时之桑田。
[③] 露田于北魏及隋行均田制时，计口分配种植谷物，年老时要还的田。

授露田80亩，一妇40亩，并每丁授永业田20亩。

园宅方面，统是三口给一亩，奴婢则五口给一亩；丁男一床，租粟三石。受地者须课以绢绝及麻①。未受地者，皆不必课。

凡有品爵，或是孝子、义夫、节妇者，均可免除课役。

京官又可分得"职分田"②，一品者给田五顷，每品各递减50亩，至九品为一顷，外官亦有。另并给"公廨田"，以该田所收之租作办公经费之用。

隋帝亦有将土地特别赐给功臣者。如开皇年间，隋文帝赐平陈有功之杨玄奖（杨素之子）以官职及黄金40斤，并装满金钱之银瓶，缣3000段，马200匹，羊2000口，公田100顷，宅一区。开皇末年，又赐杨素田30顷，绢万段，米万石，金钵一，装以金；银钵一，装以珠，并绫绢500段。时杨素贵宠日隆，家僮数千人，后庭妓妾穿绸着绮罗者以千数③。

大业三年，炀帝赐张衡宅旁田30顷，良马一匹，金带，缣彩600段。④

隋文帝初期，太常卿苏威曾建议，以"户口滋多"，田地不足分配给人民，欲减功臣之地以给百姓。但大司徒王谊以为"百官者，历世勋贤，方蒙爵土，一旦削之，未见其可"。因此，苏威之建议遂告搁置，带有封建时代土地分封意味的措施遂无法根除。

讲到隋代的赋税，可分租调、徭役和杂税三部分。

首先是租调方面。文帝开皇二年，颁布均田法与租调法，首为分配土地。丁男（18—59岁）与中男（10—17岁）都可分配到永业田和露田。每一丁男授露田80亩，丁女40亩。永业田栽种桑、枣及榆树。至于园宅田每三口分给一亩，奴婢每五口分一亩。京官外官亦按等级分田，又有公廨田供公家开支，这些以上已有说明。

隋初以18—59岁的男女劳动者为课征对象⑤。开皇三年提高至21岁

---

① 绢为生丝织成之绸，绝为粗绅与布相似。
② 职分田亦称"职田"，自北魏至明初按官阶品等高下授给官吏作俸禄之公田。
③ 见《隋书·杨素传》。
④ 见《北史·张衡传》。
⑤ 60岁为老，可免课征。男女3岁以下称黄；10岁以下为小，17岁以下为中，18岁以上为丁。

为丁。炀帝即位后,因户增而国富,又改男子22岁为丁,并免除妇女、奴婢、部曲之课。

关于赋役负担,租的方面,以一床(成丁之夫妇)计,须出粟三石;单丁及仆隶依丁男所课之额减半;未授地者,不征租调;有品爵者,免征。至于调的方面,凡在蚕桑地区,一床出丝或绢一匹,绵三两。产桑地区则出布一端,麻三斤。开皇三年三月时,减调绢一匹为二丈。户口增长后,以土地有限,遂于开皇十三年遣使到各地,将一部分已分之田地收回,重新分配给新的适龄人士。

其次是徭役方面。隋初时,每男丁每年服役30天,工匠60天。开皇三年,一般劳役减为20天。至于服役年龄,初为18—60岁,开皇三年改为21—60岁。隋文帝时徭役尚轻,至炀帝,大兴土木,连年征伐,于是加重劳役,男丁不足,又征用妇女,造成民怨沸腾,种下灭亡祸根。

杂税方面,隋无食盐税;开皇三年亦免酒税。但人民对王室须贡纳,至炀帝时,此种贡纳极重。史载,炀帝巡游扬州时,所到之处,500里范围内之人民均要献食,以各地水陆奇珍为主;炀帝到扬州,又命江淮郡官送礼,送礼丰厚者超迁丞守,菲薄者则停职处分[①],使官民受害深重。炀帝用钱无度,后来竟有预先收取未来若干年之租者,诚可浩叹。

四、开运河建义仓两德政

隋代发展水利漕运,使南北运输畅旺,功不可没。

隋文帝开皇三年时(时陈朝未灭),以京师粮仓尚虚,议为水旱灾时有所预备,乃诏令于蒲、陕、虢、熊、伊、洛、郑、怀、邵、卫、汴、许及汝等水道之13州,各设置募运米丁男,又在卫州建黎阳仓,陕州建常平仓,华州建广通仓,转相灌注,漕运关东及汾晋之粟,以供应京师。又差遣仓部侍郎韦瓒向蒲、陕以东募人,能于洛阳运米40石,经砥柱之险,

---

① 见《文献通考》。

运到常平仓者，可免征戍。

开皇四年，诏宇文恺率水工凿渠引渭水，自大兴城（西安）东至潼关300余里，名曰广通渠，使潼关内外转运便利。

炀帝大业元年，征发河南诸郡男女100余万开凿通济渠，于是天下运输益便。四年，又征用100余万男女开永济渠。五年，炀帝设置西海、鄯善、且末等郡于西域，谪送天下罪犯为戍卒，大开屯田。

隋代尚有一良好之制度，为后世所称道者，厥为义仓与社仓之建立。开皇三年时，度支尚书长孙平有感于天下州县多患水旱，百姓困乏，及奏令民间每秋每家出粟麦一石以下，数量多寡依贫富划分差等，储存于民间里巷，以备凶年之需，名曰义仓。他上书隋文帝曰："臣闻国以民为本，民以食为命，劝农重谷，先王令轨。古者三年耕而余一年之积，九年作而有三年之储，虽水旱为灾，而民无菜色，皆由劝导有方，蓄积先备者也。去年亢阳①，关右饥馁，陛下运山东之粟，置常平之官，开发仓廪，普加赈赐，大德鸿恩，可谓至矣。然经国之道，义资远算，请勅诸州刺史、县令，以劝农积谷为务。"

隋文帝深为嘉纳，据开皇十六年所载，社仓分上中下三等税，上户不过一石，中户不过七斗，下户不过四斗。于是州里丰饶，人民有所依赖。于是天下原有各仓，如西京太仓，东京含嘉仓、洛口仓，华州永丰仓，陕州太原仓"储米粟多者千万石，少者不减数百万石。天下义仓，又皆充满"②。此本为极善制度，后世有效法。惜文帝于荒年时，民多饥乏，竟不许赈给，诚可叹息。

五、隋代基建及重工业规模浩大

隋代各项手工业已相当发达，尤其在建筑及交通运输方面之工业甚为进步。如隋初所建之洛阳乾元殿，用大木所制栋梁宏壮，非当地所产，

---

① 开皇二年久晴不雨。
② 见《隋书》及《贞观政要》。

乃自江西南昌运来，由2000人拖一柱，地下铺以生铁所制滚柱，以便滑行巨木。隋炀帝时，工部尚书宇文恺造辽水桥不成，军队不能渡过，且右屯卫大将军麦铁仗因而遇害，帝遂差遣何稠造桥，二日而成。史书虽无记述用何方法，但已从中窥知何稠是位出色的建筑工程师。

又如赵县洨河石桥[①]，又名赵州安济桥，为中国最古之石拱桥，隋代工匠李春所建。此桥制造奇特，人不知其如何能造成，乃用许多整齐平均之石块，紧合拼凑如一，桥拱高耸，奇怪的并无一条支柱，用石叉插勾连，排比砌合，各石间的裂缝用灰黏合填实，桥身各洞之间用腰铁相连，两涯镶嵌四个小拱，不怕汹涌的急流冲击。如果没有深智远虑的巨匠，怎能有如此神乎其技的手艺？

又如造船工业，炀帝在大业元年，先乘他舟从洛水入黄河之口，再乘龙舟。此舟高45尺，长20丈，共有四层：上层有正殿、内殿及东西朝堂；中间两层有120间房，皆用金玉装饰；下层内侍所用。皇后所乘之翔螭舟，规模略小，而装饰则相同。帝出游时，后宫、诸王、公主、百官、僧、尼、道士、蕃客随行之船数千艘，并载内外百司供奉之物，共用挽船士八万余人。又有战艇数千艘，由军士卫兵乘之，并载兵器帐幕，由兵士自己拖引，不给船夫。帝王巡游威仪天下，一面知炀帝奢华糜费，滥用民力；但另一方面可知如此庞大之船队巨舸，必须有先进之造船工业加以配合[②]。

又如隋时有浙江贼帅高智慧，自称扬州刺史，拥有船舰千艘，屯据要害，兵力甚劲。杨素率大军出击，自早晨苦战至下午四五时，费九牛二虎之力，才将智慧驱赶入海，再自余姚追到温州，始将贼击破。可知当时海上交通已盛。

炀帝又辟驰道多起，其一是发河北十余郡丁男，将山西高原与河北平原之间的太行山凿通，有驰道以通太原，其工程之浩大可见。

[①] 洨水发源于河北西部井陉山。
[②] 见《隋书》及《通鉴》。

六、隋朝的金融概况

1. 隋代货币制度晚期不稳

隋文帝因周氏平齐之后,"府库充实,庶事节俭,未尝虚费。开皇之初,议者以比汉代文景,有粟陈贯朽之积"。

文帝因节省开支,稳定币值,奠立了安定富庶的立国基础。宋代学者苏轼亦称道说:"自汉以来,丁口之蕃息,与仓廪府库之盛,莫如隋。"①《文献通考》亦说:"古今称国,计之富者莫如隋。"

文帝开皇初年,使用五铢钱,1000枚共重四斤二两。但此时民间有私铸者,质量多不合标准,因此政府严查关外之杂钱带进市场。不数年后,除了隋五铢钱外,前朝杂钱一律禁用。当时用锡镴铸钱,造成盗铸者更众。

开皇十年后,官府铸钱亦增加,除扬州外,又在鄂州设炉铸钱。文帝又准许杨谅在并州、杨秀在益州铸钱,其他私铸亦盛,遂造成劣币充斥市面。但由于政府经常派员查核各地钱币,非官钱或政府准铸者一概没收,故币值尚算稳定。

文帝处理货币,可谓采取紧缩政策。至隋炀帝的十二年中,因国库积资雄厚,遂大兴土木,广开河渠,并三征高丽。其雄才大略,虽不及秦始皇,但论其所具贵族气质,及不能体恤民困,则态度完全相同。由于军事上、建设上以及个人享受上之开支浩大,乃造成滥发货币、通货膨胀之现象。

炀帝又奖励对外通商,"所经州郡,疲于迎送,糜费以万万计"。与西域胡人的通商虽然发展可观,但钱货使用过巨,公私发行量大增,遂引起货币贬值②。

由于大量私铸钱币,币值急剧下跌。《北史·隋本纪》载,炀帝时"政刑弛紊,贿货公行,莫敢正言,道路以目。六军不息,百役繁兴,行者不归,居者失业,人饥相食,邑落为墟,上不之恤也。东西行幸,靡有定居,每以供费不给,逆收数年之赋"。

---

① 见《通考》。
② 见《隋书·裴矩传》。

由于炀帝挥霍无度，人民负担极重，只得滥铸坏钱，重量日轻，起初千钱重两斤，比政府法定减重五成余，后又减至千钱重一斤。最后竟有剪铁鍱裁皮糊纸以当钱用①。唐李渊攻进长安时，民间用线环钱，质量更差，八九万钱只有半斛而已。大业末年，斛米万钱，经济安得不崩溃。

2. 典当及官私贷款

隋代统一之初，国家安宁，商业趋于发达，各种信用业务亦见兴盛。南北朝时，寺院拥有庄园田地，资产富有，常有经营放债及实物高利贷者。南朝梁代时，有人曾以一束苎向长沙寺库质钱，赎当时，于取回之苎中夹杂有五两重黄金，用手巾包裹着。该黄金亦是来典当者之物，得金者诚实送还寺方，寺方酬以一半黄金，而该人坚不肯受。可见当时典当之物，上至贵重之金，下至贱价之苎，均可质钱。当时有以慈善为名而用实物放款或货币放款者。

隋代亦有私人放款以获取利息者，如隋文帝之后，"孝王俊渐奢侈，违犯制度，出钱求息，民吏苦之"②。

亦有政府机构以"公廨钱"③作营运，以赚取利息。先是由于"百寮供费不足，台省府寺咸置廨钱，收息取给。苏孝慈以为官民争利，非兴化之道，上表请罢之。请公卿以下给职田各有差，上并嘉纳焉"④。上述用公廨钱收息，志在营利，以息钱维持百寮供费。开皇十四年，此法曾一度禁止，至十七年复准以公廨钱营利，以补助政府开支之不足，但不准出举收利而已。

《隋书·食货志》记载，开皇八年时，京官及诸州并给公廨钱，回易取利，以给公用。至十四年六月工部尚书安平郡公苏孝慈等以为所在官司因循，往昔以公廨钱物出举兴生，唯利是求，烦扰百姓，败损风俗，于是奏皆给地以营农，回易取利皆禁止。十七年十一月诏在京及在外诸司公廨在

---

① 见《隋书·食货志》。
② 见《隋书·文四子传》。
③ 公廨即公舍、官署，官吏从公之处。
④ 见《隋书·苏孝慈传》。

市回易及诸处兴生，并听之。唯禁出举收利云。

以上私人或官府放款，供民间借贷者，称为"出责"或"举贷"，名为济民困急，实乃刮削穷苦民众，常为世人所诟骂。

七、隋代财政支出大损民生

隋代的财政开支可分王室与政府两大部门。关于王室的支出，隋文帝时尚称节俭。至炀帝时，王室主要开支有两项。

第一是大兴土木，营造宫殿。文帝虽节俭，但开皇十三年兴建仁寿宫时，服劳役的人民死逾万人。炀帝即位，营建东都洛阳，历时一年完成，每月征用民夫200万，死者近半。

第二项巨大的支出，便是炀帝掌政时期，绝大部分是外出巡游，如大业元年游幸扬州，场面壮阔。单单置办王室巡游时之用品便是"所役工十万余人，用金银钱财物巨亿计"[①]。因此使所收赋税亦不够用。

关于政府部门支出，首先是官员之薪俸支出。隋初有官员逾1.2万，后虽经裁减，但仍不算少。隋代官俸亦用实物。《隋书·百官志》载：京官正一品900石；从一品850石；正二品800石，每低一级减50石，至从九品为50石，九品以下无禄。分夏秋两季发放。至于地方官员，州以大小分等，从最大之州620石到最小之州为100石；县亦以大小分等，从大县之140石到最下的60石，每等以10石为差距。

政府之军费支出亦巨。开皇八年伐陈，用兵逾50万。此后亦常用兵，开皇十八年以30万军攻高丽。炀帝时曾三次攻高丽，用兵100万，服劳役者亦达100万，可见军费之重。

此外，政府工程建设费用亦浩大。如自文帝至炀帝的挖凿运河；大业年间的开江南河和永济渠，动辄征用民力数十万；开皇年间的修筑长城，先后三次各用民力十余万人；炀帝大业年间竟征用民力100余万。此外，如大业三年多次征丁修筑驰道，征伐徭役频繁，遂致民生凋敝。

[①] 见《隋书·何稠传》。

第十章

唐代经济

（唐：公元618—907年；五代十国：公元907—979年）

一、君臣同心创贞观盛世

唐代凡20帝，290年。

唐太宗为中国历史上一位杰出君主。24岁定天下，29岁登帝位。本人既勤于听政，辅佐之贤臣又多。平四夷，安海内，贞观之治，为后世所称道。

唐太宗属下贤臣，有王珪、房玄龄、杜如晦、温彦博、李靖、魏征等，不胜枚举。

太宗本人亦勤于朝政。他尝录刺史姓名于屏风，坐卧观之。将刺史掌政时善恶之事迹，皆注于名下。又常遣员巡察，问民间疾苦。此时期君臣齐心努力，共同望治，实国史所罕见。

但若论贞观时代之社会情况，实并不比炀帝时为佳。盖因隋代大业七年至唐贞观二年的18年中，群雄蜂起，拥众逾15万者，有50余人，天下大乱，民间已极残破。

贞观元年，关中饥荒，斗米值绢一匹；二年蝗灾，政府所收租谷，尚未存入粮仓，已要取出赈济；三年水灾；到四年始有丰年，四处流散之民众才得归乡。贞观十一年时，魏征上疏谓，隋代府库仓廪户口甲兵之盛，唐代无法比拟。马周上疏亦说当时之户口不及隋代十分之一。

贞观时人口不满300万户，要到唐高宗永徽三年（公元652年）才增至380万户，而隋代开皇年间已有870万户。直到唐玄宗天宝十三年，才有961万9000余户，进入唐代极盛时期，始足与隋代相比。

历代人口数目，虽有隐漏或虚报，不可尽信，但大体上可看出世运之盛衰与升降。

唐太宗时，因君臣时时以隋之亡相警惕，遂不敢骄纵荒佚，致成治世。到玄宗时，进入隋代般的富庶，造成天宝之乱，与隋炀帝时代颇为相似。

二、唐代经济制度优于汉

唐代不收一切商业赋税，为前代所未有者①。此皆因唐太宗实行轻徭薄赋政策所致。武德九年时（公元626年），太宗与大臣商议如何抑止盗贼，有谓用重刑禁之。

太宗笑道："民之所以为盗者，由赋繁役重，官吏贪求，饥寒切身，故不暇顾廉耻耳。朕当去奢省费、轻徭薄赋，选用廉吏，使民衣食有余，则自不为盗，安用重法邪！"太宗曾患关节病，公卿因其所居宫室卑湿，奏请另造楼阁居住，以愈旧疾。太宗以德不及汉文帝，不欲劳敝百姓，遂反对大兴土木，并实行轻减赋税②。

如唐初并无榷盐之税。唐兴逾100年之后，玄宗开元年间才开始课盐③。以后才涨至40倍。天下之赋，盐税收入当占五成。

唐初亦无茶税，德宗建中以后（公元780—783年）才开始征收茶税，故税茶比玄宗更迟了近70年。

唐初亦不禁私人酿酒，要到代宗广德年间以后才开始有榷酒之税，此时亦距唐初140余年了。

唐初待工商界甚优厚，虽设关卡，但不征税，此乃依循隋代只设赋调之制。

又如唐初开店做水碾（即用水力磨米）亦不收税，且奖励之，欲改业营商者，听任自由，政府决不勉强人民一定务农。

汉、唐两代经济政策不同，汉代对大商贾重征商税，不许社会有大富之现象。但唐代每丁给田80亩，每家100亩，给予人民最低限度的生活水平，如欲富裕，则亦不加限制，听任人民各自去打算发财。汉代之

---

① 战国、秦汉时代均有收取。
② 见《资治通鉴》。
③ 玄宗晚年天宝时至肃宗至德年间，盐价极廉，每斗仅值十钱而已。

经济政策乃不准人民太富有,注重征收商税,节制资本,对人民不分田地,不平均地权,不理你穷成怎样,略近似苏俄的共产主义;唐代则不收商业税,任由人民富庶,亦不让人民太穷,人人分田,平均地权,但不节制资本,略近似美国的资本主义。

如划成两条平行的水平线,一条为上水平线,另一为下水平线。汉代是不准人民冲破上水平线,但不理人民生活在下水平线之下。

唐代则听任人民可冲破上水平线,但不让人民生活在下水平线之下,两者相比,唐代为优。

三、唐代创立的租庸调制

1. 租庸调制之内容

唐高祖武德七年时,订定租庸调制,此制度乃由北魏均田制演变而来。此制规定:

凡男女刚出生者称黄,4岁称小,16岁称中,21岁称丁,60岁为老。凡丁年18岁以上者授田一顷[①]。

其中80亩为口分田,年老时还给官府[②];20亩为永业田[③]。

永业田皆可传给子孙,政府不再收回。即使子孙犯法除名,所承受之地,亦不追回。规定每亩种桑50株以上,榆、枣各种10株以上,须在得田之三年内种毕,如不宜种上述各树者,得以宜种之树充之。

规定百姓身死家贫无以供葬者,可售卖永业田;如原居地是人口多田地不够分配之狭乡,居民乐意迁居宽乡者,则亦可售卖口分田。如涉及卖买田地事项,须向官府呈报,取得文牒。

凡经营工商业者,则永业田,口分田,各减半给之,在狭乡者则不给[④]。

至于宗教人士,给田另有规定:凡道士给田30亩,女冠20亩,僧30亩,

[①] 唐制五尺为步,240步为亩,100亩为顷。
[②] 此口分田相当于北魏之露田。
[③] 永业田即相当于北魏之桑田。种植榆、枣、桑等树。
[④] 见《通典》。

尼20亩。

武德七年所定，凡丁男中男给田一顷外，老男废疾者给田40亩，寡妻给30亩，如为一户，则加给20亩①。

政府官员给田亦有规定：凡官人及勋授永业田，亲王100顷；正一品官60顷；郡主及从一品50顷；正二品40顷；从二品35顷；正三品25顷；从三品20顷；正四品14顷；从四品11顷；正五品8顷；从五品5顷。

阶层	授田大小（单位：1顷=100亩）
凡丁年18岁以上者	1顷（包括0.8顷口分田及0.2顷永业田）
经营工商业者	0.5顷（包括0.4顷口分田及0.1顷永业田；在狭乡者则不给）
宗教人士：	
道士	0.3顷
女冠	0.2顷
僧	0.3顷
尼	0.2顷
老男废疾者	0.4顷
寡妻者	0.3顷（同为一户者加给0.2顷）
政府官员（永业田）：	
亲王	100顷
正一品官	60顷
郡主及从一品	50顷
正二品	40顷
从二品	35顷
正三品	25顷
从三品	20顷

---

① 见《唐会要》。

正四品	14 顷
从四品	11 顷
正五品	8 顷
从五品	5 顷

唐代按照每丁分配土地缴租。每丁每岁出粟二石，谓之租。此即古代粟米之征，亦相当于汉代之租。

每丁每岁输绫、绢、绝各二丈，如用布代替，则加五分之一。输绫、绢、绝者兼绵三两，输布者兼麻三斤、谓之调。此即古代布帛之征。调有"兴调"、"调发"之义，相当于古代之赋。汉代之口赋相当于唐代之户调。

同时并规定每丁一岁做工35天，可免调；如做工50天，则可免租和调。

至于正式之庸，则为每丁每岁用人力20天，闰加五日。不役者每日以绢三尺代替。此即古代力役之征，相当于汉代之役。

以上即为唐代租庸调制，为后世称道不已。唐代土地有240余万大亩，如每亩出粟一石计，20亩永业田不计，每丁80亩口分田出粟80石，则每丁二石粟，其租只是四十税一，可说极轻。孟子在战国时，以为十分之一之租税为王者之政；汉制则十五税一，常收半租，则为三十税一。汉代的实际政治，已较战国学者托古改制的理想，更进一步地宽大了。而唐代之租80石中收二石，只是四十而税一，较汉制更轻更宽。如以西晋100亩课田60亩相比，则只及二十几分之一。

以庸而言，汉制每丁每岁更役30天，唐则只20天，汉之三分之二而已。且汉代每丁尚须担任正卒卫士一年，又有戍边三天。唐代因实行府兵制，农民不需卫戍，故比汉代负担更轻。

调输布帛，与汉代口赋不易比较。但西晋户调，丁男之户，岁输绢三匹绵三斤，比唐代多了六倍。北魏均田一夫一妇调帛一匹，亦比唐多一倍。唐虽兼以绫、绝为调，上比稍有出入，但唐之调法轻于魏晋则是事实。

2. 为民制产之德政

唐代大政治家陆赞说："有田则有租，有家则有调，有身则有庸。"有一项，要一项。有田有身有家，便有租庸调。此即为民制产，将国家赋税放在公平之政策上，自可使民众安居乐业，政府财政亦可稳定。

近人有轻视唐代之租庸调制者，讥为杂拼的租税。其实却巧拼成孟子所谓粟米之征、布帛之征和力役之征，并非胡乱拼凑。

至于此租庸调制是否唐代实际推行？每丁均有给田100亩？其推行情况如何？有两点推想：

第一点：想象中每人有田超出100亩的很多，但可能此制度无法普遍推行于全中国。

第二点：此制度不以田为主，而是以丁为主。此乃"认人不认田"，可算是自由经济。

正如孟子所说，井田制度是为民制产。唐代的均田制，以丁为主，亦是为民制产。

由于是重丁，因此特重村坊制度，使户口册上之户籍清楚准确。北魏以来针对荫户私户而发的户口政策，亦是为清查人丁而发。

当时100户（家）曰里，5里曰乡。城市曰里，郊外曰村。各设里正、村正。4家曰邻，20家曰保，100户曰里，里有5保。乡要做"乡账"，包括报户口及土地面积与人口比例是宽乡抑狭乡（人口少叫宽乡，人口多则为狭乡）。固然有部分地区并未实行，但仍得承认有此制度。因为要呈报是否宽乡或狭乡，可见此制度有为民制产之精神。

"乡账"由乡而报县，由县而报州，由州而报户部。规定每岁一造账（人丁册），三岁一造籍（户口册）。人口调查，毫不马虎。

租庸调制可谓中国历史上赋税制度之中最好者。论轻徭薄赋，亦当以唐代为最。

租庸调制之第二优点，厥为税收项目之列举分明。此点惟有汉代的租税制度差可比拟。因此使当政者不能亦不必横征暴敛，无法随时增税。

租庸调制之第三优点，亦为最重要者，乃此制度含有为民制产之精神。农民到18岁则由政府授田，到60岁则将田归还政府，同时实行为民制产与为官收租，实为汉代制度所不及。汉租虽轻，但有无田地者亦须缴交口赋及服更役，不得已则出卖为奴，或亡命为盗。唐代则没有无田之丁户，人人缴得起庸调。

在租庸调制度下之农民生活，可以想象是较为宽舒安恬。农民生活之宽舒安适，促成了整个社会之安定繁荣。故盛唐时代之富足太平，自唐太宗贞观到唐玄宗开元年间，历时100余年，有一番蓬勃光昌的气运，决非偶然。杜甫有诗曰：

> 忆昔开元全盛日，
> 小邑犹藏万家室。
> 稻米流脂粟米白，
> 公私仓廪俱丰实。

此诗写的就是盛唐社会的写照。安史之乱时，江、淮、河南钱帛聚存于清河，以赡北军，谓之天下北库。计有布300余万匹，帛80余万匹，钱30余万缗，粮30余万斛。许远守睢阳时，积粮6万石，张巡因之得以固守一相当时期以屏障江淮地区。乌承德以信都降史思明，亲交兵马仓库，马3000匹，兵5万人。当时之地方州郡已是如此富实。此后虽衰落，但藩镇之殷实富厚，仍是远非后世所及。

宪宗时，韩宏在汴为宣武节度使，献马3000匹、绢5000匹，杂缯三万匹，金银器1000件。而汴之库廒尚有钱100余万缗，绢100余万匹，马7000匹，粮300万斛。穆宗时，刘整为卢龙节度使，献征马1.5万匹。藩镇财力殷盛，正好证明了唐代积富于民之厚，使诸藩镇得以捍御外寇久存。正如顾亭林在《日知录》所说："唐代驿舍，有沼、有鱼、有舟、有池、有林、有竹。后代驿舍，殆如隶人之垣（即监狱）。天下州城，为唐旧治者，其城郭必皆宽广，街道必皆正直。宋以下所置，时弥近者制弥陋。唐室富盛，固在中央不尽取于州、郡，尤要者，更在中央不尽取之于民间也。"

3. 制度没落的原因

上文提到唐代极为重视报乡账，此为实行租庸调制首要条件。即人民每岁要报人丁册,三岁报户口册。今年与去年所造之账要作比较,叫做"比"。规定州、县要保留五本比较账,即今年之账之前,尚要保留以前之四。户部则保留三本。

各县之户口册约数千户,全国各县户口册经整理装订后,要送到长安。册载男女年岁,甚至疾病或健康,均得详细注明。丁口呈报严格,不仅有"账籍",还得有"团貌"①,即户口册中均须注明五官、身材及面貌等。一经写定,不得更改相貌。临时要对相,谓之"貌定"。集合在一起,称为"团貌"。《水浒传》中就有提及。

唐代编查户口籍极为详细严谨,使政府按户口册籍分给田地时,不易冒领、重领或错领。

历来有很多论史之书,皆谓唐之租庸调制"以丁为主,从丁不从田"。此说并不尽然。

租庸调制既为一优良之制度,何以会遭受没落以致无法顺利推行?

首先,此制度以丁口为单位,丁口及龄时得由政府分配田亩,丁口得凭账籍、团貌等簿册查核无误后才由政府授田。如户口不清时,此制度便无法推行。制度行之相当年代后,户口调查便生问题,分田亦随之而有困难。

同时,当时除百姓分田外,贵族和官员尚有分配大量田地的权利,并有豪强兼并的现象。如《旧唐书·元载传》云:"城南膏腴别墅,连疆接畛,凡数十所,婢仆曳罗绮一百余人,恣为不法,侈僭无度。"此处说明元载拥有带着肥美田地的别墅,疆界连接凡数十所。

又有唐相国韦公宙,善治产业,他在湖北江陵拥有别业,良田美产,最号膏腴,稻谷堆积如一座小山。当时有人向唐宣宗报告说:"汀陵庄积谷尚有七千堆。"宣皇戏称韦宙为"足谷翁"②。

唐代著名诗人司空图曾任户部、兵部侍郎,天祐末,移居中条山王官谷,有良田数十顷。唐代农民因可售卖田地,遂使豪强更易兼并土地。安史之乱后,租庸调制维持日难,至肃宗时,遂始创两税制。

---

① "团貌"相当于今日的相片。
② 见《北梦琐言》。

四、唐代土地多为富豪强占

唐代除每丁分给田地100亩外，尚有给田皇族及政府官员者，从100顷至5顷不等。此外尚有天子赐田给臣民的特例。如大名鼎鼎位居丞相的牛僧孺，为隋代仆射牛奇章之后代，曾蒙天子赐田数顷，晚年依以为生①。又如许孟容京兆，家有天子所赐书3000卷，城西有田数顷，果树数百株，当亦为天子所赐。

亦有豪强霸占农民土地者，如上文所述及的元载，城南有膏腴别墅，毗连接达数十所。但史籍载明乃"恣为不法，侈僭无度"所得。又如泾州有大将焦令谌，凭借权势强占农家田地数十顷。然后交给农民耕种，言明收割时须分得五成。

适该年大旱，颗粒无收，农民求告焦令谌减免。焦谓只知收谷，不理是否旱灾，督责更急。农民不能还租，且将饥死，遂求告泾州营田官殷秀实太尉②。太尉下了温和的判状词，婉转劝解焦某。焦某知农民控告他，遂大怒道："我焦某难道惧怕殷某不成？谁敢批评我？"并将该农民代表用大杖击毙③。

亦有农民逃亡，其遗下田地被非法贼卖者，亦有佛教寺院侵占百姓田地者。《唐大诏令集》载："诸州百姓，多有逃亡。寺观广占田地及水碾硙④，侵损百姓。"

唐代宗喜祭祀，受大臣王缙与元载谈福业报应之影响，宫中遂设内道场祀佛，逢夷狄入寇，必使僧众诵护国仁主经以祈祷消除灾殃，寇退，帝即任意赐与。

胡僧有官至卿监封国公者，势倾公王，赖宠凌夺。凡长安地区上田美产，多归寺僧⑤。

唐武宗会昌年间（公元841—846年），废佛法，毁天下寺4600座，

---

① 见《新唐书·牛僧孺传》。
② 营田官是政府委派管理募民耕殖荒田之官。殷氏先曾担任度支营田副使。
③ 见《柳河东集》。
④ 水碾硙即是用水力转动之磨米设施。
⑤ 见《新唐书·王缙传》。

僧尼26万5000人复籍为民，没收田数千万顷。将其中腴田售出得款送户部，将中、下级田给寺家奴婢丁壮者为两税户，每人十亩[1]。

上述各种情况，遂使大量田地集中在达官豪强手上，已失当初平均田地之原意。

唐时，政府亦有在特定条件下允许农民售地者。周代之井田制是授田，农民不得售地，因田地非佃农所私有。唐代有口分田，人老还给政府，但其中20亩永业田成为农民私产，名义上是政府给土地所有权给农民，政府为体恤民隐，订制条例，凡农民有困难时可将此永业田自由买卖，凡符合下列两种情况之一者即可。

一为农民欲搬徙原居地时可售卖[2]。此可说是当政者一种仁至义尽的制度。也不必如西方人民般动辄以革命手段向政府争取民主等权益。

另一种情况是家人中有死亡，贫无以葬时。安葬为一种特别开支，农民在自愿生活清苦情况下，亦准许卖永业田。但政府不再给田。

至于口分田，照例不可卖。但在下列条件下亦准许卖出。

一是照《新唐书·食货志》所载：农户自狭乡徙宽乡时，即当时政府奖励农民从地狭人众的狭乡迁往地广人稀的宽乡，政府通融农民售地作搬家费用。但搬迁至宽乡后，政府不再分给田地。此由于当时狭乡的农民分得田地较少，如太宗在贞观十八年亲巡陕西临潼县，问知当地村乡每丁仅授田30亩，雍州地区，农户分得的田更少，遂下诏免赋役，并鼓励农民迁往宽乡[3]。

第二种情况可准许出售口分田者，凡农民欲设置家宅或用水力磨米之碾硙或作营利用之邸店（即栈房）。

但如非上述理由而出售口分田时，则照《唐律》之疏所说明：凡售卖口分田一亩，须受肉体刑罚，责打10笞；卖20亩，打200笞。打后田还卖者，钱由政府充公，买者一无所得[4]。《唐律》疏中亦有说明，应该

---

[1] 见《新唐书》。当时寺院奴婢有15万人。
[2] 《唐律》中尚未写入此条。
[3] 见《册府元龟》。
[4] 此制度实较之古代西方之罗马法律为佳。

卖的，即合法售出的口分田则不必按此法规受罚。

唐代大官买田建庄园是常有之事。再加上人民不得已而卖田，包括穷困、迁徙或家人死亡等。

但可能亦有强迫卖田等情况，如富豪田庄邻近周围之农户土地，富户出高价强迫收购，农民因贪小利甚至怕受欺压而被迫卖出，只是史籍没有记载而已。

五、官员职分田、公廨田及公廨钱

除口分田及永业田外，唐代尚有两种田：一种是职分田，另一种是公廨田。

职分田是当作百官的俸禄。唐高祖武德年间，百官不发俸禄，只给职分田。但职分田在唐代时废时置，如玄宗开元十八年（公元730年）下令"依旧给京官职田"[①]。可知开元十八年以前有一段时间是不给职分田的。但一般来说，是给的时间多，不给的时间少。此职分田是交由农户耕种而政府收取地租。租额是每亩最多六斗，如果此制能切实执行，则租不算重。

至于公廨田，"公廨"即衙门之意。公廨田亦即所谓"公田"，即政府的办公费用靠公廨田的田租收入来维持[②]。各级地方政府所得公廨田各有等差。

《唐六典》记载："凡天下诸州公廨田，大都督府四十顷；中都督府三十五顷；下都督、都护府、上州，各三十顷；中州，二十顷；官总监、下州各十五顷；上县十顷；中县八顷；下县六顷；上牧监、上镇各五顷；下县及中下牧、司竹监、中镇、诸军、折冲府，各四顷；诸冶监、诸仓监、下镇、上关各三顷……"

由此可知各级地方政府连镇及冶炼铜铁、管理粮仓的机构都分给公

---

① 见《旧唐书》。
② 公廨田亦是由农民耕种而政府收租。

廨田。不过多少不同而已。

据杜佑《通典》记载："大唐凡京诸司，各有公廨田。司农寺给二十六顷；殿中省二十五顷；少府监二十二顷；太常寺二十顷；京兆府、河南府各十七顷；太府寺十六顷；吏部、户部各十五顷；兵部、内侍省各十四顷；中书省、将作监各十三顷；刑部、大理寺各十二顷；尚书都省、门下省、太子左春坊各十一顷；工部十顷；光禄寺、太仆寺、秘书监各九顷；礼部、鸿胪寺、都水监各八顷；御史台、国子监、京县各七顷；左右卫、太子家令寺各六顷；卫尉寺……各五顷；太子左右卫率府……各四顷；宗正寺……各三顷；内坊、左右内率府、率更府各二顷。"由此可知各机构得公廨田之多少并非以机构重要与否，乃是按照该机构开支是否庞大为准。

从前陶渊明曾任县官，亦有田分。他嗜酒，便种秫以酿酒。可见唐之公廨田亦承袭前朝而来。

公廨田的收租所得本是用来作政府机构开支之用，是作公用。但事实上，亦有协助官员作私人贴补的。如《新唐书·食货志》说："京师及州县皆有公廨田，以供公私之费。"观此，似乎是公私不分了。

有时，京官与地方官的待遇常有所差别。贞观至天宝年间，京官待遇常比地方官优厚。杜佑《通典·职官典》载：凡京师文武正官，每岁供给俸食等钱，再加防合、庶仆及杂钱等；地方官则仅有公廨田收租及息钱而已。

到肃宗、代宗以后，由于中央财政困竭，于是在代宗大历十二年时（公元777年），元载为泄私愤，将京师官员俸禄调低，而反其道将外地官俸禄调高，竟造成京官不能自足，而向外官乞贷之现象。遂有大臣杨绾、常衮等上奏京官谓俸禄太薄，于是每岁诏加京官15万6000余缗（钱1000文为缗）。

大书法家颜真卿当时为刑部尚书，曾书《乞米帖》道："拙于生事，举家食粥已数月，今又罄矣，实用忧煎。"当时，颜大师是俸禄薄生活难捱，由于他的书法好，今竟成为历史佳话。

刚才提及地方官所得的"息钱"，其实就是唐代变相的"公廨钱"，又名"食利本钱"，亦称"料钱"。料，资本也，有俸料钱之意。当时每一衙门均有一笔本钱，交给"捉钱令史"去做生意，再将所得利息交给衙门。这些捉钱令史等于包做生意，规定每月将固定利息付给政府，做了若干年后，吏部根据他的成绩可以任官。宋以后便再无此制度了。

据《唐史》记载，此种料钱的运用款项数目甚为庞大。唐德宗贞元二十一年有25,943贯696文；宪宗元和九年有53,952贯955文；武宗会昌达到84,500贯之巨，此即京官之食利本钱也。

大致说来，8万贯食利本钱（即公廨钱）可得利息4万贯，其利息不可谓不大。

唐高宗永徽年间地方政府的公廨钱，史籍中有详细记载。当时，西都即京兆府（长安），是第一大府，东都即河南府（洛阳）是第二大府，上述两府每年各公廨钱380万。

太原府为中国第三大府，以及大都督府[①]，每年有公廨钱275万。

中都督府及上州[②]每年各有242万。中州及下都督府每年各有154万。下州有88万。

京县[③]每年有143万。太原府之京县有91万3000。畿县[④]82万5000。

太原府畿县及其他各州上县77万，各州中县55万，各州下县28万5000。折冲府（唐代共有800个）分上、中、下三等，上等每年公廨钱20万，中等15万，下等10万。

政府级别	公廨钱金额
京兆府（长安）	380万
河南府（洛阳）	380万
太原府	275万
大都督府（军区）	275万
中都督府	242万

[①] 都督府指军区。
[②] 州为行政区。
[③] 指中央附近之县，近京兆府及河南府者。
[④] 指京城周围地区。

上州	242 万
中州	154 万
下都督府	154 万
京县（近京兆及河南府）	143 万
京县（近太原府）	91 万 3000
下州	88 万
畿县（京城周围）	82 万 5000
畿县（太原府）	77 万
各州上县	77 万
各州中县	55 万
各州下县	28 万 5000
折冲府（上等）	20 万
折冲府（中等）	15 万
折冲府（下等）	10 万

如将唐代地方政府全年的公廨钱全部统计起来，其数目相当巨大。用官料资本来作特殊投资事业，亦即政府出资金派人做生意以收取利息，以此作为行政费用。政府不理捉钱令史经营生意盈亏如何，但一定有定额利息可收。

唐代之公廨钱是看情况需要而随时增拨的。如某皇帝要自长安至山东行幸（旅行），所经之地要供应王室所需，有关政府部门便拨出若干公廨钱以备应用；又如外交部为了招待外国人宴饮，所谓"藩夷赐宴"，开支很大，则政府又得拨出若干料钱放利。

至于订定公廨钱之利息制度，唐初是月利七分。因行政机关是按月结算，照七分利计。每年150万贯之利息便逾100万贯。利息虽重，但由于唐代商业活跃兴盛，短期可获巨利，所以也就不计较利息之重了。不过，此后利息开始递减。

开元年间规定私质利息四分，官质利息五分。至会昌年间，规定按月收取四分利,已较唐初为低。由于唐代社会经济十分活泼畅旺,在《全唐诗》及《太平广记》等书中均有详尽如实的记载。说明当时人喜爱挥霍享乐。郭子仪一饭花费了十万钱,可见唐人生活之奢华。

六、五代十国后周废屯田

五代的屯田法继承自唐代,但比唐代已有所改进。中国历代重视屯田者,很多是为了边境的军事防御。但唐代到了晚期,屯田的成效已不显著,即所费多而收益少。唐德宗贞元十七年(公元801年),刘禹锡为淮南节度使,杜佑上了一个奏章,请求废除楚州的屯田。大意是说,营田(即屯田)本是为了足食,如今徒有靡费,却没有丰收;刈获所得,却无补国用。甚至连种子也得乞求于官府,权衡利害得失,此种屯田制度,早就应该废除。

后来德宗将荒弃的土地改为出租给农民,鼓励各州县努力增产作为地方官升官的考绩。

五代各国的屯田制,承袭自唐代,稍加改革。当时有"屯田务"之设,由户部派官员负责安排开辟荒弃未用的田地或没收犯法者的土地加以垦殖,并招聘屯田户垦殖之。

后唐明宗长兴二年(公元931年)颁布文告曰:"凡置营田,比召浮客。若取编户,实紊常规。如有系税之人,宜令却还本县,应诸州府营田,只许耕无主荒田及召浮客。此后若敢违越,官吏并投名税户,重加惩断。"[①]

照当时规定,凡参加营田户的,可不受地方政府的管辖,即使刻意逃避政府的赋役,州县官吏也不能加以干预。因此当时受户部管治的所谓屯田,实际是豪强地主兼并了农民的土地,并大量招请国家的编户来为他们耕种,利益归豪强所占,国家得益甚微。因此后唐明宗出了上述明令,只准"召浮客"而不得"取编户",以减少"容庇奸盗"及豪强的

---

① 见《册府元龟》。

巧取豪夺。

到了后周太祖广顺三年，对屯田作了更彻底的改革。太祖终于接纳了大臣张凝等的提议，废除了屯田务，将营田户正式定为州县的编户，并将屯田务管辖下的土地、农具、耕牛及房舍等分赐给佃农，并且拒绝了"出卖营田以获巨利"的建议，使三万多户营田摆脱了豪强地主的剥削和控制。

七、从租庸调制到两税制

唐代的经济政策较汉代为积极，较具发展和进取精神。唐代政府对人民亦较大方和宽容。任由农家卖田地、盖大楼、办工厂，农民要弃农从工商，亦悉随尊便，政府无不欢迎。不过不再给土地而已。但后人又有批评，说唐代分给土地，又准出卖，岂不自相矛盾，破坏制度？其实田地既给了农民，任由农民处理，也非不合理。

唐代之100亩相当于汉代之200亩[①]，唐代何以有如此多土地分人民？因分到地的有人卖出，故不愁无地可分。

如占田过多则受罚，但如在宽乡占田多则不罚，可见唐代政府用心颇深，且有意义。汉高祖时，参与朝政者多非读书人，故初无制度，直到汉武帝时才有定制。但唐太宗时，参政的多为读书人，懂得治理之道，所以订出好政策，好制度。所谓"律"、"令"、"例"，三者有所分别："律"是原定的，如唐高宗时禁止卖买口分田便是"律"；"令"是新出的，如唐代某帝下的"令"；至于"例"，如太宗时所订《唐律》，文字简洁而不能过多，于是在"疏"中说明之，如为了造船而卖田，须经政府按律制定准许，这就是"例"。

世上无十全十美之事，亦无十全十美之制度。任何良好之制度难免会有些缺点。

综上所述，由于田地买卖持续地进行，普通民户虽占田不能过100

[①] 唐代一亩240步，汉代一亩120步。

亩，但由于公卿百官分田数量巨大，且有豪强兼并，再加上户口册之整理，要不断地长期保持准确无讹，实在相当困难，因时日一久，显出人之惰性，造成户口册人口登记之紊乱与缺失，在所难免。

由于人口之流动性大，造成户籍之不实。如戍边之军人，政府照例免其租庸。戍边六年后还乡，户口便有变动。玄宗时，戍边者死亡，而边将并不呈报。天宝年间，户口使王鉷竟按旧户籍册免除6年租庸外，向其家征收30年之租庸。或有误会人民逃庸重罚之，使家属惟有逃亡。由于历经安史之乱与荒年，或屯兵地区之赋税不上交中央，使国家府库匮乏。天宝十四年，已报之户890万有奇，至肃宗乾元三年，仅190万户有奇而已，户籍顿减，更难整理。于是租庸调制不得不废弃而以两税制代之。

1. 两税制成立经过

凡历史上任何一种制度之改变，均非一蹴而就。事先必经过一番酝酿，始告形成。唐代自经过安史之乱的连年战祸，人口剧减，百废待兴。国家需款孔急，乃于唐代宗大历元年下诏：凡天下苗一亩须缴税15钱，因国家需钱孔急，不能等秋收时才征收钱，故青苗时即须征收，号称"青苗钱"。

又每亩收"地头钱"20钱，亦通称"青苗钱"。此即唐代按亩征税之开始。至代宗五年已成定制。夏季上田亩税六升，下田亩税四升；秋季上田亩税五升，下田亩税三升。青苗钱则每亩较前加征一倍。此种夏、秋两季分征之法，即两税制实行之先声。

两税制之正式成立，始于唐德宗建中元年，为宰相杨炎所创。此由于肃宗至德以后，天下兵起，人口凋耗，版图空虚，赋税之征收，不能统筹划一，纲纪荡然，国库收入无几。户籍中如富户多丁口，因官宦及信佛、道得免，贫困无所凭借，丁口因死亡或迁走者，而户籍仍存，仍须征税。天下且多残瘵，造成乡居原地之土著，不足一成。杨炎洞察其弊，遂奏请行两税法。

两税制之法，主要是："凡百役之费，一钱之敛，先度其数，而赋于人，量出制入。户无主客①，以见居为簿。人无丁中②，以贫富为差。不居处而行商者，所在州县税三十之一③。度所取与居者均，使无侥利。居人之税，秋夏两入之④，俗有不便者三之。其租庸杂徭悉省，而丁额不废。其田亩之税，率以大历十四年⑤垦田之数为准，而均征之。夏税尽六月，秋税尽十一月⑥。"⑦

杨炎的两税制，固然有人称赞，但世人责骂者甚多。此制度一直影响后世逾1000年，一直推行到民国时代，可说是开创了中国今后的税制。

2. 两税制是认田不认人

欧阳修在《旧唐书·食货志》中描写两税制说："租庸调之法，以人丁为本⑧。自代宗时，始以亩定税⑨。而敛以夏秋⑩。"井田制因"履亩而税"而遭破坏；唐代之租庸调制亦因"以亩定税"而遭破坏，即开始认田不认人。

两税制的原则是"量出为入"，即是唐代政府用多少钱而预定收多少税，并非每年编制预算，而是以唐代宗大历十四年⑪为标准。不理是否主户抑或客户，一律以登在该地之户口册为准。

如有人自上海至广州，至广州住下即是客户。此客户本来经商，不必付税。原想发财，但生意亏了本，只好为广州大地主种田，耕种100亩而给地主40石租。而地主只须纳粟2石给政府。此乃人类悲剧，历史上不能避免。但现今之两税制，不管你是主户还是客户，不理你是16岁还是21岁，均以贫富产业多少为收税的标准，此即与租庸调制主要不同

---

① 主客即指主户与客户，主户是原地方之土著农户；客户是由外地迁入之农民。
② 唐高祖时所定，16岁为中，21岁为丁。
③ 后改为十分之一。
④ 《旧唐书》作"两征之"。
⑤ 公元779年。
⑥ 即《旧唐书》所谓："夏税无过六月，秋税无过十一月。"
⑦ 见《新唐书·杨炎传》。
⑧ 意即每丁分田100亩。
⑨ 即有一亩地，收一亩税。
⑩ 即夏秋各收租税一次。
⑪ 国家收税最大、支出最多之年。

之点。新增添的一点,即不居处(自由的)而行商的,抽税三十分之一。以付税给政府而言,大家一律平等看待。梁任公曾言佩服中国历史上之一些措施与制度,但他遗憾中国没有革命。其实中国并不需要革命,因所定制度合理之故。

两税制以田亩为主,其实即为资产税,即有多少资本抽多少税,并以大历十四年为收税之标准。此制在当时有极大之震撼,可说毁誉参半。

八、对两税制度的批评

1. 陆贽评两税不公

历史上足与贾谊媲美的唐代大政论家陆贽,曾批评两税制度有七种弊病。他说:

> 两税之立,则异于斯,唯以资产为宗,不以丁身为本。资产少者则其税少,资产多者则其税多[①]。曾不悟资产之中,事情不一:有藏于襟怀囊箧,物虽贵而人莫能窥;有积于场圃囷仓,直(价值)虽轻而众以为富[②];有流通蕃息之货,数虽寡而计日取赢;有庐舍器用之资,价虽高而终岁无利。如此之比,其流(流即类)实繁。一概计估算缗,宜其失平长伪[③]。由是务轻费而乐转徙者,恒脱于徭税。敦本业而树居产者,每困于征求。此乃诱之为奸驱之避役。力用不得不弛,风俗不得不讹,闾井不得不残,赋入不得不阙。[④]

由上可知,两税制是奖励人走上商业社会之路线,只注重资产,对农业社会有所损害,使人恐惧于安居置产。

农业社会以量入为出,商业社会则是量出为入,但两税制度之量出为入非同一般。中国人之置产是置不动产,可见到的,不生利的。故两

[①] 即只凭财产多寡作为征税的原则,即财产多者抽税多。
[②] 意即动产与不动产不易计算。
[③] 长伪即助长虚伪。
[④] 见《唐陆宣公文集》。

税制是使某一种人（农民）吃亏，却使另一种人（商人）占了便宜。陆贽又说："复以创制之首，不务齐平①，但令本道、本州岛各依旧额征税。军兴已久，事例不常，供应有烦简之殊，牧守有能否之异，所在徭赋，轻重相悬，既成新规，须惩积弊。化之所在，足使无偏；减重分轻②，是将均济③。而乃急于聚敛，惧或蠲除，不量物力所堪，唯以旧额为准。旧重之处，流亡益多；旧轻之乡，归附益众。有流亡，则已重者摊征转重；有归附，则已轻者散出转轻。高下相倾，势何能止。"

政府急于征收，仍依旧额为准，只注意税收总额，而不思公平分配，实乃此制之缺失。

2. 两税制加剧贫富悬殊

当时人批评两税制之征税是以资产作标准，但如欲正确计算资产，实大不易。古代每亩地收若干税有规定，且全国一律。但现在两税法是一年的收税总额作为两税之定额，要依照大历十四年所收之数为标准。故陆贽说："此乃采非法之权令以为经制，总无名之暴赋以立恒规。"他批评政府并不体恤民间困苦，把平时征收的税如"急备"、"供军"、"折估"、"宣索"及"进奉"等各种摊派，全部加入两税法中，一并征取。

更有甚者，两税制度随地区而摊派，造成田多大家少派、田少大家要多派之现象。如遇荒年，田租加重，农民无法负担而逃亡，人减少了，租税再加重。故清代之赋税制度最不合理，亦因为清制乃跟随唐代之两税法演变而来。

清代时，江苏省一府所出田租抵得上一个省。如江苏省常州府之赋税较一省为大，其原因就是"随地摊派"。此即由两税制而来，故两税制实际上并非"量出为入"。所谓"定额以收"，乃是非法之权令，将无名之暴赋均加入田地之赋税内，一切租庸调各税均加入田租内。如田被大水冲坏，人逃走他乡，但田租反而加重。农民逃聚之地区因人口增多，

---
① 齐平指负担平均。
② 即减轻原来负担重的，分给负担轻的。
③ 即两方面均可解决问题。

而摊派反而减少，故人人乐于逃亡他处。

租庸调制是税目分明，两税法则并归一项。前者授田征租之制，后者却是仅征租而不授田。故两税制已完全丧失为民制产之精神，造成社会上贫富更为悬殊，土地兼并益发猖狂。当时有钱富家拼命买田，其情形一如汉代。正如陆贽所说，两税造成"富者兼地数万亩，而贫者无容足之居"。使贫农只好"依托豪强，以为私属。贷其种食，赁其田庐。有田之家，坐食租税"。

当时"京畿之内，每田一亩，官税五升，而私家收租殆有亩至一石者"。比官税重20倍。即使中等之田，也比官税重十倍。按当时之私租额已比租庸调旧制增加到20倍，即两税制之官税亦已比租庸调制增高了。两种税制下之社会经济及其一般景况，自然起了急剧之变化。而其中贫富之极端悬殊，富人之兼并土地实由两税制鼓励所致。

3. 利商不利农之法

两税制时，包含主户客户，前者是原住民土著，后者属外地流移寄居之谓。在当地有居民户籍册者便得纳税。

当时之客户依主户为生，受主户之役使与约束。但客户亦有禀性狠悖者，或做些小买卖；或学些杂务；或本为无妻之户，而诱人妻女而逃；或丁口繁多，衣食有余，有能力买三五亩田宅，自立门户，而脱离主户而去。可见此时之客户亦有独立之私产与储蓄，并有可能转变其身份为主户，甚至成为豪民者也有。

至北宋时，主、客户口丁数皆分别统计。客户是在经济上有租贷契约关系而受主户之管束。与汉代所谓奴隶，唐朝所谓部曲户者不同。故唐、宋时期之客户并非农奴。

当时有大量土地之庄园主亦得向国家纳税。大历四年有诸道将士庄田，一切依照九等输税之诏，其取利不过从私租重于官税处所得，可见唐中叶以后之庄园田主与古代之封建贵族不同。此可谓乃实行两税制后农田兼并下之一种情态。与租庸调制自不可同日而语。

两税制因量出为入，与农业经济之情况并不契合，因田地所产作物有固定之常额。在正常运作时，每耕种三年，必有一年储蓄以应付非常事变，如遇水旱荒灾则可得官府减免田租。现在既定了"量出为入"的制度，则有不顾收获而随意加征之弊，难免此后造成租税日益加重之现象。

还有，两税制乃用钱币纳税，实乃妨农而利商。史载："定税之数，皆计缗钱，纳税之时，多配绫绢。"纳税人以所供非所业，必将增价以买所无，减价以售所有，使豪家大商得益，而农民日困。当时如无钱币，则可代以实物。但物与钱的比例并不固定，时有涨落。如前时一匹绢值3200文，今一匹绢则1500文。即从前一匹，后来要两匹余。

行两税法后40年，有人说从前一匹绢值4000文，斗米200文，如一家要纳税一万文，两匹半绢已足够。今则一匹绢仅值800文，斗米只50文，故要12匹绢才够缴税，如延至六月，绢价将更下跌。卖绢缴钱，人民吃大亏。故两税法是为政府而设，乃针对日盛之商业经济作预算，对农村社会大不利。此后中国之税制，只将两税制稍加改动，竟不能再回到租庸调制之路。

九、唐代的盐政

1. 颜真卿首征盐税

唐玄宗开元年间，颜真卿是唐代第一位征收盐税的官员。当时他担任河北招讨使。时安禄山叛军已攻入黄河以南地区，而颜氏仍在河北抗敌。因河北沧县产盐，遂征收盐税以充军费。

当颜真卿在河北推行盐政时，玄宗时任职江淮租庸使的第五琦，遂在肃宗乾元元年（公元756年）时袭用颜氏此制，制定盐法。当时他已任职盐铁铸钱使。他推行盐政之法是：规定制盐人要向政府呈报，另立户籍，谓之"亭户"。即包括制盐的游民和旧盐户，都要登记入册籍内，即为"盐户"。即由民间产制盐，但不得私卖，须由政府收购及运销。

当时由"亭户"卖给政府的盐价是斗盐十文钱。《唐会要》中记载说："天宝、至德间，盐每斗十钱。乾元元年，盐铁铸钱使第五琦初变盐法，就山海井灶近利之地，置监院，游民业盐者为亭户，免杂徭，盗鬻者论以法。及琦为诸州榷盐铁使,尽榷天下盐,斗加时价百钱而出之,为钱一百一十。"

政府将收购自亭户的每斗十文的盐,增价十倍卖给商人,即斗盐110文钱。此即变相的抽盐税,即第五琦所定出之法。

讲起盐政,可分为两部分:一是盐的专卖制度(即国营官卖);二是盐的征税制度(即由民间自由卖,由政府抽税)。

《管子·海王篇》可说是中国历史上讲盐政的老祖宗,书中虽明说是官卖,但仅是理想而已。

说到中国的盐政,粗略地说,汉武帝时,桑弘羊官卖食盐,且包办产制运销,政府产制,政府销卖,故名叫国营。此制度一直实行至王莽时,达150年。

东汉时,盐无专卖制,亦非国营。而是准许民间制卖,而由政府收税,凡100余年。

南朝时盐是收税。

北朝时盐用抽税兼官卖之法。

隋文帝时,盐不抽赋税。自文帝开皇三年至玄宗开元九年,共137年不抽盐税。

唐肃宗时,第五琦所施行的盐政,就是登记有户籍的产盐户将盐卖给政府,再由政府"就场专卖"给商人。即盐必须经此独木桥才能到商人手中[①],此即谓之"榷"。此种税制很简单,为间接的买卖,较汉武帝时所用办法为聪明。因武帝时是产制、运销、卖出,由政府一手经办,故称国营。但现在是由政府买进卖出,却节省了产制与运输的手续。此法据说是由道德最高的军人,亦是大书法家颜真卿所发明,再由第五琦抄袭窃用。

第五琦所推行的盐政,因各州任意加价,造成各种弊端。于是在肃宗上元元年(公元760年),由度支盐铁使刘晏(公元715—780年)对食盐专卖制度进行了改革。刘晏是山东东明人,肃宗宝应二年(公元763年)

---

① 不登记的盐户有大罪。

任吏部尚书、平章事，领度支盐铁转运租庸使。刘晏为唐代财政史上最成功之伟大人物，在他手上，完成了中国历史上两件大事，即盐政改革与漕运。

刘晏所推行的盐政，包含五种情况：即是民间制盐、政府收购、政府出卖、商人运输和商人推销。是则仍有盐民盐商，可以说是一种最简单的好制度。一直到明代万历时期，大体上都是实施此种制度。其间自唐末至五代稍有变通，明末开始才改由商人专卖。

凡任何一种制度，最好简单易行，务使官民两利。刘晏推行制度时，固然大权在握，但尽量放手让民间去干，少加干预，并非事事包揽。好制度还得用好的人事来配合，不然，好制度仍可能产生弊端。

第五琦推行盐政时，其中一弊是官吏太多。凡一政府，冗员太多，机关太多，必遭失败，古今无不皆然。故刘晏所行的海盐政策，首先是减省机关，减省官员。他仅设"十监"、"四场"和"十三巡院"。时全国所产十分之七的盐均掌握在他手中。

2. 刘晏设十监劝盐

刘晏当时担任户部侍郎，其地位低于今日之财政部长。但他兼充的官职很多。他兼了全国的度支使、盐铁使、铸铁使和租庸使，这些官职之地位又较户部侍郎为低。刘晏又兼充东都（洛阳）、河南、淮西以及江南东、西的水使转运使，可算是一位能人。

这许多政事统归他处理，他办事井井有条，把民生搞得安定。因此当时有人嫉妒他，想把他逼走，后来终为杨炎所害。唐代常有此种可爱人物出现，实为汉代所无。

刘晏处理盐政，主张少用官员，在全国仅设十监。所谓"监"，用来监督制盐者也。十监即两淮设二监、两浙设五监、四川设二监及福建设一监，代宗时尚不能管辖河北，故不设监。即指嘉兴、海陵、盐城、新亭、临平、兰亭、永嘉、太昌、侯官及富都十监。又设涟水、湖州、越州及杭州四场。当时每年可得盐税100余万缗，已经相当于100余州的赋税了。其中两淮、两浙所产之盐，已占全国总产量十分之七了。

十监之工作，主要是管理盐场。刘晏发明了"劝盐使者"，犹如古代之"劝农使者"。即盐有时潮湿，有时过于干燥，都会出毛病。此时"亭户"不会主动去料理，得由十监派员到盐场指示亭户应做之事。相当于古代之劝农使者，有专家下农村作调查，并指导农民耕作，劝盐亦然。故盐监实际上是管理盐的生产。

正如史书所载，由于"盐生霖潦则卤薄，暵旱则土溜坟。乃随时为令，遣吏晓导，倍于劝农"。刘晏使盐监勤于向亭户劝盐。因此使盐产丰收，并保不坏。史载当时吴、越、扬、楚四地盐廪达数千，积盐多至二万余石[①]，以备民间缺盐时用。

盐监尚有一项任务。政府向亭户收购之盐，卖给商人。例如商人购自两浙之盐，卖到湖南去。但商人不愿去贵州等僻远之地，认为占不到便宜，于是政府规定自己运盐供应边远缺盐地区，存放于当地盐仓。刘晏时，全国有数千盐仓。每逢市场盐价上涨，便将存盐仓之盐减价出售，谓之"常平盐"。储存盐仓之盐，亦可卖给盐商。故平抑盐价乃盐仓之另一项任务。

为处理盐市之各项行政工作，刘晏又设"十三巡院"。此种巡院，不但在产盐处设置官员，亦在销盐处设置盐官。

刘晏自淮北地区起设置了十三处巡院，包括扬州、陈许、汴州、庐涛、白沙、淮西、甬桥、浙西、宋州、泗州、岭南、兖郓及郑滑等处。巡院之其中一项工作，是为缉捕私盐犯，于是奸盗为之衰息。

十三巡院之工作亦互报各地盐之盈缺情况，并通知盐商何处缺盐或过剩。由于政府以斗盐十文之成本，卖给盐商时为斗盐110文，故商人得盐去各地售卖时，各地通行，不再抽盐税，故盐价平稳不涨。调查各地政府有无向商人抽盐税，亦为巡院之责，以免加重盐商之负担再转嫁于百姓。

刘晏所聘用的盐政官员都是年轻人，低级文员只要肯努力、人品好，并不苛求其资格与学历。所用者凡两种人，一种为"士"，彼等本身已有

[①] 见《唐会要·盐铁条》。

爵位者，并不求名，用来专管账目；一种为"吏"，专管事务。他所选拔者均属好人，因此得以顺利推行盐政。

综上所述，刘晏办盐政，既具有上述各种优点，遂成为一种伟大之善政，使政府、人民与盐商皆蒙受其利。

刘晏自肃宗上元年间推行盐政时，当时每岁仅获盐利40万缗而已；但推行至代宗大历年间，每岁获盐利已多达600万缗以上。当时天下之赋，盐利已占其半。诸凡宫闱服御、军饷以及百官俸禄，都靠盐利供给。政府固然靠盐利发财，但人民与盐商无不皆大欢喜。

刘晏被罢免后，虽法制如旧，但用人不善，主其事者贪婪货财，遂无复再有刘晏主政时之善政出现。

德宗贞元四年，淮西节度使陈少游奏加民赋，从此江、淮盐每斗增钱200，其后又增60，为斗盐370文，河中两池盐每斗亦为370钱，经营盐业的江、淮豪贾亦向民间加倍收费，民怨遂生。

刘晏时盐法，商人可纳绢以代盐利者，每缗加钱200，以作将士春服。包佶为盐铁使时，许以漆器、绫绮代盐价，但虚报大数以欺上。亭户亦冒法而私鬻不绝；商人抬高盐价，巡吏多而伤财，盐政遂坏。

十、唐代的漕运改革

刘晏是唐肃宗、代宗时期的理财名臣。他完成了两件大事：一件是师法第五琦时所行盐政并加以改革；另一件便是师法斐耀卿的漕运并加以整理。两者均获良好的成绩。

讲到此处，顺便一谈中国经济史上这个大问题——漕运。中国的地土，按照经济地理来说，并不十分理想。她似一块秋海棠叶，自西北往东南一路倾斜而下，直到大海，是个大陆性的国家。沿海一带如江苏、浙江、福建等省，海上交通不像地中海那样方便，而是相当艰难。中国西北是大草原，对外国防重心是在西北。国都亦多建在西北，从西周开始，先后有秦、西汉、前赵、前秦、西魏、北周、隋及唐等朝代建都于西安。至于西北的名城洛阳，亦先后有东汉、曹魏、西晋、隋、唐、后梁及后唐等建都于此。故上半部中国史，位于关中平原的西北地区占了重要的地位。

中国的河流有东西的交通线而无南北的交通线，而地势东低西高，要逆流而上。故中国版图虽大而地性单纯，但有其不便之处。

中国是农业国，出产粮食为主，以各地不同水系为单位。如西北有泾渭系；黄河南北有汾晋系、漳水系、洛水系、济水系；又有淮河系、长江系；长江以南有湘江，嘉陵江，洞庭、鄱阳两湖，浙江及珠江等。农业区借不同水系而分布各地。除东北以外，各地的人口与生产的分配，均随着天然的调节而相当均匀。如果可垦殖的土地少，即人口相应减少；可种植的土地多，即人口相应增加；如人口多，耕地不足，使人口往外移。故中国的各水系区均能自给自养。

如果某地区一旦成为政治及军事的重心时，人口集中都市，当地便无法自给自足，得靠外来的给养。如中国自秦大一统起，咸阳成为中央政府所在地，外来的人口集中，本地给养无法满足，得靠外来补充，便需要东方的粮食供应西方的不足。于是便有水道运输（漕运）发生。此时期重要的是黄河，而长江在经济上并不重要，只是到汉水、渭水为止。

1. 唐天宝后始重视漕运

隋炀帝大业元年开凿通济渠，从西苑引谷水、洛水入黄河；又引黄河通淮水。大业四年开永济渠，引沁水南达黄河，北通涿郡。在洛口置兴洛仓，凡穿3300窖，每窖可容8000石，以存纳东南、东北两渠所运达的米粟。此时期水道运输虽然兴盛，却并非为了北方需要仰赖南方的米粟。

到了唐代，江南户口多而租调可观，此时遂几乎有了漕运的问题。玄宗开元十八年，因改革漕运而受玄宗重视的裴耀卿，他谈到南粮北运的情况说：

> 当时江南户口多而并无征防之役。但输送租庸调物，是每年二月运至扬州，要等到四月以后，才渡淮水而进入汴水，但常有感到水浅的麻烦。待至六七月时到黄河之口，此时黄河水刚涨，要等八九月水落，才能上黄河入洛水。而漕河多梗，船樯阻隘。因江南人不习黄河水性，

需转雇河师水手，增加了麻烦和经费。由于通行的日子少，阻滞的日子多，遂于河口设置武牢仓，巩县设洛口仓。使江南之船不必入黄河，黄河之船不必入洛口。水通时船运开始，水浅时则粮米窖存于仓以待。则船无阻滞，物无耗失。

开元二十二年，裴耀卿为江淮河南转运使，凡三年运米700万斛，纾解了京都长安供应紧张的情形。

开元二十五年时，开始用和籴法，即由政府出钱向民间籴米。但当时中央政府命令江南各州之租米折成布匹上缴，可见当时中央单靠北方的粟米已足够供应。

根据玄宗天宝八年全国各道所储存的仓粟统计数量，包括关内、河北、河东、河西、陇右、剑南、河南、淮南、江南及山南各道。上述各道产米粟最盛者首推河南、河北，次为关内与河东，更次才是江南及淮南。以此推测南北经济情况，北方产粮远比南方丰盛。

直到安史之乱发生，唐室中央政府遂靠赖长江地区之财富维持国脉，至河北、山东藩镇割据，租税不入中央，唐室财政更为依赖南方，此时由长江入黄河之漕运，遂成为军国重事。

唐代的国都在关中的长安。关中虽号称沃野，"然其土地狭，所出不足以给京师，备水旱，故常转漕东南之粟"[①]。尤其是安史之乱以后，汴渠[②]的疏浚停顿了八年，造成水上运输极为困难，载重粮船无法通行。

2. 刘晏的"缘水置仓"法

为了漕运江淮粮秣物资到京师，唐肃宗时的转运使刘晏驱马峡郊，过江阴、洛水，涉荥郊、浚泽，勘察河道，调查访问。刘晏在"兵火之后，中外艰食，关中斗米千钱，百姓接穗以给禁军，宫厨无兼时之积"的情况下，恢复了汴渠的漕运。刘晏的转运方针是：

> 晏以为江、汴、河、渭，水力不同，各随便宜，造运船，教漕卒，

[①] 见《新唐书·食货志》。
[②] 即隋代的通济渠，连接黄河和淮河的渠道。

> 江船达扬州，汴船达河阴，河船达渭口，渭口达太仓，其间缘水置仓，转相受给。①

刘晏根据江、汴、河、渭四条河流不同的情况分别置仓，便是所谓"缘水置仓，转相授给"，此种设计便是以裴耀卿的"节级转输"（即分段转运）的方针为基础，针对上述四条河流的不同习性而提出的。

此种漕运布局的设计，使长江—邗沟、汴河—黄河及黄河—渭水三个交汇处转运仓的建设有所加强。以达成扬子、河阴、永丰三仓为枢纽的转运线。又分别训练"长江"、"邗沟、淮水、汴水"、"黄河"和"渭河"四个运输段所需要的漕卒和漕船，以加强各段的运输效率。

刘晏还亲自督造大型漕船2000艘，以便扬州至河阴间使用。每船可装载江南谷麦1000担（即1000斛），十条船为一纲，每纲300人，加篙工250人，自扬州派遣将级官员送至河阴之门。如十次运送安全抵达，即授以优劳官。但由于自汴水至黄河汛急，运输艰难，将吏经数运之后，无不发白②。

但此种船之性能与运纲之编制均能分别适应上述不同河流的水性。且刘晏付给造船价往往照时价加倍付给，使工人得高工资，所造之船经久耐用，不必常换新船。刘晏一面节省物料，勿使浪费，如用麻造的纤绳，坏了当柴烧，使物尽其用。因此，刘晏时期"舟车既通，商贾往来，百货杂集，航海梯山，圣神辉光，渐近贞观，永徽之盛"③。

3. 唐代漕运的三个阶段

唐代的漕运，大致上可分三个阶段。

唐代漕运的最初阶段是在唐太宗贞观年间至高宗及中宗初年。此一时期漕运粮米每年不过一二十万石而已。《旧唐书·食货志》云："昔贞观、永徽④之际，禄廪未广，每岁转运，不过二十万石便足。"

---

① 见《资治通鉴》。
② 见《新唐书》。
③ 见《旧唐书·刘晏传》。
④ 永徽是高宗年号。

《新唐书·食货志》亦说:"高祖、太宗之时,用物有节而易赡,水陆漕运,岁不过二十万石,故漕事简。"

从高祖武德至高宗永徽年间,由于漕运数量不大,故亦未设专官管理漕运事宜,多数由户部属下的度支和水部郎中兼理便成。在特殊情况下,如有灾荒或战争时,才临时派兼官加上"知水运"或"运职"等头衔管理漕运。但任务完成便撤销,并非专职。

唐代漕运的第二阶段是唐玄宗开元二十二年至天宝十四年的安史之乱以前。此一时期由于关中人口增加,且"地狭人稠,耕植不博",因此需要从江淮流域漕运大量粟米及物资接济京师地区。《资治通鉴》记载玄宗开元二十二年,"先是,舟运江、淮之米至东都含嘉仓,僦车陆运,三百里至陕,率两斛用十。裴耀卿令江、淮舟运悉输河阴仓,更用河舟运至含嘉仓及太原仓,自太原仓入渭输关中,凡三岁,运米七百万斛"。可知此时期每年平均运米230余万斛。《通典·漕运篇》亦云:"天宝中,每岁水陆运米二百五十万石入关。"此可谓唐代漕运的极盛时期。

自肃宗、代宗至德宗建中年间,便是著名理财家刘晏主持漕运的时期。此一时期,虽偶有岁运米100余万石之纪录,如《新唐书》载"广德二年,岁转粟百一十万石",但一般仅岁运粟数十万石而已。如《旧唐书》记载德宗"贞元十五年,令江淮转运米。每年米宜运二百万石已来。虽有此命,而运米竟不过四十万石"。到宪宗元和初年,"江淮米至渭桥者,才二十万斛"。到宣宗大中年间,每岁漕运米至渭仓者,只十余万斛而已。可说是唐代漕运之衰落时期,直至唐亡。

唐之兴衰,实与漕运之盛衰有着密切的关系。

十一、唐代蚕桑业及矿冶业

1. 丝织业北早于南

耕而有粟米,织而有布帛,为国家租调两大类。

中国发明蚕桑事业甚早,但最先是北方。春秋时代,北方地方地名用桑字者,散见各处,便是证明。到汉代,丝织物盛产于黄河流域一带,如山东之临淄，河南之襄邑，其产品已超越手工业之上，故有"兖豫漆丝絺纻"之称；当时四川产蜀锦，亦极有名。但此时江南地区则仍不见有蚕桑事业。

北魏均田制中设有桑田，证明当时种桑养蚕调丝织布，是北方农民极为普遍之生产事业。《颜氏家训》中说明河北妇女之纺织工艺，优于江东人士。

隋代以清河绢为天下第一。清河地处今河北、山东一带，故产丝仍在北方。唐代产蚕桑的地区调是绢绌，产麻的地区调是布。开元二十五年，令江南诸州用米代替调布，可见当时江南诸州尚不为桑土。又令河南、河北不通水利处，改用绢代替纳粟。

当时越（浙江）人的机织，亦是由北方传授而得。李肇的《国史补》载：当时越人不识机杼，薛兼训为江东节制时，招募军中未婚者厚赐货币，密令娶北方织女来归。于是越俗大化，所产绫丝，妙称江左。

《太平广记》载：定州（在今河北省）何明远资财巨万，家有绫机500张。是时唐代全国各州郡贡丝织物数量，以定州为第一（质量则列第四）。可见北方盛产丝绢。

又如安徽的亳州，河南的滑州，均为当时丝织要地。

根据《唐六典》所载：开元时，绢分八等，以宋亳为第一。至于二、三、四、五等皆产于黄河南北，而不及淮水流域。其他六、七、八等，则产于四川境内外，江南只有泉州、建州及闽州等，却位居最末。

大体而言，唐代时重要的蚕桑织作，在北方而不在南方。

唐代在市场上习见的纺织品有丝织品、麻织品与毛织品三类，而以丝织品最多，包括绢、绸、绌、绫、罗、缎、锦、纹及丝布等。

2. 重矿冶业为便铸钱

唐代的矿冶业，亦是国家财政收入的一部分。当时全国有金矿18所，银矿33所，铜矿63所，铁矿113所，锡矿13所[①]。矿产所得除有时归地

[①] 见《新唐书·地理志》。

方政府外，多数是中央盐铁使经营，以供国用。

唐代政府除了每年获得巨大的盐利外，其自矿产所得收入，也很可观。本来山泽之利，包括矿产在内，有时归地方，有时归中央，尚无明文规定。但到德宗时，有户部侍郎韩洄[1]向朝廷建议："山泽之利，宜归王者。"于是所有矿产业务，皆归盐铁使统管。

宪宗元和初年，每岁采银2000两，铜26万6000斤，铁270万斤，锡5万斤，铅无常数[2]。

文宗开成元年（公元836年），山泽之利再归州县，由刺史选吏主持其事。后因各州牟利以自肥，中央所得益少，至宣宗时（公元847—860年）盐铁转运使裴休又求将矿产山泽拨归盐铁使管理，以供国用。于是"增银冶二，铁山七十一，废铜冶二十七，铅山一。天下岁率（率有敛集之意）银二万五千两，铜六十五万五千斤，铅十一万四千斤，锡万七千斤，铁五十三万二千斤"[3]。

宪宗时，以银不及铜之功用为大，元和三年六月下诏禁止开采银矿而使专一采铜，此诏大意云：凡天下有银矿之山，必有铜矿。铜可用来铸造钱币，但银却无益于人生。两者权衡轻重，亟宜专一采铜。凡五岭以北地区，应禁止开采银坑，为免坑户失业，应令地方官劝令采铜，并助官府铸作，此事仍由盐铁使承办[4]。

翌年虽然复准民间自由开采银矿[5]，但重视铜的情况仍然未改。因为需铜铸钱极为需要，当时每岁铸钱18,000贯以应急。元和七年，朝廷收复河东道的易、定两县（在今河北省）。当地人久用铁钱，百姓甚感不便，增铸铜币，以便流通。

---

[1] 韩洄为唐代理财家，安史之乱时避难江南。
[2] 见《新唐书·食货志》。
[3] 同上。
[4] 见《旧唐书·食货志》。
[5] 见《唐会要·泉货篇》。

十二、唐代主要流通之货币

唐高祖武德四年以前，仍行使隋代五铢钱及其他古钱。四年才开始铸造"开元通宝"。其实用"开元"两字并非唐玄宗的开元年号。用"开元"两字是表示唐代铸钱币发端及首创之意。"元年者何？君之始年也。"《春秋公羊传》上就有这样的解释。铸钱上的"开元通宝"四字，文字精美，相传为当时大书法家欧阳询所写，世称"欧体"。由于"开元"不是年号，所以也可读作"开通元宝"。

开元通宝发行后，甚受民间欢迎，因为大小轻重适宜。《旧唐书·食货志》说："议者以新钱轻重大小最为折衷，远近甚便之。"

开元通宝是在洛、并、幽、益、桂五州设铸钱监。此钱仿照北魏及隋的五铢钱形制。"径八分，重二铢四。"每十文重一两。1000枚共重六斤四两，亦即千钱百两。每文重一钱，后代不再称铢分，而称一钱。此种十进制的衡法，即十文重一两，每文称一钱。清代的库平一钱，即与开元通宝的一文重量相等。直到五代，仍行使开元通宝。以后国外如高丽、安南等国，均使用此种仿唐钱币。后代亦将此钱的重量作为标准，直到清代因袭不变。

但实际上亦有稍重的开元钱，已超过《唐六典》所说的1000枚重六斤四两，成为1000枚重七斤了。

"开元通宝"是唐代鼓铸时间最久、数量最多的常规钱，即使到今天，亦常能见到。据唐史所记载，唐代尚鼓铸过两种钱币，一种是唐高宗乾封元年（公元666年）所铸的"乾封泉宝"。此乃为正式年号钱。每枚当开元钱十文，径一寸，重二铢六分，即一钱一分略多，比开元钱略重而已。但此种钱因不足值，以一枚当十枚开元钱用，百姓并不欢迎改制。因此事实上通货贬值，造成物价上涨。政府不得已修改钱法，准许民间可同时使用"开元通宝"和"乾封泉宝"两种钱。而后者一年后就停铸了，因此又恢复了开元通宝的流通和使用。

唐代盗铸私钱的很多，当局定出了严厉的刑法，如《新唐书·食货志》记载："永淳元年，私铸者抵死，邻、保、里、坊、村正皆从坐。"虽然出之以死刑，但仍无济于事。于是当局劝喻人民慎于鉴别真伪，将样板公布于市中，让人民知所识别。

唐代另一种较重要的钱币，铸造于唐肃宗时期。乾元元年（公元758年）因经费不给，铸钱使第五琦铸造"乾元重宝"钱。"乾元"是肃宗的年号，政府当时规定此钱每文当开元通宝十文，直径一寸，重二铢六分，即每枚重一钱一分略多。当局本来准备一年后用来取代开元通宝，但由于此钱一枚是开元钱的十枚，但重量只比开元钱重了十分之一略多，很明显是不足值，故民间并不欢迎改制，因此，一年后停铸此种新币，恢复了开元通宝的合法流通。

乾元二年因国库存钱不足，国家财政拮据，又新铸一种"乾元重宝"，又名"重轮钱"。每枚当50枚"开元通宝"。说起"重宝"二字，大有来历，原来东晋孝武帝的诏书中曾说："钱，国之重宝。"贾谊的《过秦论》中也提及"重宝"二字。但事实上此种"乾元重宝"重量仅是每枚一钱六分，却要当50枚开元通宝用。此种不足值的虚钱，社会上亦不受欢迎。

同时，政府支付薪俸给官员时，亦用此种乾元重宝，更为官员所不悦。由于此钱币不足值而普遍不受重视，遂造成斗米索钱7000的现象，使持有者大受其害。政府不得已将此种新币宣布贬值。遂在上元元年①，由政府宣布，新铸的乾元重宝每枚当30文，而旧有开元通宝和乾元元年铸造的乾元重宝，均每钱当十文用。如此使开元钱与先前铸造的乾元通宝等值，而后造的乾元钱也仅是开元钱的三倍而已。

上述两种乾元重宝的币值虽然加以改低，但仍不受人民喜爱。至代宗继位后，复将两种乾元重宝贬值。前者一当二文，后者一当三文，三日后每枚仅当作一文用。后来民间将此两种钱熔铸作器皿，不再见于货币市场。

值得一提的是，肃宗乾元二年时，河北节度使史思明谋反攻入洛阳，自称大燕皇帝，年号顺天，自铸"得壹元宝"，后易名"顺天元宝"，钱重一又四分之三钱，但当百钱用，为开元通宝的100倍，可说是一种暂时性的军用钱币，相信不能普遍使用。

---

① 上元为肃宗乾元以后之年号。

十三、唐代的海陆交通及商业贸易

1. 唐有远洋船证海外贸易盛

唐代的水上运输发达，促成了造船工业的发展，尤其是长江流域的江南地区造船业之盛，为全国之最。

唐代造船材料，多用坚硬耐用的楠木；其次则用樟树、杉树或柯树等。所造船大致可分内河船及海洋船两类。

内河船有各种不同的大小式样。有一种车船，为唐德宗时代李皋所发明。此种车船不用帆桨，而用轮子拨水前进，为李皋在江西南昌时所建造，它"挟二轮踏之，鼓水疾进"。其快速犹如帆船，用以作战。

当时造船场多设于江浙一带。如刘晏为漕运所建之船，便在今江苏仪征的扬子县船场所造。当时刘晏提议每船给建造费100万。而有人批评，国用方乏之时，宜减其费，每船出资50万已很多了。刘晏不以为然，认为多付建造费才能造出高质量的船，乃在扬子县建立十个造船场，派十位专官管理，所造船质坚耐用。50余年后，继刘晏者克扣建船费，因此用木廉薄，耐用性能大不如前[①]。

唐代有所谓万石船，其实仅可载八九千石，所谓"船不过万"。事实上能载重万石的船不多，但在代宗大历与德宗贞元年间，有俞大娘的大航船。居住船上者，诸凡养生送死嫁娶，都在船上举办，还在船上开巷辟圃。操驾之船工达数百人。

此船南至江西，北至淮南，每岁来往一次，获利甚丰。此船所载已超逾万石了。当时洪州（今江西南昌）、鄂州（今湖北武昌）的水道多，居住水边者几乎与居住城邑的相同。当时富商多拥有大船，船上婢仆如云，歌舞不歇，其盛况可知[②]。

海洋船方面，唐代远航外洋的船甚多。唐太宗时，阎立德在江西南昌造浮海大船500艘。自东海、黄海直上高丽。另一方面亦有远至红海

---

① 见《唐语林》。
② 见《唐国史补》。

的商船。

唐德宗时，中国南方海岸已有官员自造海船从事海上贸易。所造海船乃按载重量大小分为5000料船、2000料船及1000料船等。据此可知唐代海外贸易已盛。

2. 隋唐大地理家精通中外交通

曾有人说，中国在鸦片战争以前是一个不与外人往来闭关自守的国家，其实不然。

中国对外交通在汉代已经开始。并且从三国时代到南北朝，中西交通一直没有停过。至于中西交通正式像样的开始，则是隋唐时期。

总之，中国与外人来往，很古就有，而且是十分发达的。这是不可以抹煞的历史事实。英国人想居功，说是鸦片战争打开中国的门户，这是错误的。

唐代已有很多外国人来华经商。中国自古对外交通要道有二：一为西北陆路，二为东南海路。

自汉代以来，武帝通西域，西北陆路对外交通日见发达。东汉时班超出使西域，到了地中海，接触罗马等国。中国的丝就由此时传入罗马。

至于东南海路，经交州、广州等地。起初交州（安南）为中国所有，而广州是当时对外交通的大都市。近代有一门中西交通史，专门研究此一问题。此实关乎国家的文化学术思想，也关乎经济商业方面。

隋唐时代，中国出了几位有名的大地理学家，隋代有裴矩，唐代有贾耽。他们对中外交通地理十分精通。

裴矩字弘大，山西闻喜人。初仕北齐、北周。隋初，从征灭陈。隋炀帝时，"西域诸蕃，多至张掖，与中国交市"。裴矩被委派主持与西域及西方各国的贸易和联系。他撰写《西域图记》三卷，上奏中央。

此书序中说，古代禹治洪水、定九州。治黄河没有超越过青海的积石山。

秦统一中国后，设置防务亦以甘肃岷县为界。当时杂种胡住在西部僻远的中亚细亚一带，为使世人了解西域44国之风土物产，遂撰成此书。

书中说明自敦煌到西海的印度洋、波斯湾及地中海,有三条通道。

北道是从伊吾(新疆哈密)到东罗马帝国再达地中海。

中道是从吐鲁番附近经穆国(今乌兹别克共和国)到波斯(今伊朗)再达波斯湾。

南道是从新疆鄯善经帕米尔高原至北婆罗门(今印度),以达印度洋[1]。可见当时从西域到西方各国的商贸道路已甚通畅。

唐代另一地理学家贾耽(公元730—805年)为河北南皮人,德宗贞元时任宰相。他嗜好地理学,凡四方各国之外交使节来华或自国外回京之使者,贾耽均乐与之交往,并详询各国山川土地之终始。凡是九州之夷险,百峦之土俗,均加区分指画,备究源流。于是将多年来陷入吐蕃手中之陇右[2]绘成《陇右山南图》,并详述附近黄河一带形势,作书十卷。

贾耽又将原州[3]、会州[4]之里数人额、山水源流撰成《别录》六卷。又因"黄河为四渎之宗、西戎乃群羌之帅",特研寻史籍,并将访问所知编为四卷,合成《通录》十卷献给朝廷,为德宗所赏识,并蒙赐赠彩绢银盘。

贾耽自言从十余岁开始,便"好闻方言,筮仕之辰,注意地理,究观研考",已有30年之久。诸凡西疆之比邻,异蕃之习俗,以及梯山献宝之路,乘舶来朝之人,无不考究其源流;至于市肆之行贾,西戎北狄中之遗老,以及民间之琐语,风谣之小说,亦收其是而删其伪。于是又撰成《海内华夷图》及《古今郡国县道四夷述》40卷。

《海内华夷图》高三丈三尺,阔三丈,比例均以一寸作100里。将四方极远之区域浓缩于一图中。此图展开时虽不盈庭,但上下四方,水陆通道,尽收眼底。献之于皇上,更蒙喜悦。遂厚赐锦彩银器,并被封为魏国公[5]。

自唐玄宗时安史之乱以来,河、陇地区为吐蕃所侵占。当时西域各

---

[1] 见《隋书》。
[2] 陇右即今甘肃东南部及青海省青海以东地区。
[3] 原州相当今宁夏固原至甘肃平凉市北一带。
[4] 会州相当今甘肃靖远及宁夏中卫县南地区。
[5] 见《旧唐书》。

国使者留长安有40余年者，因归路已断，只得滞留中国。人马伙食全靠中央政府的鸿胪寺供给，掌管国家财政收支的官员要支付钱粮。长安市亦颇受烦扰。后由大臣李泌查到久留长安之胡客皆有田宅妻子，或经营当铺取利。生活皆足以自给者凡4000人，遂下令停止给养，命假道于回纥各归本国，或自海道遣回。有不愿回国者，授以职位，留华为唐臣，可见当时胡人居留在长安之众多，且有陆路、海道可通向各国。

3. 唐代海上贸易极为繁盛

中国不但是一个大陆农业国家，事实上中国古代海上交通亦很发达。海路交通工具称为"海舶"。春秋末年时，吴国从海路前往攻打齐国，当时已有大规模的海军。此时越国亦已有海上交通事业，其舰队并不比古代西方的波斯、雅典舰队为小，因中国地大物博故也。

秦始皇时有"海上三神山"之说，三神山即指蓬莱、瀛州及方丈三山。当时有徐福者，用大船载百工、军队、医生及童男童女等出海，准备到海外觅地做皇帝，可见规模之盛大。据说，日本之神户天皇就是徐福，这种传说，可信其无，但亦可信其有。总之，此事亦证明了秦时海上交通工具之发达。

至三国时代，吴国的孙权对海上交通有极大的贡献。他一面对内同化了长江以南未开化的山越民族，一面派人至海外夷洲、亶洲等地。有人说上述所谓夷洲、亶洲，即是今日之台湾、日本、冲绳岛和菲律宾等地，此即孙权对海外交通的发展概略。

谈到海上的船舶，且略述一二。西晋的王浚，是当时打平东吴的大将。他奉晋武帝命修整船舶，练习水军，积极筹划，在咸宁五年（公元279年）奉命从四川率海军出发，次年克复夏口、武昌，顺流而下，直取吴都建康（今南京），迫使吴王孙皓投降。王浚当时作战乘坐的"楼船"，据《晋书》记载，每船长60丈，面积为120方步（一步为五尺），可乘坐2000人，船的甲板上可骑马驰骋，这是长江的内河船。

至于海船，当时闽广沿海海盗卢循所用船高十余丈，有四层楼高，称"八槽船"。槽即划桨，可能有八大对桨，其宏伟可知。

南朝时有容积可载二万石的大船,已相当可观。隋时杨素建造五牙船,有五层楼高,高100余尺,颇与南朝的相似。

吴船称艑,晋船称舶。普通船长20丈,每船可载600至700余人。

从上述情况看,可见当时中国海上运输已极繁盛。至唐太宗时征伐高丽国,战船在四川建造,船长100尺,阔50尺,亦相当巨大。

从唐代海船的规模推想到内河船的构造,一定亦相当进步。1500年前,中国已发明机船,齐国祖冲之创造千里船,一日可行数百里,史书载云:"不因风水,施机自运,不劳人力。"可见此时已有不用划桨的轮船。

三国时马钧发明的戽水机,可说是发明轮船的前驱。

唐代亦有金属制造的铜船,常到海外经商。《岭表录异》中说:"每岁,广州常发铜船,过安南货易,路经调黎①深阔处。"

为了管理市舶贸易,唐玄宗开元年间(公元713—741年),政府在广州设立市舶使,又名"提举市舶使"(提举即管理之意),又可称"押番舶使"。此机构职司管理海外交通进出口商船,抽收船税,称为"舶脚"。相当于近代之海关,亦可称为"监市舶使",为当时国家财政收入之主要来源,至宋代海外贸易更盛,市舶使更见重要。

4. 唐代胡商云集扬州、长安

唐代的海外贸易已十分盛。广州为当时重要之大贸易港,根据阿拉伯历史记载,有庞勋作乱时,在广州做生意的波斯、阿拉伯等外国人被杀死者有12至20万人之众,可见唐代外贸之盛。

唐代其他之贸易港尚有泉州、杭州及扬州等。唐之广州、扬州,其繁盛可先后媲美于今日之香港与上海。当时有田神功者,某次平反攻打扬州,被杀之胡商达数千人。

唐代之扬州为外人在华经商最繁盛之贸易港,《太平广记》有一则故事如下:

开元初年,司徒李勉在浚仪做官。任期届满后,便乘舟沿汴水而下,

---

① 调黎是地名,海心有山,阻东海,涛险而急,为黄河之西门。

拟到扬州一游。途经睢阳（今河南商丘）时，遇见一患病之波斯老胡，拄杖来见李勉，请求李勉准其同船返扬州，李勉慨然允诺，并备酒肉款待老胡。

老胡告称，彼在波斯乃王族之后，来华经商已20年，家有三子，今返扬州欲访寻其子是否已来华。后老胡途中病重垂危，于是向李勉道出真情，谓波斯国王遗失一明珠，为传国之宝。如有人觅得送还可获重赏。因当时天下宝贝均集中在中国，胡人盗宝后亦卖给中国。老胡觅得明珠后密藏腿内，今病危乃将明珠赠李勉，李将老胡安葬，并将珠塞其口中。

李至扬州，一日见一青年波斯人，其貌酷似老胡，询之，果为其子，后该波斯人复得该珠而返国，由此事可见中国人文化道德之高，亦证明唐代中外商贸之盛。

唐代时京城长安，亦常有胡人来华经商。《太平广记·鬻饼胡》条记载一事，谓当时有位举人居住长安，其邻居有位胡人，售饼为生，并无妻室。数年后，鬻饼胡忽然生病，举人怜其孤单无人照顾，便常去探访，并赐给汤药。但胡人之病毫无起色。

某日胡人临死前告诉举人道："我在本国时，原为大富豪，因祸乱而逃来中国长安。因为与一同乡有约，等待他来此取物，故在此久等，不能去别处。但今久候不至，余病已危，命在旦夕，先生待我厚，照顾我老病之人，今无以为报。我左臂中藏有一珠，已宝惜多年，今余将死，已无所用，特将此珠奉赠先生，聊以为报。我死后，但请料理后事，代为埋葬，于愿已足。但君得此珠，并不实用，一般人亦不一定识货。但在长安市场上，如有西国胡客来到，可持珠询问，将得好价钱售出。"

此举人将鬻饼胡所托后事当即答允。

胡商死后，破其左臂，果得一珠。此珠大如弹丸，外表并不很光泽。举人将胡商营葬完毕，将珠携赴市场，却无人问津。一直过了三年，忽然闻有新来胡客到京，便向他出示此珠。胡客见而大惊道："先生从何处得此宝珠？此珠决非近期所可获得，先生可否告以出处？"举人便道出此事因由。胡客闻之，涕泪涟涟曰："这位鬻饼胡就是我的同乡，本来就与他相约来商讨此物。因出国来华途中，海上遇大风浪，辗转数国，因而耽误了五六年时间。到此正欲寻访他，可惜他已病故。"遂向举人求买该珠。举人见此珠亦并非特别珍贵，仅索价50万而已。该胡人便照价将该珠购下。

由上述此事，知中国长安亦为当时世界性之商贸市场。又如扬州、广州均为胡人来华营商之大城市。前文提及因天宝年间，吐蕃在西北地区生乱事，有4000胡客不能归国而滞留长安，须由中央政府拨款50万缗以供给养。

后来此4000胡客无一人愿归国，均留华任职兵马使或掌管仪仗侍卫的官。后来仍须依靠中国政府给养的只剩下十余胡人，使国家节省了一大笔开支。

5. 对外侨政策及胡人就业情况

中国素来待人就有传统宽大的精神，所谓治外法权，唐代已有。根据《唐律》记载，如果波斯人与波斯人之间在中国发生争执，则由波斯人自己解决。其他阿拉伯等外国人亦受同样待遇。然而，如果波斯人与阿拉伯人发生纠葛时，则该案由中国人出面调停，以免其中一方有所吃亏。因该两国之法律有所不同之故。如果西方国家早就有如此宽大度量，这世界就不会发生这许多困扰和麻烦，也就不会有帝国主义侵略他国等事发生了。

唐代对外侨财产处理，亦有明文规定。如外人在华经商时不幸病故，其遗产由中国政府代管。如逾期三个月未见有遗族来领回时，则没收之。当时孔戣认为三个月时间似嫌太短，故政府修改法律，予以无限期延长。其遗族如能提出可靠之证据，即可获政府随时发还。

唐代法律中亦有关于中外通婚者。凡住于中国境内之外国人，允许其娶中国女子。但中国法律不正式承认此中华女子为此外人之妻室。如该外国人离华返国时，亦不得携同中国女子出境，以免其在外国遭受欺凌。上述各项，《唐律》中均有详细规定，可见当时在华外侨与中国社会关系之密切与复杂。当时亦有外国人在华做官的，如唐玄宗时，有外国人名康谦者做了将军。

又如唐宣宗时，有大梁连帅范阳公①，他把大食国（即阿拉伯）人李彦升②推荐给朝廷。天子诏礼部官考其才华，得进士而名显一时。于是有人批评，以一个堂堂的刺史兼节度使大官，受命于大唐天子，得禄于大唐朝廷，但他推荐贤才却求之于夷狄，难道堂堂中国真无人才可用乎？难道真只有夷狄可用乎？

范阳公此举实令人有所疑惑也。但也有人说，以地域来区分，固然有华夷之别；但如以教化言，则是华是夷，当察看其心意与趣向。如果此人出生于中州，但言行却乖悖乎礼义，则是有华人之形而具夷狄之心；如生于夷域，其言行却合乎礼义，则是有夷人之形却具华人之心也。故范阳公推荐阿拉伯人李彦升，亦有其激励夷狄以归化于中华文明之意也，其意不可谓不善。可见当时已无歧视外人之心。

唐时胡商来华经营珠宝贸易者甚多。中国之消费品丝绸等物常用来换取外国之宝玩。有一故事可证明中国之富有。当时的长安每年举行一次宝贝展览评判大会，互相观赏。

安史之乱时，有一位魏生，极为富有。某次，他邀请外国人举行宝玩大会，有外人展出四珠，蒙大众赞许并得冠冕奖。但有一中国人拿出更大之宝贝，而获得了最高荣誉。

当时中国的酒菜饭馆多雇用胡姬，即所谓外国女招待，以招待外国客商。李白的诗中提到的很多。如《金陵酒肆留别》中道：

> 风吹柳花满店香，
> 吴姬压酒劝客尝。

又如李白《送裴十八图南归嵩山》前四句道：

> 何处可为别，长安青绮门；
> 胡姬招素手，延客醉金樽。

这里说明了长安城青绮门内的酒菜馆用胡姬招待来宾，即使国人也

---

① 此人即汴州刺史、宣武节度使卢钧。
② 一作李彦。

用此等高级酒肆，主客醉酒饯别，引为韵事。

唐代时，中国有钱人的家中，常养有"昆仑奴"，是一种黑脸奴仆，即所谓外国当差。但主人并非命其做苦工，乃是用来养在家中摆阔。今日自地下坟墓发掘所得的明器中，尚可见到所镂刻的昆仑奴像。

曾有一位自南洋来的康昆仑，当时是一位一等知名人士，弹得一手好琵琶。

有一次，唐德宗时，长安大旱，德宗命人民举办求雨大会，便在长安之天门街，由街东与街西两端之市民，定期举行各项比赛。其中有一项乐器演奏比赛，街东建一彩楼，请康昆仑弹奏琵琶，街西亦不示弱，于是爆出冷门，同样筑一彩楼，有一女子亦弹奏琵琶。会后，康君自叹不如，甘拜该女为师，并欲谒见。

原来该女子为段和尚所假扮。消息传入皇宫，即召段僧入宫弹奏。德宗欣赏后赞叹不已。亦谓应将此绝技传授给康君。段僧命康君再奏一曲，奏毕，段僧评其所奏本音太杂，技巧不纯，且有邪气。康君承认初随一女巫学习，后再从数名师学习。段僧认为如一定要拜他为师，则康君必须停奏十年，从头学起，才能有成。

康君一一从命，以后尽得段僧真传，成为第一流之琵琶师。由此亦证明了中国当时物质文明之富与音乐造诣之高。

6. 唐代数十城市水陆辐辏

有人曾经撰文记述，唐代有外国人来华经商之事实有四五十条之多。当时外国人所到中国著名城市很多，主要有长安、广州、洛阳、扬州（亦称广陵，又名维扬）、扶风（即凤翔）、建昌（即永修）、南昌（旧称洪州或豫章）、汴州、宝应、泉州及睢阳等地。

以**长安城**而言，是唐代的政治、经济文化中心。此城面积达84平方公里，建筑规模宏大，其自南向北的朱雀大街宽达150米。不但是当时中国，甚至亦是全世界的最大城市。当时位于东北地区的渤海首都龙泉府以及日本平安京的城市设计，完全模仿唐代的长安。各国胡商来此营商者极众。长安之崇仁坊，其商业之盛，"昼夜喧呼，灯火不绝"。

扬州自春秋末年起，已是一个经济发达的港口贸易城市。隋唐时期更为昌盛。隋炀帝动用100余万人力开辟通济渠，使长安可直通江都（即扬州）。炀帝为赏琼花，三下江都。

至唐高祖武德年间，扬州更为繁盛。玄宗天宝时，此城人口已达46万，后又增至50万。唐代时外国人来此经商者极多。《旧唐书》记载：唐肃宗上元元年（公元760年），淮西节度副使刘展举兵作乱，平卢副大使田神功率兵马讨贼。但神功到扬州后，大掠居民资产，胡商大食（即阿拉伯）、波斯等商旅死者数千人，可见该地聚集胡商之多。扬州地处要冲，是珠宝集散地。富商大贾，多携珠翠珍怪来此。

洛阳位于洛水北岸，为中国历史上建都时间最长之城市。自东周迄隋、唐、后梁、后唐，建都几近千年。隋炀帝时辟为东都，更形繁荣。唐代定都长安，高宗移都洛阳，武后时改称神都。

玄宗五次来洛，居住达十年，其人口极盛时达130万左右。唐代诗人王建有"上阳花木不曾秋，洛水穿宫处处流"及"曾读列仙王母传，九天未胜北中游"之句，反映了洛阳经济繁荣之景。

在隋唐时代，与广州、扬州并称为中国四大海外交通贸易港的还有泉州与交州。就以**泉州**而言，唐玄宗开元六年（公元718年），泉州已成为晋江地区政治、经济及文化中心，且是著名的海外交通名城。

南昌隋为洪州，汉称豫章。此地舟车畅顺，形势险要，有"襟三江而带五湖"之称。夏商以前，此处已有渔猎、农耕及纺织等生产活动。唐代时已成政治、军事及经济重心的大城。其地为盛产鱼米的鄱阳湖平原地带，与珠江流域的广州、长江流域的江陵、扬州等大工商城市连贯通畅，使南北客商，聚集于此，造成"珍异百货，汇集如山"。

南昌城的南北设"市"，即当时的贸易场所，由政府官员督导管理。南昌亦多产优良木材，求利者采之，将之运到扬州，利润可达数倍。玄宗天宝五年时，有一位杨溥，与几位同伴入山采伐木材，适逢大雪之冬夜，深山无处寄宿，数人便同宿于横卧之中空大木中，借以避寒。既可运输大木，可见南昌水陆交通称便也。

广州为中国南方对外贸易之最大城市。秦时已为岭南地区的政经文化中心。梁朝时已有印度、锡兰及南洋各国商人来此贸易，输入宝玩、香料、药品等；中国出口则以丝绸、瓷器为大宗。隋唐时代，亦以酿酒、丝织、陶瓷及炼铁等业最为发达。于开元二年设市舶使，扩大与南太平洋及印度洋诸国贸易，其对外贸易量为全国第一。

武后时，广州有昆仑舶到，停泊于市外之港口。有前都督路元叡者冒取其货，舶上酋长不能忍受，杀了路都督。当时广州都督王綝对此事不了了之，史称"秋毫无所索"。一方面乃国人犯错在先，另一方面为了保持中外商贸之和平相处，免得节外生枝[①]。

玄宗开元二年时，柳泽为殿中侍御史兼岭南监选使时，正有市舶使右卫威中郎，将周庆立及波斯僧等广造奇器异巧向朝廷进贡[②]。

有各种外国货轮，名叫"南海舶"者，每年均驶来广州与中国进行贸易。其中以师子国（即今斯里兰卡）的货轮为最大。船高数丈，置梯以便上落，堆积宝货如山。每有蕃舶到港时，郡邑为之喧阗。随即由市舶使将其货名一一录下，命蕃商缴纳"舶脚"（即关税），其中有若干珍异之物则禁止上岸，蕃商往往有因欺诈而入狱者。此种货舶，史载常有因大风浪而沉没者，甚至传说有为长达1000余尺之海鳅所吞。

唐代很多大城市，都是运输方便商业繁荣的中心。除了上述所介绍的以外，其他有：

苏州自从隋唐两代开掘大运河后，已成为江南地区的航运中心。苏州是中国著名水城之一。苏州城中就有300多座桥。唐代诗人说："处处楼前飘管吹，家家门外泊舟航"，正好说明苏州的繁荣景象。

杭州在唐代已是东南地区的重要商港。此城与波斯、大食（即阿拉伯）、高丽及日本等国均有贸易往来，并设置"博易务"的商务机构，专门管理对外贸易。其繁荣之景象与苏州不遑多让。"骈樯二十里，开肆三万室"；"灯火家家市，笙歌处处楼"等都是对杭州的写实。

距离江西省会南昌250余公里的产瓷名镇**景德镇**，隋代开始已烧制名瓷。唐高祖武德年间（公元7世纪初），有一市民将瓷器进贡给朝廷，

[①] 见《新唐书》。
[②] 见《册府元龟》。

从此其瓷器名震天下，中央并派员管理制瓷业，设置监务厅的机构。

玄宗天宝元年，中央政府对景德镇的制瓷业更为重视，王室已用当地瓷器作祭陵之器皿。

开封亦称汴州或梁州。大梁城为其治所。隋炀帝疏通汴渠以连接淮河与黄河，汴州居运河中心而日趋繁盛。安史之乱后，长安、洛阳遭受破坏，开封益见重要。至宣宗时，其经济地位更为突出。

江陵为长江中游之大城，又名荆州。天宝年间，安史之乱造成中原频仍之战祸。中央政府依赖南方之财赋转殷，江陵因具备地理上的特殊条件而变得更为重要。

长沙古称潭州，唐末昭宗乾宁三年（公元896年），马殷为长沙武安军节度使，向建立后梁王朝的朱全忠效忠，得封楚王。后唐时，马殷"置邸务以卖茶"，鼓励民间制茶并发展通商，提高了经济效益。

天宝年间，**上海**因有宽大而水深的吴淞港之利，便于商船出入，成为东南沿海贸易的良港之一。

天津是隋炀帝时所开掘大运河——永济渠北段的起点。唐代以此地为军粮城的起点。有平虏渠联系海河与蓟运河。至唐代中叶，天津成为转运南方丝、米的重要口岸，其地位日见重要。

武汉亦在长江中游地区，为汉水与长江的交汇点。唐时，武汉城外的南市和鹦鹉洲成为繁盛之商业区，来往商船如过江之鲫，货物堆积如山。李白有诗道："万舸此中来，连帆过扬州。"到了宋代，诗人范成大描写武汉道："廛闬甚盛，列肆如栉，酒垆楼栏尤壮丽，外郡未见其比。"又说："川广荆襄淮浙贸迁之会，货物之至者无不售，且不问多少，一日可尽。"[①]可见宋时经济仍然繁荣。

宁波位处浙东。"据会稽之东，抱负沧海，枕山蔽江，重阜崇岭，连亘数千里，又为海道辐辏之地。"唐高祖武德四年，在宁波置鄞州；玄宗开元二十六年，因宁波境内有四明山，故改置明州。宁波在唐代已是一繁荣之贸易港口，史称"海外杂国，贾舶交至"。政府在此设市舶使，专

[①] 见《吴船录》。

职对外管理商务。此港口在当时已成为对海外输出瓷器的"陶瓷之路"。日本商人及使节归国时多向明州采购越瓷回国。当时中国亦有巨商李延孝、张友信等将越瓷及佛像等运销日本,回程时将日本砂金、水银等货带回中国。说明唐宋时期,宁波已成为中国越瓷的重要出口港,为后代"海上丝绸之路"之出口港打下了基础。

歙县在宋后称为徽州。安徽省之名原来便是取"安庆"、"徽州"两地名之首字合成。此地自古文风很盛,有"东南邹鲁,程朱阙里"之称。古时徽州由于"地狭人稠,力耕所出,不足以供,往往仰给四方"[①],因此偏重于商业及手工业发展,当地士族官僚已兼营商业。将歙县地区所产之米、盐、丝、茶、纸墨、木材借新安江水运往扬州、苏州及杭州等地外销。玄宗开元年间,开始大量生产中国四大名砚之一的歙砚以及徽墨等,对外贸易已经很盛。

福州在汉代时已有海外贸易。唐代时在经济及文化事业的发展上已很迅速。当时,福州的茶叶生产及制盐业已极发达,其中尤以福州方山所产云雾芽茶名闻遐迩。唐代诗人黄夷简有诗"宿雨一蕃蔬甲嫩,春山几焙茗旗香",以称美云雾芽茶。僖宗中和年间,福州的经济更为繁荣。

7. 唐代华商与外邦的贸易及交流

根据史籍记载,当时国人也有去海外各国经商者。如《岭表录异》记述,每年,广州有华商乘铜制货船载国产货物前往安南,与彼邦商人换取安南土产,交易而返。

说起中国各地物产,何止千百种,实不胜枚举,今据《大唐六典》略举其各地所产之荦荦大者,如下:

道名	地理位置	物产种类
1. 关内道	今陕西中北部、甘肃及内蒙古等地	绢、绵、布、麻、岱马、赭马、角弓、龙须席、肉苁蓉、野马皮及麝香等

---

① 见《安徽通志》。

2. 河南道	今山东、河南两省黄河以南及江苏、安徽两省之淮河以北之地	绢、䌷、绵、布、紬、文绫、丝、葛、水葱花、蘺席及瓷石之器
3. 河东道	今山西及河北省西北部	布、丝质袍衣、麦茎扇、龙须席、墨、蜡、石英、麝香、漆及人参等
4. 河北道	今长城以南的河北省及黄河以北的河南、山东两省	绢、绵、丝、贡罗、绫、厚缯、紬、凤翮、苇席及墨等
5. 山南道	今陕西南部、四川东部及湖北西部及甘肃、河南小部分地区	绢、布、绸、绫、葛、彩纶及兰干等
6. 陇右道	今甘肃陇山以西、青海省青海以东及新疆之东	麻、布、麸金（水沙中淘取之金）、砺石、碁石，蜜蜡，蜡烛，毛毼（毛织品）、麝香、白迭（可织布之原料）、鸟兽之角、羽毛及皮革等
7. 淮南道	今江苏、安徽中部及部分河南、湖北	䌷、绢、绵、布、绫布、纻、絺、孔雀、熟丝及青铜镜等
8. 江南道	今浙、闽、赣、湘等省，及长江以南的苏、皖，近江南的鄂、川两省部分及贵州东北	麻、纻、编、纶、蕉、葛练、麸金、犀角、鲛鱼、藤纸、朱砂、水银及香料等
9. 剑南道	今四川中部、滇北等地	各种丝布织品、金、麝香、羚羊、牦牛角尾等
10. 岭南道	今粤、桂两省	金银、沉香、甲杳、水马、翡翠、孔雀、象牙、犀角及藤竹布等

中国地大物博，国产货物不但供自用，亦可出口外国，以换取本国所需之货品。

唐代时中国商人不但常去安南，且亦常去东南亚、中亚各国经商，甚至可能有远至欧洲者。根据《新唐书》《旧唐书》等史籍所载，华人曾到下列各国经商者，今略述于下：

国家	概况
1. 碎叶国，即旧时苏联之吉尔吉斯一带	出产大麦、小麦、稻、豌豆、葡萄酒及酸乳等
2. 石国，即旧时苏联之塔什干	出产良犬、良马及果品
3. 拔汗那国，即古渠搜国	在石国西北500里处。大唐天宝年间，嫁和义公主于此。此国出产羊皮、迭花布、葡萄、枣、桃李等水果
4. 康国，又称弥末国，或曰弥末贺	在那密水南，君王姓温。此地土沃人富
5. 波斯，今伊朗	天宝年末年时，已距被大食国吞灭100余年
6. 大食，又名大石，即阿拉伯	此地产驼马驴骡、琉璃器皿、鍮石（铜与炉甘石合成）炼成之瓶钵、楄桃（《本草纲目》称巴旦杏）、千年枣（波斯枣，中国称海枣）、葡萄、香油、马（西海滨龙与马交所产，日驰千里）及驼鸟等
7. 朱禄国，又名米禄	丁谦以为即安息东界之木鹿城，隋时之穆国。大食人及波斯人杂居于此。产池盐、皮裘、红桃、白李、寻支（瓜名，一个足供十余人食）、越瓜（长四尺以上）、萝卜、葱、胡瓜、茴香、黄牛、水鸭及石鸡等
8. 亚梅国，《新唐书》称阿没，或曰阿昧	在阿母河西南700里处
9. 苦国	在大食之西，周围数千里，多产米谷，价极廉，商客凑此，在他处粜出
10. 佛菻国，亦称大秦	在苦国之西。此地买卖生意甚旺
11. 摩邻国，可能即今之摩洛哥	黑人所居，缺少米麦，亦无草木
12. 师子国，亦称新檀，又称婆罗门，即今斯里兰卡	法显《佛国记》称师子国

唐代华商除前往上述各国经商外，尤与波斯、朝鲜、日本及缅甸各国来往密切，以下逐一描述。

波斯古国即今日之伊朗。上文谈到中国在唐代时，各道盛产丝绸。公元前5世纪左右，中国已有丝绸传入波斯。此后打通了"丝绸之路"，中国与波斯的贸易日益频密。

唐代时的中国，与波斯的关系不仅涉及商业经济方面，而且在政治、文化等方面也有理想的发展。

公元7世纪中叶，正值唐代初年，当时的波斯被阿拉伯帝国（大食）侵占。

波斯王俾路斯偕其子尼聂斯逃到长安，受唐高宗款待而得到安置。20余年之后，俾路斯客死长安后，由吏部侍郎裴行俭派兵护送尼聂斯返波斯。但途中受阻于吐火罗（今阿富汗），只得折返长安定居，直至其病逝为止。可见唐时中波两国的交情深厚。

唐时波斯人定居长安最著名的是李珣兄妹，李珣成为名诗人，其祖先早年来长安贩卖香药，落籍四川。由于李珣先人在华数代贩卖香药，因此李珣不但能诗词，亦懂很多药物学知识，曾编写《海药本草》一书，介绍了不少波斯药材，成为后来李时珍《本草纲目》的参考书之一。可以说，他也对中药学有所贡献。

唐代的波斯商人多群集于长安、广州两地经营商业，现在中国西北及黄河中游至广东省一带，经常发掘出波斯王朝的银币，可见当时波斯人在中国经商地之广了。

中国的养蚕织丝法是在5世纪时传给波斯。以后"波斯锦"之闻名于世，实出于中国之所赐，但他亦同时影响了唐代的织锦风俗。

中国的造纸术在8世纪中叶传入波斯、大食等国。天宝十四年（公元751年）时，大食人在中亚一场战争中，有若干唐代士兵被俘虏，其中有造纸工匠，因此中国之造纸术首先传入波斯、大食等地。

此外，以上提及的波斯人李珣及其妹李舜弦，精通中国的诗词格律。李珣的一首《南乡子》："春酒香熟鲈鱼美，谁同醉？缆却扁舟篷底睡。"竟把中国文学也传播到彼邦去了。

说起**朝鲜**，就是现在的韩国和朝鲜。唐时，朝鲜分成高丽、百济及新罗三国。

中韩关系，很古就已建立。早在秦汉时期甚至更早，两国就有来往了。韩国的文字，本来就袭用汉字。现在虽已大部分改为自己创造的字形，但仍有汉文字迹可寻。尤其是那面韩国国旗，中间一个阴阳太极图，四角是八卦中的四个卦象，要说不是沿袭中国文化的《易经》原理而来，任谁也不能相信吧！

由于隋末中朝两国人口互有流动，高丽人进入中国境内者不少，中国人亦有去高丽者。唐高祖时实行互换两国流入对方的人口，以建立边境的秩序。

唐太宗时，高丽、百济及新罗三国均有派遣贵族青年来长安留学。此后，中朝之间在政治、经济、文化各方面均有长足的进展。

新罗当时经常派遣使节来华祝贺春节，大约在7世纪中叶至8世纪中叶近200年间，曾来贺节达21次之多。其中包括赠礼、国丧致哀及祝贺新君继立等。此时亦有新罗商人成群结队地乘船经黄海来华经商。

他们来华经商的地区包括登州（今山东蓬莱）、莱州（今山东掖县）、楚州（今江苏淮安）及泗州（今江苏泗洪）一带城市。

新罗商人携来朝鲜特产包括牛黄、人参、朝霞油、鱼牙锦及海豹皮等。新罗货品输华数量之多为当时各国土特产输华之冠。新罗商人自中国携回之货物包括金银器皿、五彩绫罗、紫罗绣袍、瑞文锦绣及药物等。

当时中国政府特在楚州等地设立"新罗馆"，以处理两国间之商务。当时在中国扬州、涟水、诸城、牟平及文登等城市，聚居新罗人无数，称为"新罗坊"。

唐代末期，新罗来华留学之青年更多，有考中进士的，称为"宾贡进士"。留华担任官职者为数不少。

唐宪宗元和十一年冬，新罗王子金士信来华，航行海上时遇狂风被吹到楚州盐城县登陆，由当地官员妥为接待并及时向朝廷呈报。同年，新罗有饥荒，有170人渡海逃来浙江，亦由当地官员予以接济。

日本与中国文化的渊源极为深厚。日本的文字早期几乎都是袭用汉字，近代他们才渐渐减少用汉字。但什么书道、茶道甚至武术或禅宗佛教都是传自中国。有人说，徐福就是日本的开国天皇，多位中国学者作了研究，此说可信其无，亦可信其有。

但在近代史上，日本常常侵略中国，可谓数典忘祖，不脱小国寡民的狭隘胸襟。其实在历史上，尤其是唐代，中国对日本是很友好的。

唐太宗贞观四年直至唐昭宗乾宁元年间（公元630—894年），日本共派出来华"遣唐使"达13次，日本派船迎送大唐赴日使者6次，共计19次。初期日本的使节团每次不过一两条船载来一二百人而已。

但8世纪后，日使来华每次多至四船五六百人，包括副大使、留学生、学问僧、医生、警卫、翻译、船匠及商人等。他们来华后深入研究唐代的政制、文化及经济各项。

公元7世纪中叶，日本"大化革命"事实上是参照了唐代的律令制度、学术思想、文化科技甚至风俗习惯。例如日本当时实行的"班田法"，此法即每隔六年，日本政府按人口分田给国民一次，得田者得向政府缴纳租、庸、调。受田者死后，田地归还政府。其实此制即是参照唐代租庸调制而订立的。

日本的两个都城——奈良和京都，亦是仿照唐代长安城的规模而建立。此一时期，诸凡中国的文字、建筑艺术、制造水车、冶炼金属、中医药典、订制历书、绘画书法、音乐舞蹈以及七夕、重阳等各种节令，一股脑儿都给日本学去了。所以，日本受中国文化熏陶甚深。

天宝十五年，唐代鉴真大师率20余众东渡日本，协助奈良市建造唐昭提寺的规划工作，并传授日人以干漆法塑制佛像。

此法后被称为唐昭提寺派，使日本雕塑艺术有了突破；鉴真大师又传授日人以中医中药知识，为彼邦人士医治疑难杂症。鉴真大师圆寂后，日本学者淡海三船写了《唐大和尚东征传》，将其肉身的干漆坐像置放唐昭提寺，被尊为"国宝"。

同一时期，日人晁衡来长安求学，学成在华做官，与王维、李白做了知己，李、王两诗人均有诗记下了他们之间的友谊。

在2100年前，中国四川的特产竹杖和蜀布已在大夏国（今阿富汗北部）

出现，原来这些四川特产是从缅甸经印度再运往其他国家。此事记载于司马迁的《史记》中。

唐代时，**东南亚**的骠国（今缅甸南部）、真腊（今柬埔寨）、林邑（今越南南部）及堕和罗（今泰国南部）、室利佛誓（今苏门答腊）及诃陵（今爪哇）等国，都与中国建交并通商。他们分别把香料、珠宝、棉布、犀牛、大象等运销中国，并购买中国的丝绸、瓷器及工艺品返国。

至于南亚的师子国（今斯里兰卡）、天竺（今印度）、尼婆罗（今尼泊尔）及罽宾（今巴基斯坦）等国与唐朝亦有通商。如师子国来广州的商船为当时外国船舶来华之最大者；天竺的佛学、历算、医学及制糖术及罽宾的珠宝，都在唐时输入中国；中国的丝绸、纸张及造纸术同时传入彼邦。

中国大唐高僧玄奘法师于唐太宗贞观元年（公元627年）自长安出发，到天竺求经，途经新疆、中亚等地区，除携回大量佛经外，还撰写《大唐西域记》，将所经中亚、南亚130余国的历史、风土和地理情况加以描写，可作为研究该地区中古时期的珍贵史料。

又如唐时横跨亚、欧、非三洲的阿拉伯帝国，中国称其大食国。自唐高宗永徽年间开始，大食人便从海、陆两途来华经商，他们多到长安、洛阳、扬州、泉州及广州等城市，出售药材、香料、珠宝等物给中国，并将中国丝绸、瓷器、造纸术、炼丹术和养蚕织丝技术输往欧、非两洲。中国文化及产品传入欧陆，大食起了中介的作用。

此一时期，中国高僧常有去天竺求佛经的。如唐高宗咸亨二年（公元671年），范阳人（范阳即今北京）义净法师自广州乘船前往天竺，在那烂陀寺习佛经十年，又去苏门答腊等地多年，直至武则天证圣元年才回洛阳，带回佛经400部，并撰写了《大唐西域求法高僧传》等书。

十四、唐代国营交通驿站

唐代的国营交通事业——驿站办得非常好。驿站是用政府拨出的公廨钱来经营的。在《唐会要》中有详尽的记载。

唐代驿站用的马有两种。一种是"驿马"，即是骑着跑路的马。按官员等级高低规定用马的匹数，内容如下：一品官可用驿马八匹；二品官可用驿马六匹；三、四品官可用驿马五匹；五、六品官可用驿马三匹；七品官或以下则只能用驿马两匹；如官员不用驿站之马时，则政府可给钱作为交通补助费。另一种是"传马"，是驾驶马车用的。亦按官位的大小规定用"传马"的匹数。计为：一品官可用传马十匹；二品官九匹；三品官八匹；四、五品官用五匹；六、七品官用三匹；八、九品官用一匹。

官阶	可用驿马	可用传马
一品	八匹	十匹
二品	六匹	九匹
三品	五匹	八匹
四品	五匹	五匹
五品	三匹	五匹
六品	三匹	三匹
七品	两匹	三匹
八品	两匹	一匹
九品	两匹	一匹

驿站的马都是官马。马身上打有烙印，打印部分不再长毛。其上注明年岁，马老了要换；印上亦注明是属哪个驿站。驿站每养一匹马，可发给40亩田。田中不种稻米，专植苜蓿。此苜蓿乃汉武帝时由西域运来，可作马的粮食；亦可作肥料，所以马不能多养，否则将影响农业经济。

驿站的马每隔三年一换，可见唐代人恩及禽兽。马用了三年后便卖给乡人以作别用。

唐代驿站用的马匹也很讲究。凡属丘陵地带、潮湿地带或南方地区，概用四川省出产的蜀马，因其体积较为小巧灵活；如在北方地区，则用身躯巨大的阿拉伯马。

当时每隔30里路设置一驿。全国共有1643所驿馆。其中陆驿占1297所，水驿260所，水陆两兼的驿有86所。驿站由兵部属下驾部司之驾部郎中管理。驿站每年有马死、马伤或马之体重有增减时均须呈报政府。驿站的马绝不能用作其他用途。如私人擅自借用，则须受罚。

唐代每一驿站均设驿长，其下有驿夫，由地方上的壮丁担任，每年须服役20至50天，由政府付给15千钱为酬。另有馆驿使专门监察驿站。唐人有造反的，策动驿夫跟从，形成一股力量亦偶有之。

驿站有大小等级之分，所用马匹数量有别，计为：

驿站等级	所用马匹数量
都亭（大驿站）	75匹
一等驿	60匹
二等驿	45匹
三等驿	30匹
四等驿	18匹
五等驿	12匹
六等驿	8匹

一匹马需要40亩地种苜蓿供给饲料，一都亭就需要有3000亩广的牧场，故都亭的规模相当宏大。因公途经驿站者，可在驿站休息，限住三天，兼供膳宿，但不得久住。

自驿站出马有票，即是出马的凭据。但实际上"票"是"符"之误，应称"符"才对。符分三种，一种是角符，三角形，铜制，供驿马用。一种是传符，亦用铜制，上刻有龙，但小驿可能用纸制。第三种是银牌的符。

陆路的驿与水路的驿不能混杂乱用。水路的驿用驿船行走。大驿有四条船，中驿有三条船，小驿两条船。

驿站的建制普遍有两大客厅，东厅称别厅；西厅称上厅，意即客房，分两种等级。驿中有厅亦有楼。孟浩然诗道："猿上驿楼啼。"

驿中又有亭，杜工部诗道："临池好驿亭。"又《秦州杂诗》道："丛篁低地碧，高柳半天青。"此描写从长安前往西北途中，当时驿道保养维修良好，现在则荒凉残坏了。

每一驿站尚有多种库，有茶库；有酒库备饮；有菹库，储藏咸菜腊肉，全部免费供应，可见唐代的富庶。韩愈的学生孙樵撰《褒城驿记》，大意说："这所号称天下第一的大驿，当我亲眼目睹时，则池沼已浅混而污，舟船则离败而胶（漏水），庭除长满野草，大厅廊屋残破不堪，饲马竟在轩中，老鹰宿于堂上。"孙樵作此文时，褒城驿已衰败，无人管理了。

但仍可见此驿有沼有舟，有轩有堂，有马有隼，可见其富盛时规模之大。当时长安的杨贵妃要吃岭南的新鲜荔枝，便是靠驿马飞驰运到的，其奢华可以想见。

第十一章
宋元时期经济

(宋:公元960—1279年;元:公元1271—1368年)

一、从封建门第到宋代庄田

中国在唐代以前可称古代社会,自宋代起至现在可说是近代社会。

宋代经济是划时代的近代经济的开始。

中国社会向以农业为本,但工商业也相当发达。中国与西方特别不同之处是有城市,而且城市是均匀地散布着的。城市一方面是商业中心,另一方面则又是政治中心。此种县城自秦以后为中国的政治单位。多数的城自秦代开始就有,每一城市是四围农村货物的集散中心,城乡互相依偎补足,两者打成一片。

秦自封建制度转郡县制度后,开阡陌而去封疆,于是鸡犬相闻,居民相望,农村散布,而原有的古城圈则逐渐增添而扩大,至秦汉时有1000多城,今日已达2000余城了。

广东的番禺城自秦已有,直到今天。山东的曲阜县城是历时3000年至今的。中国古代的城有时搬移一半,重建时有部分移动,如北京城。但大多数的城自春秋时期开始是不动的,增建扩充则有,却不如西方之城市变化多端。西方是由废除堡垒而成立新的都市;中国城市则由不动而永远在政治、经济上有其地位。因此中西经济不能并论。

汉高祖不及秦始皇有历史眼光。汉高祖最封建,走上复古道路,有封2000户者,有封1万户者,是谓大地主。古代无大地主之名,历史上称为封君。封君只是封户,而非封地封国。

除封君外,平民均为编户。一律编入国家户口册,一体平等。当时亦有豪强兼并土地,出钱收买别人土地。此种豪强兼并,称为"素封"。当时有人反对,因井田制度时期是平民社会。至汉代除封君外,其他一律平等。但豪强出来兼并土地，此为转型期的社会，如果再转过去，汉代就会变成资本主义。当时司马迁主张自由经济，晁错、董仲舒等则主张统制经济。

由封建社会的井田制度进入转型期社会，则有董仲舒因反兼并而提出限民名田；有王莽的王田制；有魏晋的屯田制。又再进入门第社会①。

中国的社会，东汉以后进入门第社会。晋有占田制，此时特许大门第可多占土地；至六朝，行均田制，但并不平等；此时期特许贵族可拥有奴隶及耕牛，可配得较多土地；至唐代，行租庸调制；而行两税制度后，土地政策又有大变。

门第社会形成了唐代的科举制度。古代农村之士，15岁前学识字，三冬②通一经《尚书》《诗经》及《易经》等经书，15年可通读五经。此时不过30岁。通了五经即可应考做郎吏，甚至可位至宰相，可见中国社会并非封建。

做了大臣，年入2000石，但一家人每年生活所需用不完100石。由于宗法关系，做官的一家就会有独占性的情况发生。有了独占性，所以有了"郡望"。即从农村中出了郎吏，即是唐代的门第社会由此产生。

自安史之乱以后，社会又转变了，人民一律平等。但柳宗元贬到广西时，其家庭仍有80余人；韩愈当时生活虽清苦，但一家亦有20余人。

中国东汉以后的门第社会传承了1000年以上，至唐安史之乱后而止。如山西省闻喜县的裴家，到宋代已非门第社会了。顾亭林先生去山西闻喜考察访问时，裴家村已有数千人之众。故顾亭林先生曾说："封建势力可利用作为造反之用啊！"

宋代开始已无门第社会，却出现了庄田。庄田的主人为庄主，为庄主种田的是庄客。《水浒传》中亦曾有提及祝家庄的宏伟，四周有城河、吊桥；庄主家中有草堂。

庄者，田庄也，村庄也。庄内有一主人。自宋代起，历史上正式有"田主"

---

① 此乃西方社会所无，须另创英文字以称呼之。
② 一冬以三个月计算。

之称谓，即今日所谓"地主"。替"田主"种田者是"田仆"，亦可称"田客"。

宋代的庄主所拥有的田地并非如古代豪强般兼并他人土地而得，庄主本属平民，亦非门第，原是地位平等的"编户"。

宋代的户口分为"主户"与"客户"两种，举例言之，施家庄的施太公是"主户"，而替施家庄的庄主户种田的人便是"客户"。由于政策不同，宋代的"客户"亦可成为富人。

宋人魏泰著《东轩笔录》记载，北宋时河南省泛县有李诚庄。此庄园方圆十里，有河流横贯其中，面积宽广。庄主为李诚，即李家庄。后来李氏犯法，其田籍为官府所没收。原先为李家庄种田的约有100户，得向政府缴纳田税，后来均成豪民。原先本是李诚庄的田客（即田仆）。

自政府没收李家庄后，照理县太爷成了该庄地主，但知县为免麻烦，政府宁愿将该庄田拍卖，知县为同情原庄主，愿以二万贯低价卖予李诚之子孙。但李家子孙无钱，向田客们商量。不然，田地由别家购得的话，所有田客就得搬迁。于是李诚庄田客出钱协助李诚子孙购回田产，李家才得再拥有此庄园。

今日日本人称唐朝始有庄园制，其实要等到宋代起才有庄园。因唐、宋庄园，名同而实异也①。

---

① 笔者回忆此处钱穆师确实讲及"庄园始起于宋"。但此说外表看来似与《国史大纲》所述有矛盾。该书第25章《盛运中之衰象（上）》一章云："唐、宋庄园之成立即由此。"但如细看内文解释，则唐之庄园与宋之庄园，名同而实异。因《国史大纲》中谓，唐自废租庸调制而行两税制后，遂将授田征租之制"变为仅征租而不授田，而为民制产之精意全失，而社会贫富兼并，更因此而不可遏"。又云："陆贽奏议谓疆理隳坏，恣人相吞，无复畔限。富者兼地数万亩，贫者无容足之居。依托豪强，以为私属。贷其种食，赁其庐庑。有田之家，坐食租税。……又：按两税制户不问主客，惟以见居为簿，此后所谓主户、客户者，乃全为农田兼并下之一种新名词。"此即唐代庄园由豪强兼并土地而成，而宋代之庄园则否。

同书又云："南宋胡宏论主客户之关系云，蜂屯蚁聚，亦有君臣之义。自都甸至于州而县，而都保，而主户，自主户至于客户，递相听从，以供王事，不可一日废。夫客户依主户以生，当供其役使，从其约束。客户或禀性狼悖，或习学未作，或肆饮博，或无妻之户，诱人妻女而逃，或丁口蕃多，衣食有余，稍能买田宅三五亩，出立户名，便欲脱离主户而去，如李诚庄客，皆建大第高廪，更为豪民是也。"

由此可知宋之庄园非如唐代般由兼并而得，乃是由客户（即田客）刻苦、节俭而成，如李诚庄之田客后来成为建大第之豪民即是。但唐之庄园多兼地数万亩，而宋代庄园因非由于兼并，故大庄园不多。唐宋庄园之异，惜已未能请示钱师，今照《国史大纲》解释如上。

二、宋代"方田制"及"衙前"服役

宋代开国之时，已距唐德宗行两税制有180年。此时之社会已大变，故制度亦随之而有变更。

宋代实行的是均税政策，已非均田政策了。由于自唐德宗以来的180年中，土地未能详确整理，耕田有多少亩已失统计，宋代政府为欲使人民公平分担田租起见，势必重新测量土地，丈量准确，务求租税平均，于是推行了一种"方田制"。

方田制的发明人为郭谘与孙琳。欧阳修任知县时已行过此法。"方田"又称"千步丈量法"，其法是：自东到西划一直线，长1000步，自东到北，亦划一直线，亦长1000步。成为1000步之正方形，称为一大方。其四角竖立石制大标竿，即所谓华表。

一大方的面积是41顷66亩160步。但古代称为万亩[①]。一大方内之100步见方称一小方。小方之四角插竹为标记，计为41亩16步。古代此一小方则称100亩。

故按此方法甚易计算田亩。于是将过去报少田亩的增加之，报多者减少之。因此有田130亩或70亩者均当付出所当付的田租。此举对贫苦者有利，对兼并者则不能再逃漏田租。

欧阳修先在滑州（在今河南省）推行方田制，并主张此制应推行于全国。但实行时，弊端百出。因地方上有势力者舞弊，丈量土地更不公平，因而将130亩变为70亩，将70亩变成130亩，使欧阳修放弃了主张。

接着，较欧阳修年轻的王安石在浙江鄞县（今宁波）推行方田制，结果推行亦不理想，但王安石坚持继续推行。欧阳修并不因王安石贵为丞相而附和推行方田制，因当时有势力者将田亩以多报少，使穷苦大众吃亏，造成了不公平。

司马光、欧阳修是史学家，讲求现实，所以不再主张行方田制；但王安石只学经学，并非学史学，故较偏重于理论，而不太重视实际也。

[①] 古代之亩面积比今日之亩为小。

中国之赋税制度向有劳役与租税。汉代之劳役为"更",唐代则称"庸"。汉、唐均可用钱代役。唐代以后仍有为政府服役的,但总的来说,历代劳役与租税两项中,似较偏重于租税。

宋代之役,与汉、唐之更、庸不同,最重要的是一种"衙前"的官役。宋之"衙前",由乡中富有大户充任。大户一当上"衙前",往往不出三五年便可倾家荡产。由于方田制政策,使小户吃亏;而大户因担任"衙前",亦足以濒临破家,因此使农村陷于破产边缘。

宋英宗治平年间,司马光曾论及"衙前"这个职役。大意是:过去民间有里正之役,人民已经感到相当辛苦。现在改置乡户衙前,选出乡中最富有的乡户担任衙前,但实行了十年以来,却使人民愈益穷困。从前的里正,尚可以轮流服役,休息的仍可做其私人营生,但衙前却是一概差遣,充任重役。如非家产衰落,则永无休息之期。且此制亦非抑强扶弱而对平民有利,因为当富者破家荡产时,则难免要轮到贫苦者。当时的农村一般现象,农民只求三餐温饱,并不愿亦不敢再事积极努力于农事之生产,已不再多种一桑树,或多养一头牛,亦不敢蓄二年之粮、藏十匹之帛。不然,街坊邻里便当你是富户,要被指定为衙前了,因此亦不敢增加一块地,或修葺已坏的房舍,实在是怕当上了"衙前"。

司马光说上述这番话时,北方人是无法忍受服劳役的。因为当时的"官户"和"客户"都不必服役,但"官户"与"客户"都是北方多于南方;兼且当时的北方社会,一般说较南方贫困。事实上,南方人当时也负上了较重的经济担子。因此,由于北方有财力的不多,轮到差役的势必更为频密。例如南方富乡比贫乡有较多富户,富户多则按年轮流服役,相隔年数较长,易于休养休息;北方富户较少,则轮役自然较密,其生活更为艰苦可知。

三、宋政经思想的南北之争

宋代经济,南方较优于北方,此乃由于南北两方之不同地形、气候与物产等因素所造成。因此当时游学京师之士子,以南方为较多。如南方人当时位居京朝者，有晏殊、范仲淹及欧阳修诸人，他们领袖群伦，为风气之前导。而当时之北方人，见南方人势力日大，认为非国家前途之福。

宋英宗时，邵雍①某日与友人散步天津桥上，闻杜鹃啼叫声，即感惨然不悦。便说，不出两年，皇上将用南人为相，那时多用南人，专事变更，天下将从此多事。邵雍是河北范阳人，所以他同其他北方人同样心理，也讨厌南方人当权用事。

有一日，宋神宗时宰相陈旭问司马光当时社会上一般人有何意见。司马光说："闽人狡险，楚人轻易。今二相（指曾公亮与陈旭）皆闽人，二参政（指王安石与唐介）皆楚人②，必将援引乡党之士充塞朝廷，风俗何以更得淳厚？"

司马光（山西夏县人）与吕惠卿（福建晋江人）某次在讲筵中，论及变法之事，几乎动起手来。

吕惠卿是王安石熙宁变法时的得力助手，司马光反对变法，难免会引起激烈的辩论。再加上司马光是北方人，吕惠卿是南方人，因地域关系，更加易生争拗。

大致来说，王安石推行新政，是代表了南方学者革新与急进精神；但司马光则代表了北方人的传统保守态度。

上节提到由于"衙前"服役带来了极大的冲击，使农村经济造成凋敝。其积极之道是免除劳役当差。

王安石为使民间不必当差，主张可用免役钱代替，由大众分担经费。但遭当时人反对，认为所付田租中已有"役"在内。

但王安石行新法，还是推行了免役法，在向政府缴付夏、秋两税时，附带交付"免役钱"，由政府雇请人员服役。此法其实很好，为南方人赞成；但北方人仍反对之，此派以司马光为代表。当司马光执政时，恢复了服役，又为南方（四川）的苏轼所反对。

---

① 即邵康节，精通《易经》。
② 王安石为江西临川人，唐介为南京人，古代两地皆属楚。

宋代南方与北方的农村经济情况颇为不同。北方的大户是一村一家，其余则为佃户；南方的农村则从新的经济制度而来，一村内可同时有十多户是有钱的，各家的客户并不多。北方的农村有大地主，南方则只有小地主而已。

北方人所以反对役法，因大户办差往往破产。当时司马光反对最力；后来王安石改免役法，由大家摊派出钱雇人服役，但司马光等北方人仍是反对。而南方人并不反对，因为南方主户多而客户少，多则轮役较疏而不易破产。

司马光与王安石政见不同，他们在经济制度上意见亦有分歧。司马光起初反对役法，待王安石推行免役法后，他仍然反对，乃是从其现实眼光衡量所致；王安石个性硬直，坚要实行新政到底，赞赏者固有之，其实亦有其缺失。

但如责王安石顽固或司马光不思改进，同是不妥，故不应抱有成见，同样尊重他们才对。

当国家的政治或经济政策出现问题而无妥善办法解决时，就会有各种思想产生；如实际上有办法时，则不觉有思想，只见诸行动措施，已具体地在所实行的制度中表现出来了。如南北朝时没有别的思想，因为只有均田制的思想已在制度中具体化了。至于王安石所推行的方田制和免役法，由于没有表现出好成绩，所以产生很多不同的经济思想。

宋代李觏（李氏江西人），在欧阳修之后，稍前于王安石，三人亦可说是同时期。李氏写了《周礼致太平论》一文，文内提到《周礼》一书中讲的经济思想和政治思想。

但《周礼》实际是讲制度的一本经书，其背后有一种思想，很难读。《周礼》伪托周公所作，其实是战国时人的一种思想，较西洋人的思想为细密。但西洋人讲经济只讲理论，而没有定出具体办法，如亚当·斯密，如马克思，莫不如此。故中国典籍较西方著作难读。

中国历史上讲到想用《周礼》推行新经济的，早期有王莽，以后则有苏绰和王安石等人。李觏以后则有程颢、张载两位著名理学家，他们亦有经济主张，想要推行井田制度。

到南宋时，林勋写了《本政书》，书中特别强调政治的根本是经济。此种"经济为政治之本"的理论比西方的马克思和亚当·斯密为早。

《尚书》中的《洪范》伪托周武王向箕子互相问答；又如唐代杜佑《通典》，讲政制将"食货"放在第一篇，所以中国人看重经济，事实上比西方人为早。

《本政书》共有13篇，主张以渐进的方式回复井田制度，书中将农民分为三种。

一是良农：每一农民只能有田50亩，称为"正田"；多逾50亩者，名曰"羡田"。即似董仲舒政策一般，有限民名田之意。人民所拥有的田地要向政府呈报，再经政府查核，如有超出之数，即没收之。

二是次农：即每一农民有田不足50亩者。

三是隶农：即向他人租田之佃户。

凡是"次农"与"隶农"，准许买入田地。如购50亩时，可升为"良农"，如无能力买田地时，只能租用良农之田，因良农中有拥田超过50亩者。即租用良农之"羡田"，并向良农缴纳田租。

此《本政书》说明良农最多田地的限额，使人民占有田地趋向平均，而进入井田制度般状态。

朱熹极为重视此书，可见宋代理学家多主张行井田制度。但当时并无大刀阔斧地推行此政策。

林勋此著作要等北宋亡，宋高宗南渡时才提出。此时国家已到急剧变化之时，才想出此办法。

唐宋时代均有此法，即佃农每年缴纳地租，耕租数年后，该耕田即归缴租者所有。

中国人讲道理不外人情，重义而轻利。

有时一种很好的理论或政策，可能走上很坏的路。不幸，宋代的限田政策亦意外地招来了坏的结果。

四、宋代圩田水利完善

中国农作物中最重要的，当推稻麦。稻米最盛行的时代则为宋朝。当时长江流域大兴水利，尤其是太湖流域为最。当时江浙地区的苏州、松江、太苍、杭州、嘉兴及湖州一带，为全国最富庶之区。此区地形较海为低。苏州古称平江府，因地势与长江齐平，可称泽国。荷兰虽有泽国之称，但不能与太湖流域相比。

江浙地区的水利事业，五代时已十分重视。有专门治水的官，叫做都水营田使。并雇请数以千计的民夫，治河筑堤；又请人芟除湖旁之野草；又雇请民夫锄灭钱塘湖之草，并开辟松江的荒土，使地无旷土。

宋仁宗庆历年间，范仲淹镇守苏州，当时有大规模的圩田，在当时特别重要。每一圩田的面积巨大，有几百顷之大，宛如大城。圩者，堤岸也。此大面积的圩田，中有河渠，外有门闸。天旱时开闸，以便引入江水；水浸时则闭闸，以排除过多之水。堤岸的水利设施非常巧妙。

当时浙西低地，有沟河可以通海，并随时疏浚河道，使潮泥不会湮没河床。中国水灾较西方为少，因中国人较西方人注重水利事业之故。

范仲淹任苏州知府时，一州之田凡3万40顷，一般可年收700多万石。但当时东南地区上缴中央的租不轻，数达600万石，全出自苏州。宋统一后，因江浙及淮南地区租税较重，遂造成农政不修。五代吴越时，米价一石不过数十文；到范仲淹时，江浙之米价，一石不下六七百文，甚至有一贯者，比当时贵了十倍。

宋代大官都来南方买地，如蔡京在南京附近一带购入不少土地。后蔡京因贪污罪告发被没收田地。又如韩侂胄的大量田地，亦因贪污罪被没收。宋代行政虽不善，却不断没收大官的田地，成为公田。

此外如犯法逃亡者，户主身故而无子承继者之田亦被没收，使政府公田渐多。劣相贾似道建议，凡民人占有越逾限额的田均没收为公田，使政府增加收入可与蒙古备战。因此造成公田而照私人租额收取，使政府与民间两不吃亏。蒙古人入主中国后，公田被占，江浙太湖流域租税很重，造成了经济极不平等的现象。

五、元代劝督农桑行农社制

宋代时,河北、察哈尔、绥远、热河及辽宁一带的北方地区为辽国所占。黄河流域及以南地区才是宋疆。

金国为游牧民族,全国皆兵。金国特别重要的有所谓"猛安谋克"[①],其实是一种屯田制度,兵士不作战时便耕种田地。金人来中国后便圈地让军队屯垦,所屯之田即是官田。

安史之乱后,北方经济重心移向南方。北方经济衰败的另一原因,是由于北方在辽、金统治下,"猛安谋克"的屯田并不成功,田地多荒芜了。

自元朝统治全国后,亦有屯田;明代便有卫所制度,相当于唐代的府兵制。但明之卫所并非学自府兵制,乃是衔接元朝而来。

辽、金、元时代,由于当时不重视农业,故设置"劝农"一类的官。辽时或有"劝稼"、"劝获"一类的官,可见当时对农事不努力;金朝亦设诸路劝农。人民不服,认为既然恃农以生,何以要劝呢!"劝农"实是"妨农"。后来仍设"劝农",乃是劝金国人注意农业,并非劝一般的中国人。

成吉思汗统治中国后,初不知田地之功用,却将田地尽变牧场以养牛马。当时助元得天下的辽人,名叫耶律楚材,他从金国投元,劝元政府不可将田地变为牧场。因田地可收租税,可成为国库主要收入来源。于是元世祖统一中国后开始劝农。

为使人民重视农业,政府设立劝农司,并颁发《农桑辑要》一书分送全国各地;又命各路地方官派劝农官到各地指导农业。

元代之劝农司曾多次改名。先改大司农司,再改农政院,后又改司农寺及务农寺。虽屡改官名,但重视农业则一。

当时每一地方官兼任劝农司之衔。政府衙门两壁均绘有"耕织图",以促使地方官注重农业。金、元时代大力呼吁劝农,正说明了金、元时代之农业已濒临崩溃的边缘。

[①] "猛安"意为千夫长,"谋克"为百夫长。

衙门的"耕织图",亦证明当时社会农桑并重。当时黄河流域已有蚕桑事业的发展,明代以后北方才开始衰落而转到南方地区。

元末松江有位女纺织家黄道婆,她曾久居海南岛学得了纺织技艺,再回到家乡松江把织布机加以改良,甚至把纺织推广到黄河流域。黄道婆也因而致富。

由于辽、金时代战乱的关系,桑、麻作物受到摧残,于是元代大规模种植棉花,同时亦鼓励恢复桑麻的种植,以解决衣的问题。

元世祖时,发动农村组织农社,颁布农桑制度,共有14条,大意如下:

凡农村中有50家者组成一社,100家者组成两社,如一村落中不足50家者,则将两个或三个小村落合组成一社,如村与村之间相距太远时,则20家亦可组成一社。

每一农社选出年长而懂农事者为社长,由社长协助政府劝农。

每家所种之田须在田边插一木牌,上书某社某人耕种。由社长经常去察看,如发觉某家之田种得不好时,须向地方政府的劝农司报告,又如某户有不孝顺父母者等情事亦同时报告,并将其过错写下挂在门上,待该农户自省改过后才取下。如该户在一年期内尚不肯改过,即丧失"自由农"之资格,便得在社中罚做苦工。

倘农社之50家中有一家生病或病故而不能耕种者,则由其他各家协助耕种之。

如果某社遇疫症,有数家亦同时遭遇灾祸时,则由其他农社协助之。

如逢养蚕季节,某家人力不足时,亦得由同社其他人协助之。

如社员中有牛死亡,则由别家出资助其购回一耕牛,等田间作物有收成时再还款给资助者。

农社的建立,实在是一种良好互助的经济合作制度。

元代对农社社长有特别优待的措施,例如可免差役,可免当兵等,以便社长能专职全力劝督农桑。

凡多个农社的地区水利设施不足时,则由政府协助开凿河渠;又如有堤高水低等情况时,则由政府供给木材制造水车,待社方秋收有钱时还给政府。

无水源处则规定凿井取水。

每年由社长去田间察看有无蝗蝻[①]等虫害滋生，有则设法除灭之。

农社亦负责植树造林。规定每家每年栽种桑、枣树20棵，种桑为造衣用；种枣树为防备米麦不够时应付荒年之用。因当时尚未有玉蜀黍、马铃薯等杂粮出现，故北方植枣树特多。

如该地区不宜种植桑、枣时，可代之以榆、柳。每年每一壮丁须种杂果树十株，多种亦可。

社区如近湖塘，则必须养鱼、鸭、鹅，并栽种莲藕、菱及蒲苇等。荒地先让较穷苦人家垦植，做到家家有地，人人尽其余力，地无丝毫荒弃。

此外，农社尚有几件重要的事情。其一是要设公立社仓，即所谓义仓。即每逢丰收之年，每家每口须缴米、麦一斗，如无米、麦，可用杂粮代替，如一家三口，即缴纳三斗，以便荒年时之用，称为"公共储蓄"。

另一种重要设施是办农校，即每一农社设立学校，并聘请社师，在农闲时让子弟进学，以便识字；凡有成绩良好的学生，可呈报地方官，俾便征用。

元代每一地方均设有学田，到处办了书院。凡地方官新上任，首日必须去书院听讲。

元之农社制度，实是一种农村自治。此制度非蒙古人设计，实乃由宋代"乡约"制度而来。凡蒙古人住在汉人地区者，亦得加入农社。当时设立"农桑文册"，每年由地方官造册呈报大司农。但土地有限，每年植树却有增加，后来人笑为"纸上栽树"，原来册上报多的都是官样文章。

综言之，元代的农社是中国历史上一个很有意思的制度。此制度有利中国农村，相当值得注意。

[①] 蝻为蝗之幼虫。

第十二章

明清时期经济

(明:公元 1368—1644 年;清:公元 1644—1912 年)

一、明代"黄册"、"鱼鳞册"管理户口田地

中国古代的土地制度有井田、限田、王田、占田及均田等，但自唐代租庸调制以后，改行两税制，此下便没有土地制度，一直下来到清代都可说大体上是实行两税制。

可以说，唐代两税制度以前是涉及土地分配及所有权的问题；而两税制度以后，却不再讨论土地问题，只是政府如何征收赋税而已，只是事情而非政制，成为一技术性问题。

简言之，唐代两税制以前的中国是在土地问题上有较大的变化；而在两税制度以后，却是在租税问题上有较大的变化。

今日台湾的平均地权政策或大陆的共产主义土地制度，可说是民国以来，中国已回复到两税制度以前所着重的土地问题上来了。

谈到明代的税制，其实只是唐代两税制度的延续，没有什么土地政策，只能谈谈租税。中国自宋代开始，征收租税已开始出现问题，但可惜时至今日，仍没有人注意到这一问题，亦无有关方面去县级地方去或农村去作实地调查，以了解实在的困难情况。

明代有"黄册"与"鱼鳞册"两种册籍之设立，一直沿用到清代和民国。但这两种册籍并非制度。今日的内政部已无户口册与土地册了。

明代的"黄册"即户口册。政府规定十年更订一次。共制四本，一本送户部，一本送省的布政司，一本送府，一本存县，封皮用黄色，故称黄册。这种正式的户口册，南北朝时称黄籍。中国之有户口册，已有几千年的历史，可说是中国文化历史的一种光荣。

中国户口册以户为主，并非口籍，而是户籍，每隔十年后，户口变

动必较大，故得重新造订黄册。

黄册的造订，起自明太祖朱元璋洪武十三年，由户部尚书范敏所设计。为了平均徭役，才编造黄册。

黄册的册首，首先注明该户籍何属，包括军、民、匠、灶等，然后写明田地、房产、牛只等，并分"旧管"、"新收"、"开除"及"实在"四柱。"今日之旧管"，就是"前日之实在"。

而明代的鱼鳞册，则以田地为主。但鱼鳞并非制度，只是征收田租时，手续上的新花样。

宋代即有鱼鳞图；到明初洪武二十年时，浙江布政使司及直隶苏州等府向中央进呈鱼鳞册。早前，明太祖派国子监学生武淳等到各地方随其税粮多寡，定为几区，每区设粮长四人，召集里甲、耆民等亲赴田亩处量度之，将各田亩之方圆绘成图表，写上田主之名及田之丈尺四至，类编为册，方法相当齐备。由于绘成之图似鱼鳞，所以称为鱼鳞册[1]。

鱼鳞册是明代征收田赋时作为凭据之用，故亦称"地亩册"。此法乃丈量田亩推行于全国，实始于明太祖。史载："颁鱼鳞图册，以核天下土田。"

所谓"四至"，即东南西北之疆界，一县有四至；县又分若干乡，乡亦有四至；一乡又分若干都，都亦有四至。在鱼鳞册上均有注明。

鱼鳞册上之田亩各有业主。新业主置产时要在鱼鳞册之图中添注，故图上仍有户口与人名之登记。但田亩是母，人口是子，人口是跟随土地的。鱼鳞册的绘制，每县以四境为界，每乡每都亦以四境为界。田地以丘相比邻挨接，如鱼鳞之排开。田亩属于官府或民间，高田抑圩田，山田或水田，均逐乡详细注明，此田亩易主时，亦随即注明。

人事虽有变迁，田亩则固定不移，使刁民无法诡寄埋没[2]。政府向人民征收田租时，只问田，不问人，与前代的"方田"有所不同了。

照《天下郡国利病书》所述，鱼鳞册编成后，每户照册卜田段，各

---

[1] 见《明太祖实录》。
[2] 见顾炎武《天下郡国利病书》。

给号单一纸收执,写明坐落亩数,四至图形,业主如卖出该田亩时,即将号单黏入契内,以清手续。

鱼鳞册亦是十年一换,手续亦相当繁复,管册籍的是吏胥。县官更换时,册子仍存于原处。但时日一久,小吏作弊,不能永久维持下去,只得取消。民国以来,部分地区已无鱼鳞册了。

为何明代要采用鱼鳞册?此一问题,可参看有关史籍,大可研究它十年。

二、明代粮长制与生员制

明代征收田租,由粮长分配给里甲长催征。乡村中凡10户有一户长;凡110户分为十甲,设有甲长里长。出粮者自己向政府缴粮,称为"上纳",由粮长"收解",由州、县的地方官"监收"。洪武四年时,明太祖先下诏在江浙地区设置粮长制度。

凡可收到一万石粮的地区,设粮长及副粮长各一人,由区内拥有田亩最多者担任,以便催征及押运,并交给中央点收。如工作尽责而良好者,可获擢用,任职为政府官吏。因粮长原自富农中选出,行为必较地方小吏纯朴诚恳,不易有贪污情事。明太祖曾言:"此以良民治良民,必无侵渔之患矣。"[①]

当时粮长解运粮食常要赔偿损失,易生流弊。宋代运粮到汴京;元代运粮要到北京;明太祖时,粮只需运到南京;明成祖以后,迁都北京,运输倍感艰辛。中国的漕运,消耗人力财力很大。后改"兑运"后,即粮租可折成白银缴纳,粮长可不必运粮到中央政府了。

明代特别优待读书人。明代的科学分"生员"与"进士"两级,"生员"包含秀才与举人,可以不受罚。有如宋代之不杀士大夫,亦是对读书人的一种优待。

有一次,明代有一是秀才的生员担任粮长,做得不好,本要受罚,

[①] 见《明太祖实录》。

犯法是打粮长而非打秀才，县官于是出一上联，谓如对得好，可免打屁股。上联道：

> 秀才粮长，打粮长，不打秀才。

秀才对的是：

> 父母大人，敬大人，如敬父母。

县官认为对得好，于是免罚。明代户口有粮户、官户及儒户之分。当时政府有规定可优待官户；儒户是预备官，是生员，亦可得优待。缴田租可打九折，如2000亩田租折白银原为300两，九折只须缴纳270两，可省租30两白银，等于200亩田免租。明代生员很多，大县有1000名生员，每人少缴200亩的租，1000人就少缴20万亩田租。于是当时有"诡寄"发生，即粮户之田寄在生员名下，可受优待，此即所谓"寄户"。

三、"诡寄"、"飞洒"避田租

明代的人民缴纳田租外，尚有当差及徭役。不必当差的有乡官、吏胥（吏胥是在衙门当差者）及生员（生员可升任乡官）。据顾炎武先生的《日知录》记载，一地之生员多，田亩多，民间的派差就重；即生员多田愈多，民间派差愈多。于是要求生员"寄田"以逃避赋税，"诡寄"者，即将田集中寄在生员身上以避税也。

明代除"诡寄"外，由于田多役重，于是又有一种称为"飞洒"的，便是将自己的田亩分散写入别人的名下。行使这种勾当，首先得与衙门中管鱼鳞册的勾结买通，又称为"洒田"或"洒粮"。由于将田分别飞散在别户身上，所以亦称"飞洒"。

由于"飞洒"作弊，因此有100亩田的农户须缴纳130亩的田租，富人的田就分配在忠实诚朴的农户身上而受了欺骗。

"诡寄"与"飞洒"的情形直到民国初年仍有存在，造成了人与田永远无法准确划分登记的现象。

还有一种"虚悬",意即把田悬起来了。由于卖田者花样多,故弄玄虚。买了田的,粮仍没有过,田赋却由轻而转重了,造成了很多麻烦。

以上这些弊端,都是经济解体以后所发生的现象,由于社会欠缺组织,造成散漫无法纪。

现在中国社会的缺点是平铺的,无力的,已经没有头脚轻重之分。组织无法有秩序的推行各项政令,造成了阳奉阴违的现象。

明代尚有承袭元制的"赐田"。明宪宗时,没收太监曹吉祥的田地成为宫中庄田。明孝宗时赐给皇室勋戚的庄田凡3万3100余顷。世宗时,赐田已达20万919顷28亩。至明神宗万历二十九年,赐福王庄田多达4万顷。此项庄田,租重而骚扰大,为害北方农业之进展甚巨。

四、"一条鞭法"合并赋役

明代的"一条鞭法",是一种赋役合并的制度。

租是指田租,赋是指兵赋。汉代有口赋（即人口税）、力役、差役等,唐代以来无役,变为租庸调。后来有人称"田赋"这个名字,实是不妥当的。

唐代实行两税制度以来,有了户役;宋代王安石施行免役,仍要派差;明代实行一条鞭法,即将赋与役合并为一,即丁与粮合一。丁为人口役,粮为田租。统计每县有多少田缴纳多少租,有多少丁受役（役可出钱代之）,将两者合计共出多少丁多少粮,一起缴给政府。政府须劳役时自己出钱雇役。

明代中叶为解除繁苛之赋役,遂奏请实行一条鞭法。明世宗嘉靖十年,大臣傅汉臣上奏曰:"顷行一条鞭法,十甲丁粮总于一里,各里丁粮总于一州一县,各州县总于府,各府总于布政司,布政司通将一省丁粮均派一省徭役。每粮一石审银若干,每丁审银若干,斟酌繁简,通融科派,造定册籍行,令各府州县永为遵守,则徭役公平而无不均之叹矣。"[①]

但嘉靖时并未实际施行。正式实行则在穆宗隆庆四年。户部奏准在

[①] 见《续文献通考·职役考》。

江南地区，将所属府州县"各项差役，逐一较量轻重，系力差者，则计其代当工食之费，量为增减；系银差者，则计其扛解交纳之费，加以增耗。通计一岁共用银若干，照依丁粮编派。如有丁无粮者，编为下户，仍纳丁银；有丁有粮者，编为中户；及粮多丁少，与丁粮俱多者，编为上户，俱照丁粮并纳，着为定例"①。此制至明神宗万历九年遂全面施行于中国。

综合来说，一般人认为一条鞭制是简单的好方法，但反对者亦甚多。南方人赞成而北方人反对，其情况一如宋代看待免税法。其实，批评一制度之好坏，应依照历史上当时人客观的反应意见，不应以我人今日之主观见解来批评。由于南北经济状况不同，有时当因地制宜，不宜用同一方法制度施行于全国。

总括来说，乡官、生员与吏胥，是明末三大病。明清的吏胥问题最难解决。

五、清代收地丁合一税

宋代以后关于赋税方面的事，已不是制度问题，只是人事手续问题而已。

明代编造黄册与鱼鳞册，以丁算入粮中，即丁粮合一的一条鞭法。

清代自康熙三年征收地丁合一税，即以丁计入粮中，与明代相似。地丁者，即指田与户口，计算所得向政府缴纳钱粮；明代的一条鞭法可用白银折缴，清代亦然，合称"钱粮"，亦可用绢布等实物折缴。所谓地丁合一，即是按田派丁，当时曾流行一句俗语道："富民出财，贫民出力。"

明清两代的赋税，一条鞭法与地丁合一大体相同。所不同者，是明代每十年统计户口一次，重新编造黄册；每户有添丁时要加税。

康熙五十二年再下诏书：凡盛世添丁，在户籍上添加了，但续生人丁永不加赋。凡在康熙五十年丁册派税以后之添丁，政府不加其赋，此法实较明代宽大，是一项好制度。

---

① 见《续文献通考·职役考》。

满清入主中国，顺治十八年时，下诏一切丁徭田租依照明代万历年人口计算。万历时之田租已行一条鞭法，丁粮已摊派在田租中，但结果仍要民间当差，田租并未减低。

康熙五十年时，其人口不及万历时之半数，这是一个大问题。

明代以明神宗万历时期最好，当时社会安宁，人口繁盛，诸凡古代的寺庙大钟、瓷器古玩，很多都是万历年间制造。但万历是衰坏的开始；清代最盛美当推高宗乾隆朝，但也正如万历一般，也是清代颓坏的开始。

乾隆时代，国家税收，几乎全部充作军费之用。乾隆三年时，各省钱粮，大半留充兵饷。如不足时，由邻省协拨。乾隆十年，史载："每岁天下租赋，以供官兵俸饷各项经费，惟剩二百余万，实不足备水旱兵戈之用。"乾隆时期频年用兵，如准回之役，耗费3300万两；缅甸之役，用900余万两；两次金川之役，共耗9000余万两；尚有廓尔喀之役、台湾之役，计共耗1亿5000万两之上。乾隆武功虽盛，但终于成为强弩之末，遂使清代步入衰颓之境。

六、清代自乾嘉人口激增的事实

中国西汉末年，人口是2000万；明代万历朝盛时，为2106万人；到了清代初年，由于杀戮多，人口已不足2000万，如要依照明代万历时人口厘定租税，实非公允。

自顺治十八年（公元1661年）至康熙五十年时，50年中，人口增至2462万，人口增加比率不足百分之二十。自康熙五十一年起，所增人丁永不加赋。康熙时租税无法收足而有积亏。即使后来添丁的不算，亦仍收不足；到雍正十年，积亏地丁人粮已达1000万。

康熙五十一年以后，中国户口人丁册籍仍是五年统计一次，计算到乾隆十四年，全国人口已达1亿7749万，差不多有2亿人口了，30余年间，人口增加了7倍。

乾隆四十八年，人口有2亿8403万，约近3亿。

乾隆五十八年，已超过3亿人口，为3亿746万。

嘉庆十七年，已有3亿6169万人，渐渐接近4亿人口了。

民国以来，国家没有大的战乱，所以人口快增加到5亿了。

中国的人口问题可说是一个大谜。为什么以前中国的人口老是停留在2000万左右，而乾嘉以后的人口何以会增加如此之速？这问题似无人能解答。

中国的人口是个特别的问题。在西方的马尔萨斯人口论以前，清代学者洪亮吉（江苏阳湖人）[①]亦已讲到中国的人口问题。他说："今日人口比30年前增加了5倍，比60年前增加了10倍，比100年前增加了20倍。"一个两口之家，如果有屋十间，有地100亩，两夫妇的生活将可过得很舒适，如果生了三个儿子，成业立室之后，变成八口之家；再隔若干年有了第三代，人口大增，但粮食增产没有如此快，便日子难过，易生乱事了。

人口之激增，实是一件可虑之事。正如洪亮吉所说，人人乐于做一个治平之世的老百姓。但经过若干年代，子又生孙，孙又娶妇，一直到有曾孙元孙，自高祖算起，人口恐已增加了数十倍，但隙地闲廛，只增五六倍而已。因此田地与住屋常不足供应激增之人口。何况又有兼并之家，一人据百人之屋，一户占百户之田。如此下去，遭风雨霜露饥寒颠踣而死之人，安得不比比皆是？[②]

洪亮吉《生计篇》又说，今日十口之家，须由40亩[③]养之。凡士、农、工、商一岁收入，不下四万钱。50年前，米六七钱一升，布三四十钱一丈。以一人需五丈布、四石米计，一人劳力足可养活十人。今日则不然，农十倍于前而田不加增，商贾十倍于前而货不加增，士十倍于前而佣书授徒之馆不加增。且升米钱须三四十，丈布钱须一二百。所入愈微，所出益广。于是士农工贾，各减其值以求售。布帛粟米，各昂其价以出市。加上户口已十倍于前，遇上水旱疾疫，非束手待毙不可。此即乾嘉以来户口激增而影响人民生活之最明显例子。

[①] 洪亮吉为乾隆年间进士，嘉庆时上书论事，几遭文字狱杀身之祸，著有《洪北江全集》。
[②] 见洪亮吉著《意言治平篇》。
[③] 其宽广即古之100亩。

第十三章
中国货币、漕运及水利问题杂谈

一、历代货币制度概览

　　城乡如何联络，农商如何交流是一大问题，其中货币起了重要作用。中国早期的货币为黄金与钱币。春秋时期未使用货币，战国时期使用黄金与钱币，至清代一直盛行。

　　到东汉时，黄金已少用，市上亦不常见。推其原因，自佛教进入中国后，又加上道教等宗教上的需要，因此黄金用于建筑、器物及装饰品上之数量甚大。这是后来只用铜铸钱币的原因。

　　自三国以来直至唐代，钱币与实物包括五谷与绢同时使用。

　　中国的钱币，汉武帝时开始用五铢钱。南北朝至隋唐不用黄金，只用钱币，五铢钱已减轻。唐代最好的钱为开元通宝，开元通宝较五铢钱略重。自唐至宋，大部分是用开元通宝；即使宋代所铸钱币，亦仿效开元钱之形式。

　　宋代以单一货币使用不便，主张应有辅币同时使用。当时，遂有铜钱、铁钱同时通行，但两者比价相差不远，故使用仍感不便。

　　宋末，阿拉伯商人蒲寿庚在华担任泉州市舶司历时30载，日本一学者根据蒲寿庚所述资料著一书，详述宋代海外通商情况，书中述及中国之铜钱往外流，遂加禁止，并禁私铸铜钱。

　　中国由于产银极少，可以用作制钱币者，除铜铁外，已无其他适当之金属，即黄金亦不足够。

　　明代开始，用一块块白银当作货币。

　　明代的田租不缴米而缴钱。但数以担计的租缴钱币过于繁重，故用白银折交。当时所用白银是银锭、元宝，尚有小块之碎银。人民用碎银缴入国库时，要将之熔成大块之元宝，由零碎的变成整块时，便得加上人工及损耗，故缴纳碎银时要加上若干耗银，此即所谓"火耗问题"。

由于火耗问题，使田租增加。明代开始用银元，直至清末，有了较大数量的墨西哥银元与大清银元流通，银币才有了标准重量。

梁启超曾论到何以银币重量定为七钱二分。其理由是银币不可过重或过轻，故以七钱二分为适合。

中国有了银本位制，由此看出中国经济不能用铜本位制，但汉代以来均用铜钱。清代亦无金本位，因无此需要。中国之货币问题是有铜而无金、银，至清代用银元为本位，始无问题①。

两宋的货币制度，较前代复杂，仍以铜钱铁钱兼用，白银亦渐受重视，同时产生了纸币。所谓钞票之使用，乃宋代开始，因单位以铜钱作流通货币已不足以应付。当时一贯铜钱即1000枚，已相当重。宋以"贯"（1000）为钱币之单位。500贯即合后来之一枚银元（如以2000钱折合一银元计，500贯即250银元）。当时如携带5贯钱已极为麻烦，如四川省用铁钱，则携带更为困难。大的铁钱1000枚有25斤，中等的铁钱也有十多斤，不但笨重，而且购买力低，经商十分不便。因此，宋代四川人发明了"交子"，即印一纸当作钱币使用。

"交子"起初先在民间使用，由16位四川富商以信用担保作为货币流通，大致在宋真宗时代，后富商经营失败，交子无法兑现，才改由政府担保。那已是大中祥符末年。

宋仁宗天圣元年（公元1023年），政府设立益州交子务，正式由官方办理。自天圣二年起发行官交子。

古时印交子用的纸质差，故此种钞票有所谓"界"，要每隔数年一换。据《宋史·食货志》载，商办的私交子以三年一换，叫做第一界，接着有第二界，第三界……如此收回旧的，换发新的。但官交子的界分说法，史书似无详述。

交子除先在四川流行外，亦曾流通于河南、陕西等地，但不大受欢迎。

---

① 宾四师笑谓其儿童时代，一日有十枚铜钱已很好用，后改用铜元，两枚可买一碗大肉面或熏鱼面。

到宋徽宗崇宁、大观年间，政府把"交子"改为"钱引"，大观元年改"交子务"为"钱引务"。此时，交子已印发到第43界了。交子的"交"字有"合券取钱"之意；至于"钱引"，"引"字有"凭照"之意。

后来又有所谓"会子"及"关子"。"会子"的用法是商人与政府约定，替政府正式运粮到某地，运到目的地后，政府给一"会子"（等于支票），商人持此会子可到某地换取若干担之盐或茶。会子有人称"引"，有了"引"就可到处经商。后来此会子不必换取实物，而可折成市价若干，当作货币一般在市面上流通。

至于"关子"，相当于"交子"，可作钞票通用。隔数年一换，且要有信用，即要有三成至四成之准备金才可发行。其实，交子是钞票，可兑现；会子非钞票，不能兑现。

宋、元两代用钞票，均有滥发之弊病。

二、中国漕运与南粮北运问题

漕运在中国经济史上是一个特别的课题。这是西方国家所没有，而中国独有的一个问题。漕运就是水道运输，中国在古代时，漕运的问题不大。如西汉初年，《汉书·食货志》记载，每年只把山东之谷400万斛运到长安即可。

三国鼎立时期，直至南北朝对峙，大家各自立国，亦不闻有南方之粮运往北方之事。

隋炀帝大业元年开通济渠，四年开永济渠。他把北齐、北周与南朝的鼎立形势打通，东南东北，大兴水运，并非北方需依仗南方之粮。到了唐代，因江南户口日多，租调日增。将南方租调输送北方京师地区的漕运，就逐渐受到重视。

唐玄宗开元年间，南方的粮帛经长江汇集于运河要冲的扬州，再渡淮河，入汴水，经通济渠到黄河口而入洛水，抵达京师。开元二十二年时，裴耀卿为江淮河南转运使，凡三年中运米700万斛。此一时期，北方需南粮仍并不甚殷，直到安史之乱起，由于河北、山东等地藩镇割据，租税不入中央，唐室的财政遂依靠南方转为殷切，自长江入黄河的漕运，遂成为军国要事。

唐肃宗时理财名臣刘晏，便因能整理漕运，使南粮顺利北运而名噪一时。唐朝一节已有较详叙述，此不赘。

到宋代建都汴京，主要是为了方便漕运。按照宋太宗太平兴国六年所定制度，当时的漕运有四条路线：

第一条是汴河线，即将江苏、浙江、江西、湖南及湖北各省的米300万石及菽100万石，自长江运入淮河，再转运到汴京。

第二条是黄河线，即将陕西之粟50万石及菽30万石从三门、白坡经黄河运到汴京。

第三条是惠民河线，即将河南、安徽地区的粟40万石及菽20万石，从闵河、蔡河运入汴京。

第四条是广济河线，即将京东之粟12万石从五丈河运入汴京。

北宋时代赋税偏重于南方，自上述漕运可知。宋初岁入1600余万缗，为唐代之两倍，至神宗熙宁时已达5000多万缗；至南宋，更增至6000余万缗了。

元代建都燕京，但米粟的供应仍然是靠南方的江南地区。元代是用海上漕运。海运虽秦代已有，唐人亦有将东吴粳稻运上北方幽燕地区，但大规模的海运当始自元代。

元代海漕以30只船为一纲，以大都船900余艘，运漕米300余万石，有船户8000余户。每纲设押官二名，行船时招募水手，先在扬州受训，设专官加以教习。

元世祖至元二十八年，曾海运250余万石，其后增运至350余万石。

总计元代岁收各地粮数为：

地区	岁收粮数
河北、山东、山西及内蒙古等地	227万1449石
辽阳	7万2066石
河南	259万1269石

陕西	22万9023石
四川	11万6574石
甘肃	6万586石
云南	27万7719石
江浙	449万4783石
江西	115万7448石
湖广	84万3787石

总计以上各地粮数，辽阳、河南、陕西、四川、甘肃、云南及湖广七地尚不及江浙一处；而江浙、江西、湖广三处合计，恰为其他七处之一倍，可见元代依赖江南米粟之殷。

明代漕运历经五次变化。先是明成祖永乐元年开始用河运，兼用水陆，自淮河运入黄河；永乐四年开始用海陆兼运之法；十三年开始用支运，即先将江、浙各府之粮拨运到淮安仓及济宁仓，以3000艘支淮安粮运到济宁，以2000艘支济宁粮运赴通州，再以浙、直军、京卫军及山东、河南军分别接驳运到京师，每年四次，可运300余万石，谓之支运。后曾增至500万石。稍后改兑运，即先由民间运至淮安、瓜州，再兑与卫所官军运京师。最后一种成为永制，叫收兑。先令里河官军运赴江南水次交兑，再由官军长运，所运船只在天顺以后，定数1万1770只，官军12万人。当时北粮只有南粮的五分之一。京师全靠南粮供应。

清代漕运，定额为400万石。各省漕运原额，约为南四北一之比。但乾隆十八年时，为南八北一；四十四年时则为南十北一，可谓仍是依赖南粮为主。总之，历代南粮北运，为国家每年之大耗费。

三、中国的水利问题——黄河、长江、淮水的利与害

一个国家在地理上言，山脉是固定的，都邑的变化也较少，但河流水道则变化较大。水一面跟着山脉走，如两山之间必有一川；水一面又跟随都邑而定。由于河流的变化大，对经济的影响亦大。

中国古代典籍中，首先讲及水利的便是《书经》中的一篇《禹贡》。《禹贡》中讲到夏禹治理黄河。此文提到中国水道变迁的沿革甚详。

清人胡渭作《禹贡锥指》[①]，全书对九州分域、山水脉络、古今同异之故，讨论十分详明。书中对黄河的水利与物产，也作了详尽的介绍。

中国第二部讲水利的书就是北魏郦道元的《水经注》。郦氏为《水经》作注，是讲中国北方水道的一本大著作。

1. 北方的黄河水患问题

现在谈一下黄河的水利情况。

欧洲人说黄河是中国之害。其实也不尽然。据研究所得，黄河也曾有利于中国，亦曾撰了一篇几千字的《水利与水害》一文，当时人颇为欣赏。何以黄河有害却成为中国文化的发源地呢？其实，前期的黄河对中国有利，黄河到后期才对中国有害。

黄河的水患据史籍记载，最早见于周定王五年时，即鲁宣公七年，此时进入春秋时代已有110年，当时黄河北岸有卫国。卫国是殷商的故墟，《诗经》上形容她"淇奥绿竹，淇上桑田，桧楫松舟，泉源考盘"，是一个美丽的水乡。春秋五十年左右，卫为狄所灭，由于狄不谙水利，黄河决堤频频，农田水利失修，故经常发生水患。

到魏文侯时，有西门豹、史起等专家起来大修水利，使这一带的人民仍然可以安居乐业。

至于历史上第二次的黄河迁徙，时在汉武帝元光三年，距周定王五年，已有440年。此次黄河所以发生水患的原因，是由于战国以来，各国的长期战争，大家竞筑堤防所致。汉代贾让曾说："堤防之作，近起战国。壅防百川，各以自利。"当时齐、赵、魏各国竞相筑堤，使河水游荡无定，水去时固然成为肥美的耕田，大水时至则漂没而竞筑堤防以自救。

此时亦有决水以浸敌国者。如赵肃侯决黄河之水以灌齐、魏的军队；梁惠成王时，楚国决黄河水以灌长垣；赵惠文王决黄河之水伐魏，造成

[①] "锥指"是作者自谦之词，表示对"禹贡"所知甚少。

水潦；秦时引黄河水灌大梁城，使城倾颓。

此时亦有壅塞水源以害邻国者。《战国策》记载："东周欲为稻，西周不下水。"故秦始皇主张"决通川防"。

由于战国时期多战争，水利失修了，黄河河道被破坏了，遂造成了西汉时期的严重水患。要到东汉明帝时，王景治河成功，从此黄河平息水患，达900年之久[①]。由于此时期的政府对沟洫河渠，时有兴修，因此对北方的经济文物促成兴盛。此即黄河有利中国的实证。

此后黄河造成水患，始于宋代，下溯至元、明、清三代而千年不绝。由于没有搞治河的工作，北方的社会经济文化因此逐渐衰落。

宋代之黄河水患，起因于唐代以后之藩镇割据。当时黄河水灾横亘千里，由于当时四分五裂的藩镇，大家尔虞我诈，互相掣肘，根本无法合力共治，只有任由河水溢决，迁移城邑以避之而已。因此，黄河下游两岸的农田水利在藩镇统治下，失修特多。

又加上五代时，黄河两岸梁、唐对峙，为了军事上的需要，在梁贞明四年、龙德三年及唐同光二年，曾多次决河，到宋代时，黄河水患遂急剧发生，造成了黄河下游一二千里的河床，多次的迁徙。辽亡金兴以后，黄河仍常有溃决。元代黄河大决，河水遂自淮水流入海，造成此下之不利。

自春秋到清末，黄河水道有六次重大的变迁。

第一次发生于周定王五年，黄河在宿胥口决水，向东流丹漯川，到长寿津时又与漯川分别而行，与东北的漳水合流，经河北省的盐山县入海。《水经》上称之曰"人河故渎"。

第二次发生于王莽始建国三年，此时距周定王五年已有672年。当时黄河主流迁徙至魏郡，经清河、平原、济南到千乘。到后汉永平十三年时，此时距王莽始建国三年已有59年，由王景修治黄河，成为黄河主流。《水经》上称为"河水"。

第三次发生于宋仁宗庆历八年，由于商胡决河，使黄河自永平十三年以来，平静了凡977年的河道又发生了突变。河水溃决造成新的河床，

[①] 《水经注》上称黄河为河水，称长江为江水，黄河是俗名，今日人称淮河亦不通，应称淮水。

从而分成东、北两支。原来的是北流合永济渠至河北青县而入海；东流则合马颊河经无棣县而入海，是新流。有时北流开而东流闭，有时则东流开而北流闭。宋代人主张河水东流，可作防敌的国防线，北流则流经契丹，认为对宋不利。

第四次是阳武故堤溃决，时为金章宗明昌五年，时距庆历八年已有146年。此时黄河大半之水经由泗水而进入淮河，此时北流仍通。

第五次是距上次95年之后的元世祖至元二十六年，此时会通河成，河水往南，北流已微，到明代宏治中，筑断黄陵冈支渠，至是黄河之水全由淮河所承受，北流遂绝。明人防黄河北流，如防大盗，强制黄河向东南流，遂使黄河水患无法消弭。

第六次在清咸丰三年时，此时距至元二十六年已有566年。当时黄河在近河南省兰封县西北地区的铜瓦厢溃决，黄河再改道北徙，从济水入海。今日津浦路经过的黄河铁桥即铜瓦厢溃决后的黄河流道，此后即无大水灾发生，证明黄河应向北流才对。

大致来说，黄河的大水患多在宋以后。继续糜烂之区，面积达数千方里，凡河北、河南、山东、辽宁、安徽、江苏各省，历遭河水肆虐，北方元气因而为之大伤。

考宋以后黄河水患所以不绝，原因有下列几点：

首先，黄河的正道因各种不相干的原因而被牺牲。宋时黄河之道有北流东流之分。自河南省的濮阳、河北省的大名入山东省的冠县、馆陶到河北省的清河，再入山东省的武城、德县至河北省的吴桥、天津诸地入海，谓之北流。导水东行者，即自河北省的清丰、朝城、清平、乐陵等县到无棣境内入海，谓之东流。本来北流是黄河古道，水流畅顺，且海口广深，但宋人恐契丹借北流为桥梁，守以州郡而使中国全失险阻，故绍圣诸大臣力主东流。至宋绍熙五年（金明昌五年）黄河在阳武决口，灌封丘而东流。此时黄河分两派，北派由北清河入海，南派由南清河入淮。金为自利，不欲使黄河北流，遂距北流的黄河古道更远。

到元明两代，为利用黄河之水济运河，更不愿黄河北流。元末黄河之道向北迁徙，而明人惧运河干涸，遂以人力阻塞北流。一直到清朝，均以人力控制黄河之流向。黄河不能按其自然趋势以定流向，遂经常有溃决发生。考证史实，明代时大河北决者有14次，南决者5次。清顺治康熙以来，黄河北决者19次，南决者11次。如从夏商周三代算起，黄河北流比南流时间为长。前者凡3600多年，南流仅500多年。直到咸丰时，黄河在铜瓦厢决口，河道才再北流。常有因兵战而使黄河改道者。如宋高宗建炎二年，杜充决黄河自泗入淮，目的为阻金兵；又如明末流寇掘堤灌开封；清顺治初，黄河之河南荆隆口被决。因兵争而河道常被毁坏，黄河安得不屡遭水患。

其次是周定王之后，沟洫不修，遂造成日益严重的黄河水患。黄河水患的两大成因，在于河汛时期水量突然暴涨，以及水中挟带泥沙量太多。上两者，主要是中游山西、陕西、河南诸省支流所促成。

至于开浚运河，目的在为漕运。但对于北方原来水利，却有损无益。隋炀帝开汴渠，沟通了黄河、淮河与长江，促进南北水运连贯之利。但正如宋代丁谓所分析，炀帝将幸江都，遂分黄河之流，左右筑堤300多里，因此造成散漫无所之水患，使陕西、河南一带，尽成泥浆卑湿之地。

自元明以来，筑堤建坝，国库耗资巨大，但仍不胜其淤塞溃决，虽然用尽人力财力，但水患仍烈。而且为了顾全运河的水量，强逼黄河南流，使与淮水合流，不但河患频仍，淮水亦酿成大害。

由于政治之腐败，河工之黑暗，致使黄河、淮河、运河造成肆虐泛滥，河南、山东、江苏、安徽四省人民，每岁掷无量巨金以作三河之防御，屡防屡泛，使无产民力之消耗牺牲，难以计数。

2. 南方的水利农业发展

自魏晋南北朝以后，南方水利农业开始发展，最显著是长江下游的江浙一带。

唐中叶以后，江南西道，即江西省的鄱阳湖流域，物产富饶，比江南东道为佳。

五代十国时，北方五代，南方十国。当时南方经济情况好于北方，十国中之吴越建国，有专务治水的专官，称都水营田使。募集七八千人，称为撩兵，专职治理太湖，并常为田事治河筑堤。旱时运水种田，涝时引水出田。又开东府鉴湖（南湖），派撩兵1000人，专为钱塘湖芟草浚泉。农田水利搞得十分理想。当时南朝军驻荆州（汉水流域）及徐州（淮水流域），军粮不需依赖太湖流域所产。

宋代建都汴京（开封），当时北方米粮仰给于南方，经济重心转到太湖流域。

宋仁宗时，江南有大规模的圩田及河塘。每一圩田方数十里，如大城。中有人造河渠，外有门闸。旱时开闸，有引入江水之利；潦时闭闸，可拒绝江水之害，旱涝都不会发生。曾在江南任官的范仲淹特别欣赏，吴越国有营田军，专兴水利而不打仗。江南水利借着政治推动社会，充分改造天然环境以供人民利用。

仁宗时又有著名的至和塘的计划和修筑。根据《沈氏笔谈》记载，至和塘从江苏昆山县到达娄门，共长70里的水路，并无陆路，两旁有湖。欲筑长堤，苦无泥土。于是在水中筑墙，每隔二尺，再插入席簿。离墙六丈又筑一墙，再插入席簿，将六丈地面之泥土装入墙中，等干时将六丈洼地中之水车干。使两边有泥墙，中间成一渠，两旁有岸，每三四里造成一桥以通南北之水。堤岸造成后才有陆路。可以想象当时的江苏是一水国。

南宋建都杭州，特别重视江苏的水利。曾有昆山人郑亶详论苏州水利。他说古人治水之方，纵的有浦，横的有塘。此种塘浦，全由人工造成，塘浦阔者30余丈，狭者不下20余丈，深二三丈或一丈。苏州除太湖外，江之南北并无水源，因此多筑塘浦，计常熟有24浦，常熟之北昆山之东12浦，共开36浦。宋人筑阔而深之塘浦，目的在引江海之水，遍溉于堈阜之地，大旱时可以塘浦之水灌溉之，大水时积水可排泄至江海，使低田常无水患，高田常无旱灾。因此农地常获丰熟。

讲到太湖水利，吴越国时，江浙地区七八十年中只有一次水患，宋室自南渡后150年中只一二次水患，明代的江浙水利亦很好。但今日无锡，每隔十年便有一次水患。据研究所得，谓太湖每遇黄梅天涨水入长江，太湖无水时则长江倒灌之。自苏州至无锡的一段铁路，便有水洞300多个，由于洞的阔度不足，大水时流量受到限制，如果下大雨一星期，火车路两旁便成泽国。故应每隔二三年把渠道挖通一次，使排水畅顺，以免除水患。

综上所述，宋以前1000余年中国经济文化之营养线是北方；宋以来1000余年之经济文化之重要营养线则是三吴水利。最重要的要靠人力经营，开塘浦、挖沟洫，需要人力以赴。孔子也曾说过："卑宫室而尽力乎沟洫。"可见兴修水利，不可稍懈，是古今相同的。

中国人是全世界最早懂得水利的民族。

处理水利有两种方法，便是"蓄"与"泄"。"蓄"是将水储藏之，"泄"是将水排放之。能做好水利，"蓄""泄"得宜，便可减少水患。

整治水流之道，即对每一流域之水利兴修工作，应有统筹全局的计划，不可各自为政，当有政府领导，集中人力物力，才可兴众建业，把水利农事搞好。

出版后记

读过钱穆先生《中国历史研究法》的读者，一定对这八篇言简意赅的演讲印象深刻。每篇短短万余言，论及通史和文化史这样的总题，也有政治史、社会史、经济史、学术史、历史人物、历史地理这样的分题，基本囊括了钱穆先生的治史思路和研究范围。

在由台湾钱宾四先生全集编辑委员会整理编辑的《钱宾四先生全集》中，我们基本可以读到钱穆先生对上述主题的系统阐发，只有经济史付诸阙如，这不得不说是一个不小的遗憾。但其实，钱穆先生于1954年及1955年曾在香港新亚书院先后开授"中国经济史"和"中国社会经济史"两门课程，所幸的是，当时听课的叶龙先生详细记了课堂笔记，后经整理先于香港《信报》经评版刊出，受到了读者的热烈欢迎，最后结集出版，即为大家眼前这本《中国经济史》。

钱穆先生在《如何研究经济史》一文中的一句话大体可以表现出本书的特色："我们治中国经济史，须不忘其在全部文化体系中来此表现。若专从经济看经济，则至少不足了解中国的经济发展史。"是以，我们从书中可以看到，钱穆先生如何从浩瀚的文史典籍中钩沉若隐若现的中国经济史脉，如何旁征博引释疑众议纷纭的史料，如何有理有据地从经济活动出发评议政治得失，甚至还有令人莞尔的传奇故事的自如引用。这一切印证了文中的另一句话："我们要研究中国政治史，或社会史，或经济史，只当在文化传统之一体性中来作研究，不可各别分割。我们当从政治史、社会史来研究经济史，亦当从政治思想、社会思想来研究经济思想，又当从政治制度、社会制度来研究经济制度。"而"在此三者之上，则同有一最高的人文理想在作领导"，我们可以在书中看到先生依此原则对大汉和盛唐做出的精彩比较。

我们在此要感谢叶龙先生的用心,作为《中国历史研究法》一书被委派的记录者,他主动详细记录了钱穆先生这两门课程的笔记,为我们献上了这本精彩的经济史著作,让我们再次受到钱穆先生渊博学识的惠泽,也希望叶龙先生继续整理的书稿能够顺利出版,早日与读者见面;同时也要感谢林毅夫先生于百忙之中赐序一篇,其中的拳拳深意令人动容。

服务热线:133-6631-2326　188-1142-1266

读者信箱:reader@hinabook.com

后浪出版公司
2016年5月

图书在版编目（CIP）数据

中国经济史 / 钱穆口述；叶龙整理. -- 北京：北京联合出版公司，2016.5（2022.12重印）

ISBN 978-7-5502-7473-0

Ⅰ.①中… Ⅱ.①钱… ②叶… Ⅲ.①中国经济—经济史 Ⅳ.① F129

中国版本图书馆 CIP 数据核字 (2016) 第 067361 号

© 2013 商务印书馆（香港）有限公司

本书由商务印书馆（香港）有限公司授权简体版，限在中国大陆地区出版发行

中国经济史

口　　述：钱　穆
整　　理：叶　龙
出 品 人：赵红仕
选题策划：后浪出版公司
出版统筹：吴兴元
特约编辑：张　鹏
责任编辑：刘　凯
封面设计：DERE/ 不破
版面设计：张宝英
营销推广：ONEBOOK
装帧制造：墨白空间

北京联合出版公司出版
（北京市西城区德外大街83号楼9层　100088）
北京盛通印刷股份有限公司印刷　新华书店经销
字数350千字　889毫米 × 1194毫米　1/16　19.5印张　插页8
2016年5月第1版　2022年12月第5次印刷
ISBN 978-7-5502-7473-0
定价：80.00元

后浪出版咨询(北京)有限责任公司　版权所有，侵权必究
投诉信箱：copyright@hinabook.com　　fawu@hinabook.com
未经许可，不得以任何方式复制或者抄袭本书部分或全部内容
本书若有印、装质量问题，请与本公司联系调换，电话010-64072833